埼玉の妖怪

大明 敦

さきたま出版会

カバー・挿絵　池原昭治

はじめに

私が四歳の頃、麻疹《はしか》に罹って高熱を出し、家で寝ていた時のことです。ふと気がつくと、部屋の襖《ふすま》が開いていました。そして、薄暗い廊下に白い着物を着た小さな子どものようなものがいて、ふわふわした感じで踊っているように見えたのです。どうせ夢でも見たか、高熱で幻覚でも見たのだろうと笑われるだけだと思い、この話は家族にしたことがありませんでした。しかし、それから十数年が経ってから、明治生まれの祖母が「子どもの頃、うちで『ワラシコ』を見たことがある」と言うのを聞いて、もしかしたら自分が見たのもそれではなかったかと、ひそかに思うようになりました。民俗学、特に民話に興味を持つようになったのは、そんなことがあったからかもしれません。

ちなみに、私がその〝子どものようなもの〟を見たのは、『オバケのQ太郎』や『ゲゲゲの鬼太郎』を知る前のことであり、そうした漫画やアニメに影響されたわけではありません。祖母の言う「ワラシコ」とは、いわゆる座敷童子《ざしきわらし》のことですが、そんなものが出てくる絵本もまた家にはありませんでした。今では断片的になってしまった幼児期の記憶の中でも、そのことだけは妙に鮮明に覚えているのは不思議です。長生きした祖母が亡くなって二十年近くになりますが、もっとそうした妖怪の話を聞いておけばよかったと残念な気持ちがします。

みなさんは、妖怪に出会ったことはありますか。確かに、科学的には妖怪の存在は否定されています。河童や天狗などいるはずがない――大半の人々はそう思っているに違いありません。しかし、毎年夏になるとお化け屋敷や怪談話などが多くの人を集めます。また、水木しげるの『ゲゲゲの鬼太郎』は何度もアニメ化されて世代を超えて親しまれ、スタジオジブリのアニメ『となりのトトロ』は公開後三十五年が経った今でも毎年のようにテレビで放送されます。それは、私たちの心の中には、何か妖怪の存在を期待するところがあるからではないでしょうか。

埼玉県にも、かつては数多くの妖怪の話が伝えられていました。河童や天狗、小豆婆などの話は県内の各地にありますし、竜やダイダラボッチの伝説も数多く伝えられています。とはいえ、私の祖母のように、実際にそうした話を語り継いでいた人々から直接話を聞くことは、今ではきわめて困難になってしまいました。そのため、本書では県内各地の市町村史や民話集を素材としてまとめることにしました。

科学技術が発達し、さまざまな情報がデジタル化され、遺伝子の組換えすらでき、ＡＩが人間以上の能力を発揮するようになった現代ですが、それだけがすべてではありません。心の問題は科学技術で解明することはできないと思います。妖怪は、まさにこうした心の世界に存在するものであり、中には生活の知恵や禁忌、あるいは日本人が自然や人智を超えた存在に対して抱いてきた精神性や感性につながるものもあるでしょう。だからこそ、今なお妖怪は多くの人々を惹きつけるのではないかと思います。

このたび、さきたま出版会の星野和央会長から、埼玉の妖怪について一冊にまとめてみてはどうかというお話をいただきました。とはいえ、書き始めてみるとなかなか思うようにまとまらず、コロナ禍の中で調査も十分にはできませんでしたが、小著が埼玉の妖怪について知っていただく機会になれば幸いです。

大明　敦

埼玉の妖怪◉目次

第三部　埼玉の妖怪百態　81

第一部　妖怪をめぐって

一　妖怪とは何か

㈠「妖怪」という言葉

妖怪とは、何か——。それを説明するのは、簡単そうでなかなか難しいことです。「妖」も「怪」も「あやしい」という意味の漢字ですから、「あやしいもの」と言ってしまえば簡単ですが、それだけでは説明になりません。

また、「妖怪」という言葉を聞いて『ゲゲゲの鬼太郎』に登場するさまざまな妖怪たち——いわゆる「お化け」をイメージする人は多いと思います。では、「妖怪」と「お化け」は同じものなのでしょうか。これも、時代や研究者によって「妖怪」という言葉が意味するものに違いがあるため、同じであるとも違うとも言い切れません。どちらかといえば、お化けは視覚や聴覚で感知できるものですが、妖怪の中には姿形を持たないものもあるため、「妖怪」は「お化け」よりも幅広いものを対象にした言葉と考えるのがよさそうです。

今日における妖怪研究の第一人者である小松和彦は、妖怪を「出来事・現象としての妖怪」「存在としての妖怪」「造形化された妖怪」の三種類に分類しています。[1]「出来事・現象としての妖怪」は、たとえば誰もいないのに不気味な音が聞こえるといった怪奇現象の原因として妖怪を考えるものです。次の「存在としての妖怪」は、災害や感染症のように人間にとって好ましくない状況を引き起こす存在として妖怪を考えるものです。そして、最後の「造形化された妖怪」は、『ゲゲゲの鬼太郎』などの漫画・アニメに出てくる妖怪たちのように、画家や作家たちによってその姿形が造形されたものです。これはまさに、「化け物」「お化け」と呼ばれるもののことといえるでしょう。

この「造形化された妖怪」には、創作されたものもありますが、「出来事・現象としての妖怪」「存在としての妖怪」に画家らが姿を与えたものも多くみられます。そのため、「出来事・現象としての妖怪」「存在としての妖怪」との区別は明確とは言えません。本書の第三部で取り上げた妖怪も、その多くは元来「出来事・現象としての妖怪」として伝承されてきたものですが、同時に絵画に表現されて「造形化された妖怪」にもなっているものが少なくありません。このことが、妖怪の概念を複雑でわかりにくいものにしています。

　このように、「妖怪」という言葉は、私たちが一般的にイメージしているよりも幅広いものですが、いずれも私たちにとって「あやしい」——つまり尋常ではないものという点で共通しています。小松和彦は、これらはすべて人間が生み出したものであり、それゆえ「妖怪を研究することは日本文化、ひいては人間そのものを研究することにつながる」と述べています。(2)

　妖怪については、「いるのか、いないのか」といった話になることがあります。河童や人魚のミイラといわれるものなどは各地に伝えられていますが、妖怪の存在を客観的に裏付ける証拠はありません。妖怪は、いわば心の世界に存在するものであり、妖怪の存在を認める人が一種の気配として感じ取ってきたものなのでしょう。したがって、妖怪を考える時には、「いるのか、いないのか」という実在性を問うのではなく、妖怪とは祖先から受け継いだ文化の一つ——すなわち文化的な存在として、肯定的に捉えるのがよいのではないでしょうか。

　日本民俗学を樹立した柳田國男《やなぎたくにお》は、その著書『妖怪談義』の「自序」の中で、妖怪研究において解明すべき問題は、「我々の畏怖といふものゝ、最も原始的な形はどんなものだつたらうか。何が如何なる経路を通つて、複雑なる人間の誤りや戯れと、結合することになつた」かということであり「日本の天狗や川童、又は幽霊などゝいふものゝ本質を、解説する」ためには外来の学問ではなく「国が自ら識る能力を具へる」必要があると述べています。

　この柳田の言葉は少々わかりにくいので、私なりに説明を加えてみます。まず、柳田のいう「我々の畏怖といふものゝ、最も原始的な形」とは、妖怪の起源を意味していると思います。江戸時代の国学者・本居宣《もとおりのり》長《なが》の『古事記伝』によれば、私たちが「妖怪」と呼んでいるものは、元々「神」の中に含まれているものでした（次頁参照）。そのため、妖怪に対する畏怖は神に対する畏怖と根本的には共通したものであったと推測されます。それが長い歴史の中で、宗教の発達、その時々の社会情勢や文化、人々の意識や信仰などを反映してさまざまに変化や発展していき、神の中から人間に禍《わざわい》をもたらすものが妖怪として分化し、一つの概念となっていったのでしょう。

そして「複雑なる人間の誤りや戯れと、結合することになつた」とは、人々が恐怖心から現実にあるものを妖怪と錯覚したり、身辺の不思議な出来事を妖怪の仕業として説明したり、さらには戯画などとしてさまざまな妖怪が創作されていった結果、妖怪は元来の畏怖すべきものから娯楽の対象となったものまで幅広く多彩になっていったことを意味しているのだと思います。また、その過程で「お化け」という言葉が生まれ、画家たちによって姿形が与えられた妖怪もたくさんありますし、鬼や天狗のように時代によって意味合いや描写が変わっていった妖怪もあります。その結果、「妖怪」という言葉が、簡単には説明できない複雑な内容を持つに至ったといえます。

このように考えると、何となく妖怪とは難しいもののように感じますが、私たちは特に意識することなく日常的に「妖怪」という言葉を使っています。それは、私たちの間に妖怪に対する一種の共通理解ができているからです。そして、そこには水木しげるの『ゲゲゲの鬼太郎』など、メディアの大きな影響が考えられます。もし、『ゲゲゲの鬼太郎』が生み出されなければ、これほどまでに「妖怪」という言葉が日常的になることはなかったかもしれません。

現在、妖怪が実際にいると信じている人は、ほとんどいないでしょう。しかし、一方で妖怪の出てくる小説・映画・漫画・アニメ・テレビドラマなどが好まれるのは、矛盾しているようにもみえます。それはおそらく、私たちが無意識的に妖怪を物語や映像などの作品の中での存在として受け容れているからではないでしょうか。つまり、私たちは実体験（リアル）としての妖怪と作品（フィクション）としての妖怪を、心の中で分けて受け止めているのではないかと思うのです。

㈡ 古典の中の妖怪

日本では、古くから自然崇拝やあらゆる事物に霊魂が宿っていると信じるアニミズムの考え方があります。そのため、「八《や》百《お》万《よろず》の神」という言葉が示すように、万物が「カミ」として畏敬や信仰の対象とされてきました。その中には、人間に災厄や不幸をもたらすものもあり、人々に恐れられました。現在でも「厄病神」とか「貧乏神」という言葉が使われるのは、その名残でしょう。

江戸時代の国学者・本居宣長は、その代表的な著書の一つである『古事記伝』の中で、古代の日本人にとっての「カミ」について、「尋常《ヨノツネ》ならずすぐれたる徳《コト》のありて、可畏《カシコ》き物を迦微《カミ》とは云なり」と述べており、さらに「すぐれたるとは、尊《タフト》きこと善《ヨ》きこと、功《イサヲ》しきことなどの、優れたるのみを云に非ず、悪《アシ》きもの奇《アヤ》しきものなども、よにすぐれて可畏《カシコ》きをば、神と云なり（中略）又磐《イハ》根《ネ》木株《コノタチ》艸葉《カヤノカキバ》のよく言語《モノイヒ》したぐひなども、皆神なり」と説明を加えています(3)。このことは、わかりやすく言えば、人々に神秘と畏敬の念を抱かせる存在は、ことごとく「神」と呼ばれ、その中には人間にとって好ましくない存在もあるということになります。こうした神観念がもとになり、『古事記』にみられるようにさまざまなものが「神」として意識され、崇められていたのです。

それが、祭祀の発展に伴い、人間に恵みや幸いをもたらすものと、病気や災害など災厄や不幸をもたらしたり危害を加えたりするものとに分化していき、前者は「神」として信仰の対象となり、後者とは区別されるようになっていったのではないかと私は考えています。後者が「妖怪」という名称で呼ばれるようになるのは後の時代のことですが、科学技術が発達する前はそうして多くの事柄が妖怪の仕業として説明されてきたのでした。

文学作品には、それぞれの時代が反映されています。したがって、古典文学を読むことで、その時代の人々の妖怪に対する感じ方、考え方をうかがうことができます。ここでは、いくつかの古典文学の中から、それぞれの時代の人々が考えていた妖怪について概観的にみていきたいと思います。

●奈良時代

妖怪に当たるものは、古代からその存在が伝えられてきました。それらは、口伝えで語り伝えられてきたものでしたが、奈良時代になると書物として文字で書き記されるようになります。それらの中にも、現在の妖怪に通じるものをみることができます。

たとえば、和銅五年（七一二）に編纂《へんさん》され、日本で最も古い書物として知られる『古事記』の中にも、妖怪といってよいものが登場しています。たとえば、伊邪那岐命《いざなぎのみこと》が黄泉《よみ》の国から現世に逃げ帰ろうとした時に後を追ってきた予母都志許売《よもつしこめ》は今でいうゾンビのようであり、建速須佐之男命《たけはやすさのおのみこと》が退治した八俣遠呂智《やまたのおろち》は一つの胴から八つの頭と八つの尾が出ている怪獣です。これらは、やや遅れて養老四年（七二〇）にまとめられた歴史書の『日本書紀』にも記されています。

また、和銅六年（七一三）に編纂が命じられた諸国の地誌である『風土記』の中にも、妖怪に類するものの記述があります。たとえば『出雲国風土記』には大原郡の「阿用《あよ》の郷」の地名の由来を伝えるものとして、昔この地で田を耕作していた男が「目一つの鬼」に食べられてしまった話が記されています。このほかにも、『常陸国風土記』には、石の鏡に集まり、鏡を玩《もてあそ》んでいるうちに消えてしまった久慈郡の「魑魅《おに》」の話がありますし、『肥前国風土記』には、人間に化けて弟日姫子《おとひひめこ》と通じ、ついには弟日姫子を沼の底に引き込んでしまった、身体は人間で頭は蛇という大蛇が登場する松浦郡の「褶振《ひれふり》の峯」の話などがあります。

これらの話には、朝廷に従わなかったり対立したりしていた人々の身体的特徴を誇張して表現したものとする考え方もありますが、今でも各地に伝えられている妖怪の話と同様に、文字に書きとめられる以前からそれぞれの地域でこうした伝承が語り伝えられていたと考えたほうが素直に受け取れるように思います。

さらに『風土記』の中には、峠にいて通行する者の半数を殺すという「荒ぶる神」の存在が諸国でみられますが、これも後にいう妖怪の一種と考えれば、当時の「神」という言葉の表す範囲が今よりも幅広いものであったことを示す事例といえるでしょう。

また、『日本書紀』では「人魚」や「天狗」についての記述もあります。「人魚」については、推古天皇二十七年（六一九）七月に摂津国（現在の大阪府北西部と兵庫県の一部）で目撃された人魚のことが「其の形児《わかご》の如し。魚《いを》にも非ず、人にも非ず、名《なづ》けむ所を知らず」と記されており、同年四月にも近江国（現在の滋賀県）で人魚が見つかったといいます。

一方「天狗」については、舒明《じょめい》天皇九年（六三七）二月に都の空に巨大な星が出現し、雷のような轟音を立てて東から西へ流れたのを、唐から帰国した旻《みん》という学僧が「是は天狗《あまつきつね》なり」と言ったと記されています。この言葉にみられるように、元来「天狗」は、文字どおり天を駆ける狗（犬）の意味で、凶事の予兆となる流星を表していました[4]。

また、『続日本紀』には、宝亀八年（七七七）二月に「大祓《おおはらい》す。宮中に頻《しきり》に妖怪あるが為なり」と記されており、宮中に妖怪が多かったため、大祓を行ったことがわかります。これが「妖怪」という言葉が書物に登場した最古の例とされています。ただし、ここでいう「妖怪」とは現在とは異なり、不思議なものごとや奇異なものごとを全般的に意味しています。「妖怪」とは、元来はこういう意味の言葉だったのです。

佐藤小吉『神代物語』より「八岐大蛇」（国立国会図書館蔵）
八岐大蛇（やまたのおろち）に挑みかかる素戔嗚尊（すさのおのみこと）を描いた挿絵

●平安時代

平安時代になると、さまざまな文学作品が誕生します。その中には『伊勢物語』や『源氏物語』のように創作された作品もありますが、そこにも妖怪に類するものをみることができます。

『伊勢物語』は、平安時代初期に成立した歌物語ですが、その第六段「芥川《あくたがわ》」の中に凶暴な鬼が登場しています。ここでは、主人公の男が思いを寄せる女を連れて逃げる途中、芥川のほとりのあばら家で雨宿りをしたところ、鬼が出て女を一口に食べてしまった場面があります。私たちは、「鬼」といえば頭に角が生え、口には牙があり、裸体に虎の毛皮の褌を締めた大男の姿を思い浮かべがちですが、『風土記』や『伊勢物語』が作られた頃にはそうしたキャラクター的なイメージはまだありません。したがって、『伊勢物語』の「芥川」に出てくる鬼は、「化け物」「魔物」といった意味で読むのがよいでしょう。また、先に紹介した『出雲国風土記』の話や『伊勢物語』の「芥川」の話のように、鬼が人間を一口で食べてしまうことを「鬼一口」と言い、後述する江戸時代の画家・鳥山石燕《とりやませきえん》も『今昔百鬼拾遺』の中でこれを描いています。

平安時代の妖怪で特に活躍が著しかったものは、「物《もの》の怪《け》」でしょう。清少納言の『枕草子』や紫式部の『源氏物語』をはじめ、物の怪はさまざまな書物に登場します。物の怪とは、霊魂（死霊・生霊・怨霊）が人に取り憑《つ》き、憑かれた人を悩ませたり病気にさせたりするもので、時には人を死に至らしめることさえありました。

物の怪に取り憑かれた時には、僧や修験者が祈祷を行って調伏《ちょうぶく》（怨敵や魔を撃破すること）しましたが、うまくいかないこともあったようです。『枕草子』の「すさまじきもの」の段では、物の怪を調伏しようとして失敗し、眠ってしまった修験者を「いみじうすさまじけれ（大変興ざめなことだ）」と記しています。

『源氏物語』では、「葵」の帖の中に六条御息所《みやすんどころ》の生霊が葵の上に取り憑いた話があり、物の怪の話としてよく知られたものとなっています。また、「手習」の帖では、入水した浮舟が気を失って倒れている姿を見つけた僧たちが怪しんで、「鬼か、神か、狐か、木霊《こだま》か。（中略）名のりたまへ」と、正体を告げるように促す場面があります。この僧たちの言葉の中に列挙されている鬼・神・狐・木霊は、まさに当時の人々にとっての妖怪であり、「神」の中にも人に害をなすものがあると意識されていたようです。さらに、この部分の前後の僧たちの会話から狐や木霊は人をさらうことがあると考えられていた[5]ことがわかります。

また、平安時代には説話集が編まれるようになりました。平安時代初期に書かれたとされる『日本霊異記』や平安時代末期に成立した『今昔物語集』はその代表的なものです。説話とは、昔から語り伝えられてきた話という意味で、特に一般民衆の間で語り伝えられてきた話を「世俗説話」、仏教に関連した話を「仏教説話」と呼びます。

こうした説話集には、鬼がしばしば登場します。たとえば、『日本霊異記』には元興寺《がんごうじ》に現れて人を殺す鬼の話がありますが、この鬼は後に「元興寺《がごぜ》」として広く知られるようになります。また、『今昔物語集』の巻第二十七（本朝　付霊鬼）には、鬼が出る噂のある安《あ》義《ぎの》橋を渡るという度胸試しをした男の話があります。男は一旦鬼から逃れたものの、後に弟に化けた鬼に殺されます。ここに登場する鬼は、朱色の顔に大きな一つ目で、背丈は九尺（約二・七m）、手は指が三本しかなく五寸（約一五cm）の鋭い爪を持った怪物の姿で描かれています。ほかにも、巻第二十七には、鬼が現れて人を襲ったことに関するさまざまな話が収録されています。なお、この巻には、狐の変化《へんげ》の話もあります。

一方、仏教説話の中では、鬼は閻魔《えんま》大王の配下として地獄に墜ちた者を責め立てる地獄の獄卒《ごくそつ》という位置づけで描かれるようになります。現在、私たちが抱いている鬼のイメージは、ここに源流があります。

平安時代の文学作品には、天狗も登場します。『源氏物語』の「夢浮橋」の帖では、横川僧都《よかわそうず》が薫に宇治での出来事を語る場面の「天狗・木魂などやうの物の欺き率《い》て奉りたりけるにや」という言葉から、人を欺いて連れ去る存在であると考えられていたことがわかります。『今昔物語集』の巻第二十（本朝　付仏法）には、天狗に関するさまざまな話も収録されています。ただし、私たちがよく目にする赤顔で鼻高の大天狗や烏《からす》天狗のイメージが形成されるのは、後の時代のことです。

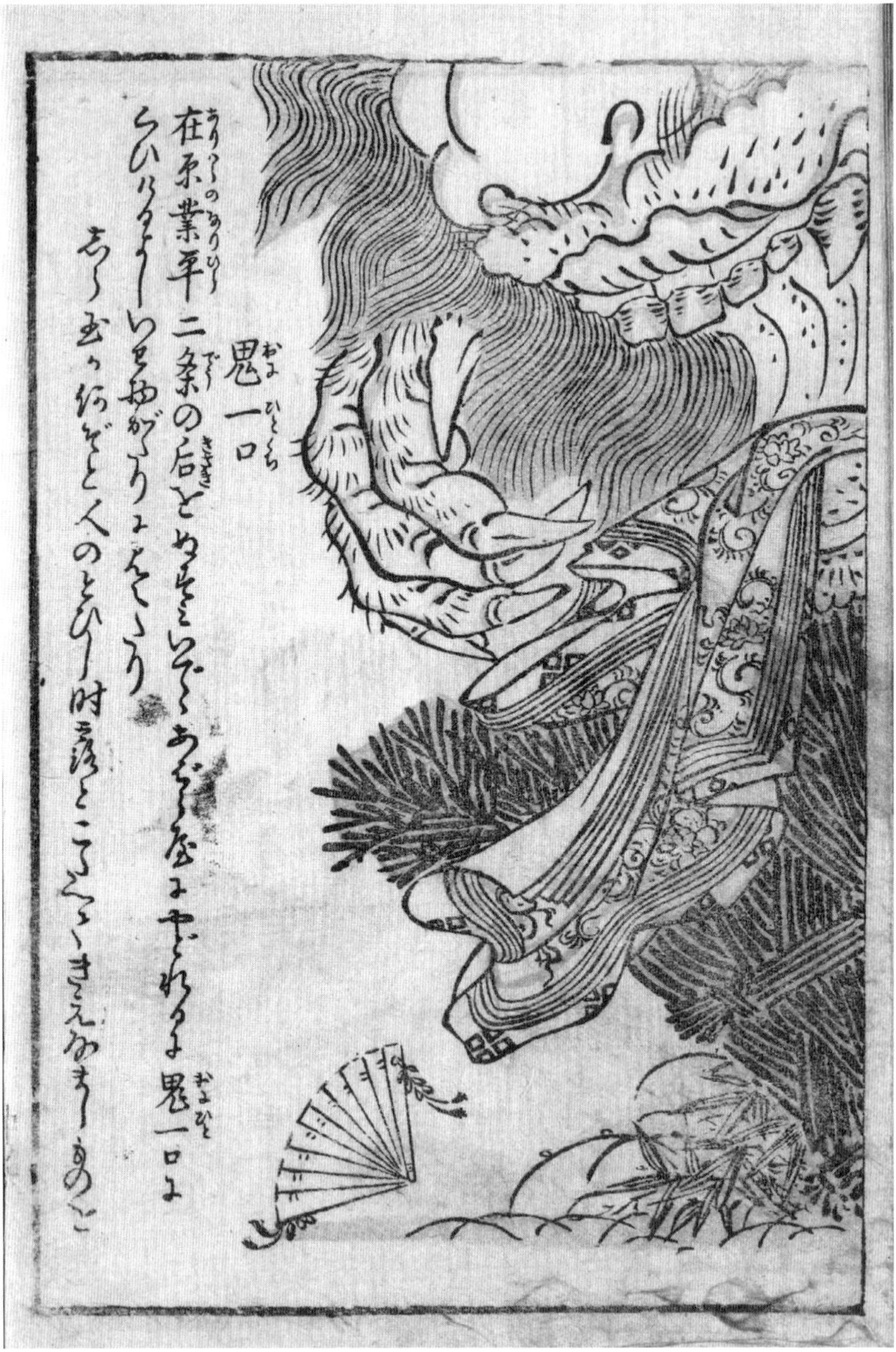

鳥山石燕『今昔百鬼拾遺』より「鬼一口」（国立国会図書館蔵）
『伊勢物語』の話を元に女を一口で食べる鬼を描いている

葛飾北斎『北斎漫画』より「御息所」（国立国会図書館蔵）
『源氏物語』の「葵」に登場し、その生霊が物の怪となって葵の上を苦しめた六条御息所を描いたもの

「春日権現験記」（写）の一部（国立国会図書館蔵）
仏教の影響により、地獄に墜ちた亡者を責める獄卒として鬼が描かれている。こうした鬼の姿が、私たちになじみのある鬼のビジュアルの元となっている

コラム

鬼退治の英雄・渡辺綱

みなさんは、「鬼退治」と聞いて誰を思い浮かべますか。一寸法師や桃太郎でしょうか、あるいは『鬼滅の刃』の竈門炭治郎《かまどたんじろう》でしょうか。実は、埼玉県出身の武士に鬼退治の英雄がいるのです。その名は、渡辺綱《わたなべのつな》。現在の鴻巣市箕田《みだ》の出身、平安時代の人物です。

綱は、嵯峨《さが》天皇を祖とする嵯峨源氏の流れを汲む源宛《みなもとのあつる》の長男として、天暦七年（九五三）に箕田で生まれました。その後、両親が亡くなったため摂津国渡辺（現在の大阪市西成区）にある母方の里に引き取られます。長じては源頼光《よりみつ》に仕え、頼光四天王の筆頭として活躍し、万寿二年（一〇二五）にこの世を去りました。

綱は剛勇の者として名をはせ、特に鬼の腕を切り落とした逸話は有名で、『平家物語』剣《つるぎ》の巻《まき》には、次のような話がみえます。ある夜のこと、綱が京都の一条戻橋《もどりばし》で一人の女に出会いました。綱は、その女を馬に乗せて送っていくことにしましたが、途中で馬上の女が鬼の姿に変わって綱を襲ってきました。そこで綱は頼光から持たされていた「髭切《ひげきり》」という源氏の名刀でその腕を切り落とし、難を逃れることができました。

このことから、「髭切」は「鬼切安綱《おにきりやすつな》」と呼ばれるようになったということです。また、綱に腕を切り落とされた鬼は茨木童子《いばらきどうじ》といい、『御伽草子《おとぎぞうし》』の「酒呑童子《しゅてんどうじ》」の話では綱が頼光に従って大江山に鬼退治に出向いた時、再び茨木童子と戦う場面が描かれています。一方『太平記』では、綱が鬼の腕を切り落としたのは大和国（現奈良県）での出来事となっています。

さらに、室町時代に作られた謡曲の「羅生門《らしょうもん》」は『平家物語』剣の巻にある話の舞台を都の羅生門に変えて改作したもの、河竹黙阿弥《かわたけもくあみ》作の常磐津の舞踊劇「戻橋」も『平家物語』の話を脚色したものです。このように、綱が鬼と戦った話は、文献によって異なっていたり、芸能として脚色されていたりしますが、それだけ時代を超えて人気があったということでしょう。

ちなみに、箕田の鎮守である八幡社（現氷川八幡神社）は、渡辺綱が再興したことから「綱八幡」とも呼ばれています。

『平家物語』剣の巻（国立国会図書館蔵）
一条戻橋で馬上の女が鬼に姿を変えて綱を襲った場面を描いている

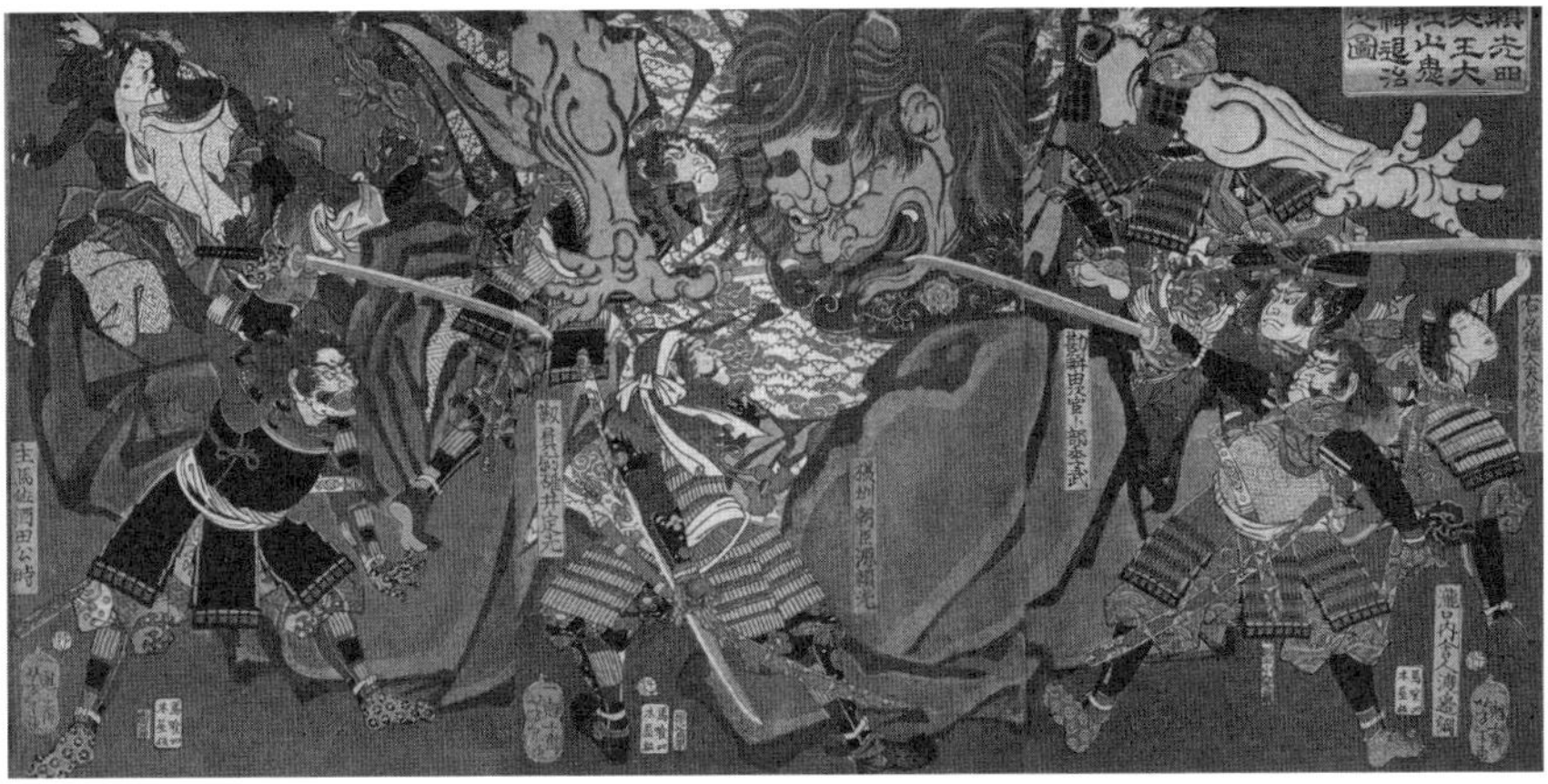

一魁斎芳年「頼光四天王大江山鬼神退治之図」（国立国会図書館蔵）
源頼光が四天王と共に大江山に棲む酒呑童子という鬼を退治したという、『御伽草子』の「酒呑童子」にある話を描いたもの。鬼の顔に刀を向けているのが渡辺綱。この錦絵は元治１年（1864）の作で、芳年はまだ月岡の画姓を名乗っていない

●鎌倉・室町時代

武士が政権を握る鎌倉・室町時代になると、その活躍を記した軍記物が著されるようになります。鎌倉時代に成立した『平家物語』や室町時代に成立した『太平記』は、その代表的なものです。こうした軍記物には、さまざまな武将の武勇伝が記されていますが、妖怪退治の話も武勇伝の一種となっています。

たとえば『平家物語』では、平清盛が目の前に現れた大首の妖怪を眼力で退治した話や、源頼政が顔は猿、胴は狸、手足は虎、尾は蛇で鵺《ぬえ》の声で鳴く怪物を退治した話などがあります。また、『太平記』には、建武元年（一三三四）の秋に疫病が流行した際、紫宸殿《ししんでん》の屋根に現れて「イツマデ、イツマデ」と鳴いて人々を恐れさせた怪鳥を真弓広有《まゆみひろあり》が退治した話や、大森彦七が鬼女（彦七が滅ぼした楠正成が化けたもの）と対決した話などがみえます。

おそらく当時にあっては、これらの軍記物に記された妖怪退治の話のほかにも、武士がその武功を示すために数々の妖怪退治の話が語り伝えられていたのではないでしょうか。余談ですが、真弓広有が退治した怪鳥は、『太平記』では特に名前がありませんでした。しかし、江戸時代に鳥山石燕が『今昔画図続百鬼』の中で「以津真天《いつまで》」と名付けて描いたことから「いつまで」と呼ばれるようになり、現代でも『ゲゲゲの鬼太郎』『地獄先生ぬ〜べ〜』『陰陽師《おんみょうじ》』などに登場しています。

こうした軍記物の中には、天下動乱を引き起こす妖怪あるいは仏法を惑わす天魔として天狗が登場してくることも注目されます。『平家物語』（長門本）には、「天狗と申は人にて人ならず、鳥にて鳥ならず、犬にて犬にもあらず、足手は人、かしらは犬、左右に羽生《お》ひて、飛ありくものなり」と、その姿が記されています。

また、室町時代には能が盛んになりますが、その演目の一つである「鞍馬《くらま》天狗」では、鞍馬寺の稚児《ちご》であった牛若丸（源義経）が山中で山伏姿の大天狗・僧正坊と出会い、この天狗から平家を倒すための武芸と兵法を伝授された話が演じられます。このように義経が天狗から兵法を習った話は『平治物語』にあり、能の「鞍馬天狗」は、これを脚色したものと思われます。

目に見えない物の怪が相手では、それを調伏できるのは僧や修験者の法力であり、武力は何の役にも立ちません。したがって、武士が武功や武力を示すには、その姿が目に見え、武力で対決できるものが相手でなければなりません。文芸的な観点から考えると、武勇伝に好都合な敵役として、禍々《まがまが》しく恐ろしい妖怪が造形されていったのではないかと思います。

一方、室町時代には妖怪を描いた絵巻が次々と登場し、妖怪は視覚化されていきます。天狗を描いた『是《ぜ》害坊《がいぼう》絵巻』、源頼光《みなもとのよりみつ》・渡辺綱《わたなべのつな》の土蜘蛛《つちぐも》退治を描いた『土蜘蛛草紙』、付喪神《つくもがみ》（器物が古びて妖怪化したもの）を描いた『付喪神絵巻』、源親光が鬼の首領である酒呑童子を退治した『大江山絵詞』、深夜の都に現れるとされた百鬼夜行を描いた『百鬼夜行絵巻』などはその代表的なものです。また『長谷雄草紙』には紀長谷雄《きのはせお》が鬼と朱雀門《すざくもん》の上で碁の勝負をする場面が描かれています。

『是害房絵巻』は『今昔物語集』の天狗の話を題材に、唐（中国）からきた是害房という天狗が比叡山の僧との法力競べに敗れて怪我をし、日本の天狗の介抱を受けて帰国するストーリーを描いたもので、ここでは天狗は鳶《とび》のような姿で描かれています。当初はこのような姿で描かれていた天狗ですが、山岳信仰の影響で天狗が山の神として信仰されたり、深山で修行する修験者と同一視されたりしたことから、山伏姿の烏天狗や鼻高天狗の姿が造形されます。人間化した鼻高の天狗像は、室町時代の末に狩野元信が描いたとされる「鞍馬山僧正坊の像」（鞍馬寺蔵）に始まるといわれていますが、それが一般庶民の間にまで広まっていくのは江戸時代のことになります。

また、百鬼夜行は、深夜に鬼などが群れ歩くもので、鎌倉時代の説話集『宇治拾遺物語』にも「修行者百鬼夜行にあふ事」という話が収められています。『百鬼夜行絵巻』はこれを視覚化したもので、そこにはさまざまな姿の鬼や妖怪が描かれています。その中に生活用具や楽器などに手足が生えたものが見えます。これらは付喪神と呼ばれるもので、前述したように、百年を経た道具などの器物に霊魂が宿って妖怪化したものといわれます。人間に捨てられた古い道具が付喪神となって人間を襲いますが、密教の法力によって調伏され、深山での修行の末に成仏するという『付喪神記』も、室町時代の成立と考えられています。

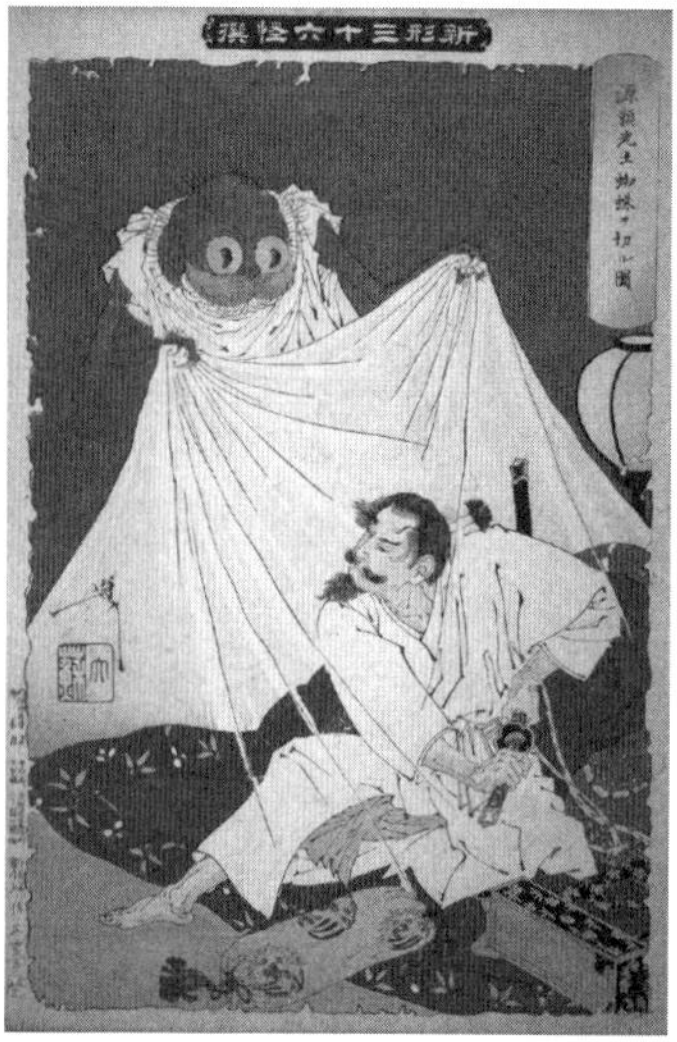

月岡芳年「新形三十六怪撰　源頼光土蜘蛛ヲ切ル図」（国立国会図書館蔵）

源頼光が土蜘蛛を退治した場面を描いたもの

『平家物語』より「物怪之沙汰」（国立国会図書館蔵）

福原に都を遷した平清盛の前に無数の髑髏が合体した巨大な髑髏が現れたが、清盛が睨み返すと、大髑髏は消えてしまった

『百鬼夜行絵巻』（写）の一部（国立国会図書館蔵）

●江戸時代

江戸時代になると、印刷技術の発達から出版が盛んになり、草双紙・黄表紙などと呼ばれる絵入りの娯楽本が数多く刊行されるようになります。また貸本屋を通じて、一般の人たちも本を読むようになっていきます。さらには多色刷りの色鮮やかな版画（錦絵）も出版されるようになります。

こうして出版された書物の中には、さまざまな「化け物」が描かれています。その中には、河童や天狗をはじめ、見越《みこ》し入道・ろくろ首・山姥《やまんば》など、私たちになじみの深いものも登場してきます。また、読み物ばかりでなく、妖怪を描いた画集や錦絵もつくられていきます。一方で歌舞伎や落語などの芸能が流行し、その中で怪談が演じられるようになります。そして、妖怪をあしらったカルタや双六などもつくられます。このように、江戸時代には、それまで畏怖の対象であった妖怪が、出版物や芸能などを通じて大衆化し、娯楽の対象にもなっていったのでした。

妖怪を描いた江戸時代の画家として、鳥山石燕（一七一二〜一七八八）を第一に挙げることができます。石燕は安永五年（一七七六）に妖怪を描いた画集『画図百鬼夜行』を刊行し、これが好評を博して『今昔画図百鬼』『今昔百鬼拾遺』『百器徒然袋』と次々に続編を刊行していきます。これらの画集に描かれた妖怪の中には中国の妖怪画を元にしたものもありますが、それまで言葉だけで伝えられてきたさまざまな妖怪が石燕の筆によって姿形を与えられました。この石燕の妖怪画の中には、水木しげるによってリメイクされ、『ゲゲゲの鬼太郎』に登場するものがたくさんあります。水木は、現在知られている妖怪たちに、はっきりした姿を与えたのは鳥山石燕だとして、「そのあとも、いろいろな画家が妖怪画を描いたが、だれひとり鳥山石燕にはおよばなかった。鳥山石燕こそ、妖怪のたましいを知っていたのではないだろうか」と、高く評価しています[6]。

鳥山石燕の画集のほかに、江戸時代の作品で特筆すべきものに『絵本百物語』があります。天保十二年（一八四一）に刊行された『絵本百物語』は別名を『桃《とう》山人夜話《さんじんやわ》』といい、桃山人著・竹原春泉《たけはらしゅんせん》画による怪談集と画集とを融合させたような書物で、水木しげるも作画の参考（たとえば「小豆洗い」）にしています。さらに幕末から明治にかけて、葛飾北斎・歌川国芳・月岡芳年・河鍋暁斎《かわなべきょうさい》といった画家たちが妖怪を描いています。これら鳥山石燕をはじめとした画家たちによって、名前だけであった妖怪に姿が与えられ、それが出版物となって流通することで世間に広まっていきました。

このように、江戸時代には一種の妖怪文化とでもいうものが花開きましたが、これらは一般に「化け物」と呼ばれていました。「お化け」はその女性語が一般化したもので、「化け物」という言葉が広い層に浸透していたことがうかがえます。「化け物」「お化け」という言葉が民衆になじみやすかったのは、こうした異形で奇怪な姿をしたものは狐や狸などが化けていると考える人が多かったためではないかと思います。

しかし、「妖怪」という言葉が使われなかったわけではありません。草双紙や黄表紙と呼ばれる江戸時代の絵入りの読み物の中には、「化け物」を題材としたものが数多くありますが、その中には安永四年（一七七五）刊の『妖怪末広遊《ばけものすえひろあそび》』（富川吟雪《とみかわぎんせつ》画）、天明八年（一七八八）刊の『夭怪着到牒《ばけものちゃくとうちょう》』（北尾政美《きたおまさよし》画）、文化五年（一八〇八）刊の『妖怪一年草《ばけものひととせぐさ》』（十返舎一九《じっぺんしゃいっく》作・勝川春英画）のように表題に「妖怪」や「夭怪」と記されたものがあります。これらの表題の文字にはいずれも「ばけもの」とふりがなが振ってあるため、「妖怪」や「夭怪」は単なる当て字のようにみる向きもあります。(7) しかし、『夭怪着到牒』の本文には「世にいふようくわい（世にいう妖怪）」と書かれた部分があるため、「妖怪」という言葉も「化け物」と同じ意味で使われていたことがわかります。

また、江戸時代の妖怪に関する文献として、『稲生物《いのうもの》怪録《のけろく》』を忘れることはできません。これは、寛延二年（一七四九）に備後国（現在の広島県）三次《みよし》の稲生正令《まさよし》が、平太郎と名乗っていた十六歳の時に一か月にわたり毎夜奇怪な現象に悩まされた体験を綴ったもので、現在に至るまで多くの研究者や作家を惹きつけ、作品にも取り上げられています。また、広島県三次市には『稲生物怪録』に関する常設展示がある「三次もののけミュージアム」が平成三十一年に誕生しました。

北尾政美『夭怪着到牒』
（国立国会図書館蔵）

左はその冒頭部分で、画中に「世にいふようくわいはおくびやうより／おこるわが心をむかふへあらわしてみるといへども／其里ばかりにあらず　夜ぶかにいれば／いろいろおそろしきすがたをあらわしみる人きもをけす（世にいう妖怪は臆病から生じており、自分の心を投影したものというがそうばかりともいえない。夜更けにいればいろいろ恐ろしい姿を現し、見る人は肝をつぶす）」と書かれている

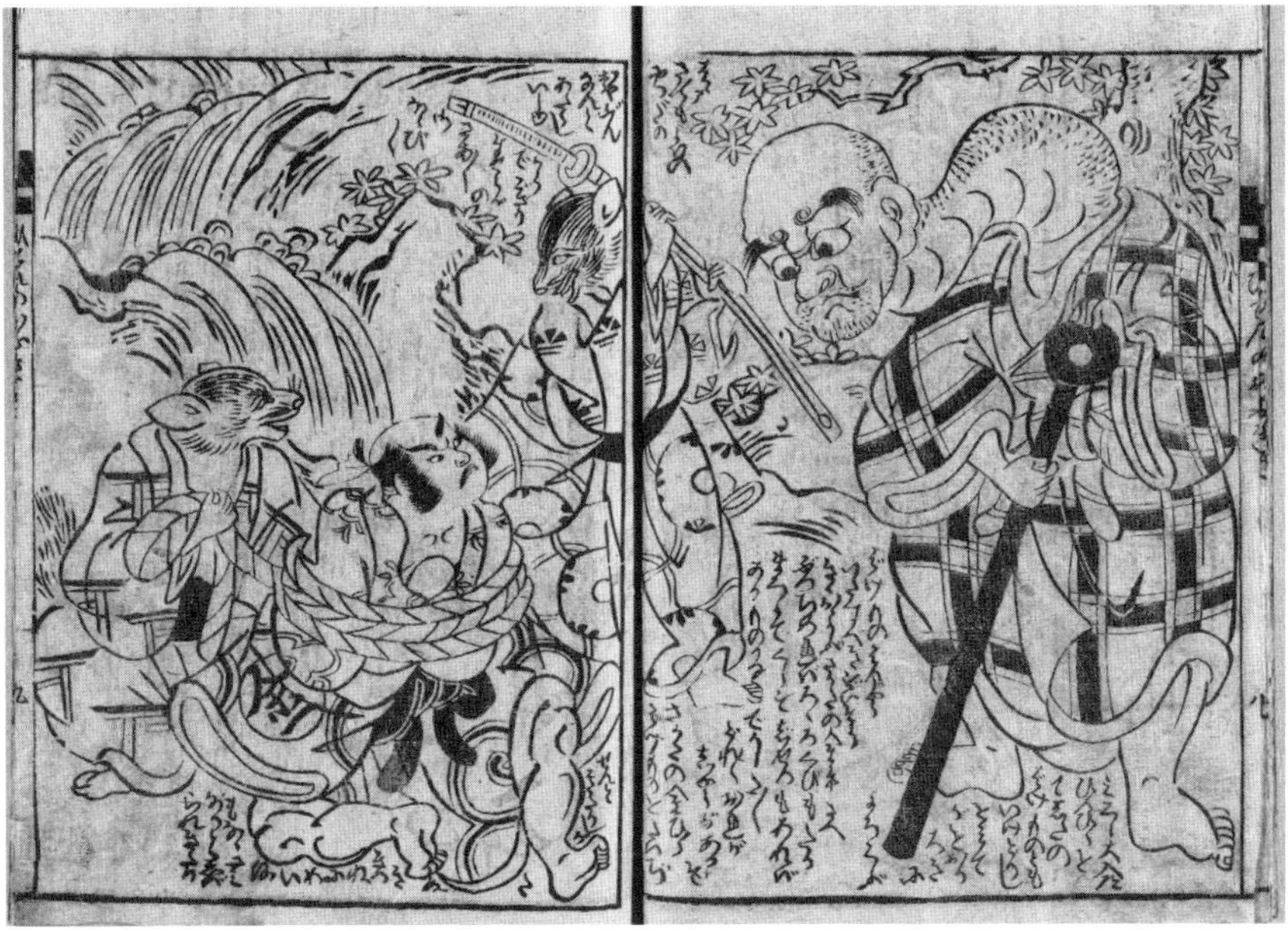

富川吟雪『妖怪末広遊』（国立国会図書館蔵）

一寿斎芳員「百種怪談妖物双六」より（国立国会図書館蔵）

図は双六の一部。キャラクター化されたおなじみの妖怪がたくさん描かれている。滑稽味のある妖怪が創作され、娯楽の対象となった様子がわかる。安政５年（1858）

コラム　江戸時代の文献にみえる埼玉の妖怪

江戸時代には、妖怪がキャラクター化されて娯楽の対象にもなりました。しかし、各地ではまだ怖いもの、不思議なものとして妖怪の話が語り継がれていました。江戸時代は、埼玉県内で見聞された妖怪の話が、紀行や随筆の中で文字化されていった時期でもあります。

その中でも比較的早い時期のものが、十八世紀の初め頃に岡村良通《おかむらよしみち》が著した随筆の『寓意草《ぐういそう》』でしょう。この中には、現志木市の寶幢《ほうどう》寺の和尚が河童の命を救った話があり、柳田國男も『山島民譚集《さんとうみんたんしゅう》』でこれを取り上げています。また、十八世紀の後半に国学者の山岡浚明《やまおかまつあけ》が記した地誌『武蔵志料』には、「埼玉郡幸手領袋新田花田村」に現れた雷獣の記録が載っています。さらに川越藩士の大陽寺盛胤《たいようじもりたね》による地誌の『多濃武の雁《たのむのかり》』には、大蓮寺火《だいれんじび》や化物屋敷の記述がみえます。

十九世紀初期の文化・文政期の文献で特に注目したいものに、隠居の僧・十方庵敬順《じっぽうあんけいじゅん》が著した『遊歴雑記』、儒学者・斎藤鶴磯《さいとうかくき》による地誌の『武蔵野話』などがあります。『遊歴雑記』は、主に江戸やその近郊の名所旧跡を訪ね歩いた紀行文集ですが、その中には現在の所沢市の持明院と河童に関する「秋津村慈妙《（ママ）》院池の奇事」、川越城の堀の主のヤナに関する「みよしの丶里の風色よな川の由来」と「川越城内みよしの丶天神」、オーサキやネブッチョウという憑《つ》き物に関する「秩父郡の三害お崎狐なまだこ」などが収録されています。

一方の『武蔵野話』の二編では、川越の郊外に現れた謎の火の玉「大蓮寺火」が見開きの挿絵を添えて紹介されていますが、話の内容が前出の『多濃武の雁』とは異なるところが興味深く感じられます。

また、旗本の家臣・松岡本固《まつおかほんこ》は、『三峰紀行草』という紀行文の中で、粥煮嶺《かゆにとうげ》（粥新田峠）の山中に角王という鬼が棲んでいたが畠山重忠《はたけやましげただ》に討たれたという話を、麓の茶店で老爺から聞いて書きとめています。

これらの話の中には今では忘れられているものもあり、貴重な資料といえます。『新編武蔵風土記稿』や『江戸名所図会』などにも妖怪に関連した記述があり、丹念に探せば他にも文献が見つかるかもしれません。

㈢ 妖怪研究の発展

「妖怪」という言葉が広く使われるようになっていくのは明治時代以降のことで、仏教哲学者の井上円了《いのうええんりょう》（一八五八～一九一九）がこの言葉を使ったのが契機とされています。明治二十年に東洋大学の前身である哲学館を創設した井上は、妖怪を学問の対象として取り上げ、「妖怪学」を創始しました。

井上が研究対象とした妖怪の範囲は、現在私たちが考えているものよりも幅広く、迷信や呪《まじな》い、コックリさんのような心霊現象、精神異常、さらには不知火《しらぬい》や蜃気楼《しんきろう》のような自然現象まで含めたものでした。これらの真相を科学的・合理的に究明することにより、妖怪を可能な限り撲滅していこうとしたのが彼の「妖怪学」でした。こうした井上の活動によって、「妖怪」という言葉が学術用語として認知されたのでした。

その後、風俗史家の江馬務《えまつとむ》（一八八四～一九七九）は、歴史学の立場から井上円了とは異なった視点と方法から妖怪研究を行いました。江馬は文献や絵画を元に妖怪の歴史的な沿革をまとめ、大正十二年に『日本妖怪変化《へんげ》史』を著しました。江馬はその中で、現在「妖怪」と総称されているものを「妖怪」と「変化」に二分し、妖怪を「得体の知れない不思議なもの」、変化を「あるものが外観的にその正体を変えたもの」として、近代以前の人々がその存在を信じてきた妖怪の歴史的変遷をたどっています。さらに江馬は、妖怪をその容姿によって、人間的・動物的・植物的・器物的・建造物的・自然物的の六種とこれらの複合的なものの計七種に分類しています。

井上円了は迷信を払拭して近代化を図ることを研究の目的としていたことから、妖怪の存在には否定的な観点から妖怪にアプローチしていました。これに対して江馬務は、『日本妖怪変化史』の自序に「この妖怪変化の現象を観る時は、これが実在せうがせまいが、かくの如き枝葉の穿鑿《せんさく》は無用のこと」と記しているように、存在の有無を問わないという観点から妖怪にアプローチしています。

さらに、日本民俗学の先駆者として知られる柳田國男（一八七五～一九六二）は、世間で語り伝えられてきた妖怪の話を研究対象とし、独自の見地から妖怪研究を進めていきました。その結果、柳田は妖怪を神の零落《れいらく》したものと考え、民俗学的な妖怪研究は長くこの考え方に沿っていました。

柳田の著書の中でも特に有名な『遠野物語』は、明治四十三年に刊行された民話集ですが、その中には既に河童・天狗・座敷童子《ざしきわらし》・雪女といった妖怪が登場しており、早い時期から柳田には妖怪への関心があったことがうかがえます。実際、柳田は「妖怪談義」（昭和十三年に『日本評論』に発表）の中で「私は生来オバケの話をすることが好きで、（中略）この方面の知識を求め続けて居た」と述べています[8]。

また柳田は雑誌『郷土研究』を通じて民俗学に関心を持つ全国の人々に「妖怪などゝ言ひて神仏以外に人の怖るゝ物の種類」の事例報告を呼びかけています。これは、大正三年十月から大正五年三月にかけて『郷土研究』の巻末に掲載された社告の中の一つですが、当時はあまり反応がなかったようです。それは、「妖怪」という言葉がまだ一般の人々にはなじみがなく、理解されづらかったためではないかと思われます。しばらく歳月を経て刊行されるようになった各地の民俗誌の中には、妖怪に関する記述が現れるようになりますが、それは柳田の活動によって「妖怪」という言葉が「お化け」のことであると理解されるようになった結果ではないでしょうか。

妖怪に関する柳田の著書としては、『一目小僧その他』や『妖怪談義』がよく知られています。昭和九年に刊行された『一目小僧その他』は、大正六年に『東京日日新聞』に発表した「一目小僧」をはじめとした論考十一編を収めたもので、妖怪は神が零落したものという見解は、この「一目小僧」の中に示されています。

一方、『妖怪談義』は、晩年の柳田が過去に執筆した妖怪に関する論考三十編を集め、昭和三十一年に刊行したものです。その表題になっている「妖怪談義」は柳田の妖怪論の代表的なもので、巻末に収録された「妖怪名彙」（昭和十三〜十四年に『民間伝承』に掲載）には全国各地に伝承されてきた妖怪が列挙されています。現在では柳田の考え方に対する批判や異論もありますが、柳田の研究活動によって日本各地から妖怪に関する伝承が集められ、整理されていく契機がつくられたのですから、その功績は非常に大きいといえます。

柳田國男

井上円了

（いずれも国立国会図書館「近代日本人の肖像」より）

岩手県遠野市の「カッパ淵」

柳田國男の『遠野物語』ゆかりの地。現在では市の観光名所の一つになっている

㈣　水木しげると妖怪

「妖怪」という言葉は、このように次第に使われるようになっていきましたが、それは研究者の使う学術用語としてであって、一般の人々の間でも広く使われていたわけではありませんでした。柳田國男の「妖怪談義」でも、表題は「妖怪」ですが、本文では「化け物」「オバケ」といった言葉が用いられています。これは、妖怪という言葉がまだ日常的に使われる言葉になり得ていなかったことを示していると思われます。

それが、大人から小さな子どもに至るまで当たり前に使われる言葉として世間に広まっていった要因は、水木しげる（一九二二〜二〇一五）の『ゲゲゲの鬼太郎』シリーズのヒットによるといっても間違いはないでしょう。「鬼太郎」を主人公とした水木の作品は、紙芝居や貸本漫画を経て昭和四十年に「墓場の鬼太郎」として講談社の『週刊少年マガジン』に連載されたことで多くの読者を得、さらに昭和四十三年には『ゲゲゲの鬼太郎』としてテレビアニメ化され、大ヒットします。こうして訪れた「妖怪ブーム」によって、妖怪という言葉とそのイメージは広く人々の間に浸透し、日常的に使われるようになったのです。ただし、「化け物」「お化け」といった言葉が使われなくなったわけではなく、それらが併存する形になっています。

「鬼太郎」シリーズは、元来は怪奇漫画の一つでしたが、水木は『ゲゲゲの鬼太郎』のアニメ化に際し、鬼太郎たち人間との共存を考える妖怪と、人間と対立したり危害を加えたりする妖怪（その原因は人間の側にある場合も多々ありますが）との対決という構図をつくります。その中には、鳥山石燕の『画図百鬼夜行』などに描かれている妖怪や、柳田國男の「妖怪名彙」に列挙されている妖怪が数多く登場しています。

『ゲゲゲの鬼太郎』のアニメ化以前に、柳田國男の妖怪に関する著作をまとめた『妖怪談義』（「妖怪談義」「妖怪名彙」などを収録）が昭和三十一年、鳥山石燕の『画図百鬼夜行』（『今昔画図百鬼』『今昔百鬼拾遺』を含む）の影印本が昭和四十二年に刊行されており、水木はこれらの書物を入手し、キャラクターの造形の参考にできたのでした。

水木しげるが鳥山石燕に大きな影響を受けたことは

前にも述べましたが、柳田國男の『妖怪談義』についても、「これは、妖怪が生きている」(9)と、高く評価しています。水木が特に注目したのは、その巻末に収められた「妖怪名彙」でした。これは全国に伝承されている八十の妖怪についてまとめたものですが、水木自身が「残念なことに型はない」と述べているように、妖怪の姿形はそこには記されていません。そこで、「昔の絵などを参考にしたり、創作したりして」(10)それらをキャラクター化したものが、私たちにもなじみの深い「一反木綿」「砂かけ婆」「ぬりかべ」「子泣き爺」といった鬼太郎の味方となる妖怪たちだったのです。

これに対して鳥山石燕の『画図百鬼夜行』などからは、「ぬらりひょん」「泥田坊」「目々連《もくもくれん》」「輪入道」など鬼太郎たちと対決する妖怪が多くキャラクター化されていきました。さらに主人公の「鬼太郎」をはじめ「目玉おやじ」「ねずみ男」「ねこ娘」のように、水木自身が創作した妖怪も登場します。水木自身は「『鬼太郎』のなかで妖怪を創作したのも三十ばかりある」(11)と言っていますが、それらが違和感なく作品の中で一つの世界をつくりだしています。

『ゲゲゲの鬼太郎』は繰り返しアニメ化・映画化され、最新のものであるテレビアニメ第六シリーズは平成三十年四月から令和二年三月にかけて放送されました。昭和四十三年の最初のテレビアニメ化以来、五十年以上にわたって繰り返し新作が放送されてきた『ゲゲゲの鬼太郎』を見た人は、三世代にも及びます。

なお、水木の『決定版 日本妖怪大全』では、「小豆婆」「血塊」「石塔磨き」「袖引き小僧」「ネブッチョウ」「夜道怪」「ヤナ」などに埼玉県の事例が記されています。

『ゲゲゲの鬼太郎』講談社　© 水木プロ

㈤ 妖怪の現在

以上、大雑把ではありますが、日本における妖怪の受容の歴史をたどってみました。ここでもう一度、ざっと妖怪に対する受け止め方を整理してみましょう。

古い時代の「カミ」とは、人間に恩恵を与えることも災厄をもたらすこともある、ありがたくも恐ろしい存在でした。こうした「カミ」の二面性は、自然がそうした両面を併せ持っていることに深く関わっていると思います。

古代の日本人の神観念は、こうした自然への信仰や万物に霊魂が存在するというアニミズムの考え方を根底にしていると考えられています。それが祭祀の発達によって、信仰され祀られる「神」と、恐れられる妖怪とに分かれていき、その時々の世相や文化を反映して、さまざまな妖怪が生まれました。さらに、江戸時代には出版文化や芸能の発達によって、妖怪は娯楽の中に組み込まれるようになっていきました。

それでも昭和の初め頃までは、民衆の間では天狗や河童、小豆婆などの妖怪に出会ったという話が各地で聞かれ、子どもたちは大人から妖怪の話を聞かされると怯えずにはいられませんでした。妖怪には、江戸時代以降、娯楽や芸能として大衆化していったものがある一方、実際にあった話としてその土地に密着し、そこに暮らす人々の間で伝承されていくものも少なくなかったのです。

古い時代から書物や絵画によって伝えられてきた妖怪、江戸時代に「化け物」として姿が与えられたり創作されたりして大衆化していった妖怪、そして柳田國男によって掘り起こされた民衆の間に語り伝えられてきた妖怪――それらを統合したのが水木しげるの『ゲゲゲの鬼太郎』であるともいえ、私たちが抱いている妖怪のイメージは水木によるところが大きいといえます。そして、「妖怪」という言葉も、『ゲゲゲの鬼太郎』のヒットによって、誰もが当たり前に使う言葉になっていったのです。おそらく、水木の存在がなければ、「妖怪」という言葉は、これほどまでポピュラーなものにはなっていなかったでしょう。

この章の最後に、現在の妖怪事情について少し述べてみることにします。

●妖怪をめぐる状況の変化

第二次世界大戦とその敗戦、戦後の混乱と復興により、日本人の価値観や考え方は大きく変わっていきました。戦前の常識は覆され、ものの考え方は戦前よりも合理的になり、それまでの慣習や伝統の多くが否定されました。さらに昭和三十年代以降の高度経済成長によって、生活様式も大きく変化していき、核家族化も進み、古老と子どもが同居することが減っていきました。

こうした社会の変化に伴い、暮らしの中には西洋風のスタイルが取り入れられるようになり、家の中には明るい照明、道路には街灯がつき、妖怪の好みそうな薄暗い場所や暗闇は減っていきました。そして、意識や生活、環境の急速な変化に伴って、妖怪を見た、妖怪に出会ったといった話や、狐や狸に化かされたといった話を耳にすることはなくなっていきました。

なぜ、私たちは妖怪に出会うことがなくなってしまったのでしょうか。その理由は、大きくは二つあると思います。一つは身の回りに「怖い」と実感できるような場所がなくなったこと、もう一つは妖怪に関する話を古老などからじかに聞く機会がなくなってしまったことです。

世の中で語り伝えられてきた妖怪とは、暗闇や薄暗いところで経験的・直感的に感じてきた「怖さ」「不気味さ」「あやしさ」といった感覚と、父祖たちから聞かされた妖怪に関する知識や情報とがリンクした時、そこに出現した現象や感覚を妖怪だと心の中で認めたということではないかと思います。

たとえば、昼なお暗い森の中で「ザックザック」という不気味な音が聞こえてきたとします。そのことだけならただの気味悪い体験で終わってしまいますが、「そういう音は小豆婆という妖怪の仕業だ」という知識を持っていれば、「小豆婆が出た」ということになります。それを他の人に語ることで、「〇〇には小豆婆が出る」という話が定着していくというわけです。

しかし、そんな場所も、そういう話をしてくれる人たちも身近になくなったため、昭和三十年頃を境にして、従来のように妖怪が身近に出現したという話を耳にすることがなくなっていったのではないでしょうか。

●メディアと妖怪

テレビやインターネットの普及もまた、私たちの考え方を大きく変えていきました。テレビは、日本中に同じ情報を同時に伝えるもので、情報が視覚化されていることと相まって、その伝播力は新聞や書物をはるかに超え、子どもたちにとって古老の昔語りよりも魅力のあるものとなりました。さらにインターネットによって世界中が一瞬にしてつながり、さまざまな情報が共有されるようになりました。

それでも、妖怪は新しい形で生き続けています。水木しげるの『ゲゲゲの鬼太郎』が何度も繰り返しアニメ化され、実に五十年以上も視聴者を惹きつけていることは既に述べたとおりですが、平成の時代にあっても、いくつか例を挙げれば真倉翔・岡野剛の『地獄先生ぬ～べ～』や藤田和日郎《かずひろ》の『うしおととら』、緑川ゆきの『夏目友人帳』、諸星大二郎の『妖怪ハンター』や『栞《しおり》と紙魚子《しみこ》』など妖怪を取り上げた漫画が愛読され、ゲームと漫画・アニメのクロスメディアで展開する『ポケットモンスター』や『妖怪ウォッチ』がブームとなり、『となりのトトロ』『もののけ姫』『千と千尋の神隠し』といったスタジオジブリのアニメ映画が大ヒットしました。

また、巷では「口裂け女」「人面魚」「タクシー幽霊」や「学校の怪談」「トイレの花子さん」など、都市伝説と呼ばれる怪奇現象が話題を呼びました。さらに、全国に多数の「ゆるキャラ」が誕生しましたが、その中には河童や竜をはじめとした妖怪や妖精をモチーフにしたものが少なくありません。令和に入った今、大正時代を舞台に鬼との対決を描いた吾峠呼世晴《ごとうげこよはる》の『鬼滅の刃』が大ヒットしています。

こうした現状をみると、妖怪は確かに現実の世の中には棲む場所を失ったのかもしれませんが、代わりにメディアの中に棲みつき、生き続けているようです。古代には荒ぶる神が人々を脅かし、平安時代には物の怪が猛威を振るい、鎌倉・室町時代には鬼や天狗が跋《ばっ》扈《こ》し、江戸時代には河童をはじめ多くの妖怪が視覚化・キャラクター化されていったように、妖怪はそれぞれの時代に合った姿で存在し続けるように思われます。それは、私たちの心のどこかに妖怪の存在に期待する気持ちがあるからなのかもしれません。

●再び脚光を浴びる妖怪

令和二年、新型コロナウイルスの感染が拡大した際に、疫病を退散させてくれるアマビエという妖怪が大きな話題になり、アマビエのグッズも数多くつくられました。

アマビエとは、肥後国（現在の熊本県）の海上に出現したとされる妖怪で、毎夜海中から光を発し、役人が行ってみたところ、豊作や疫病などに関する予言をし、疫病が流行した時には「早々に私の姿を写して人々に見せよ」と言って再び海中に入っていったといいます。この話は、その時アマビエを見た役人が描いたアマビエの絵の写しとされる図とともに、弘化三年四月（一八四六年五月）に江戸で出回った瓦版に記されているものです。

アマビエの流行は、妖怪のイメージを変えるものでもありました。これまで、妖怪には人間にとって良くないこと、好ましくないことをもたらすものという負のイメージがありました。それが、神仏と妖怪とを分けるものにもなっていたのです。

ところが、アマビエのように人間に益をもたらす妖怪が脚光を浴びたことで、こうした妖怪に対する負のイメージを改める必要が出てきました。アマビエは江戸時代から知られていた妖怪で、水木しげるも妖怪画集に描き、『ゲゲゲの鬼太郎』のテレビアニメ第五シリーズの中にも登場していましたが、コロナ禍で一気に注目され、国民的な妖怪となりました。なお、アマビエのような妖怪は、「件《くだん》」「アリエ」「ヨゲンノトリ」「妖魚」「神社姫」などのように、ほかにも存在し、これらを総称して「予言獣」と呼ぶこともあります。

井上円了が妖怪を迷信として撲滅しようとした明治時代とは比べものにならないほど科学技術が発達した今、人間は遺伝子を操作できるまでになりました。そして、考え方は一層合理的になり、生活様式もすっかり西洋化され、今さら妖怪など――と多くの人は考えるでしょう。

そうであってもなお、妖怪の存在に期待する気持ちが人々の中にあったことを、アマビエのブームは物語っているようです。このことは、日本人の精神性や文化を考える上で、きわめて重要なことではないかと思います。

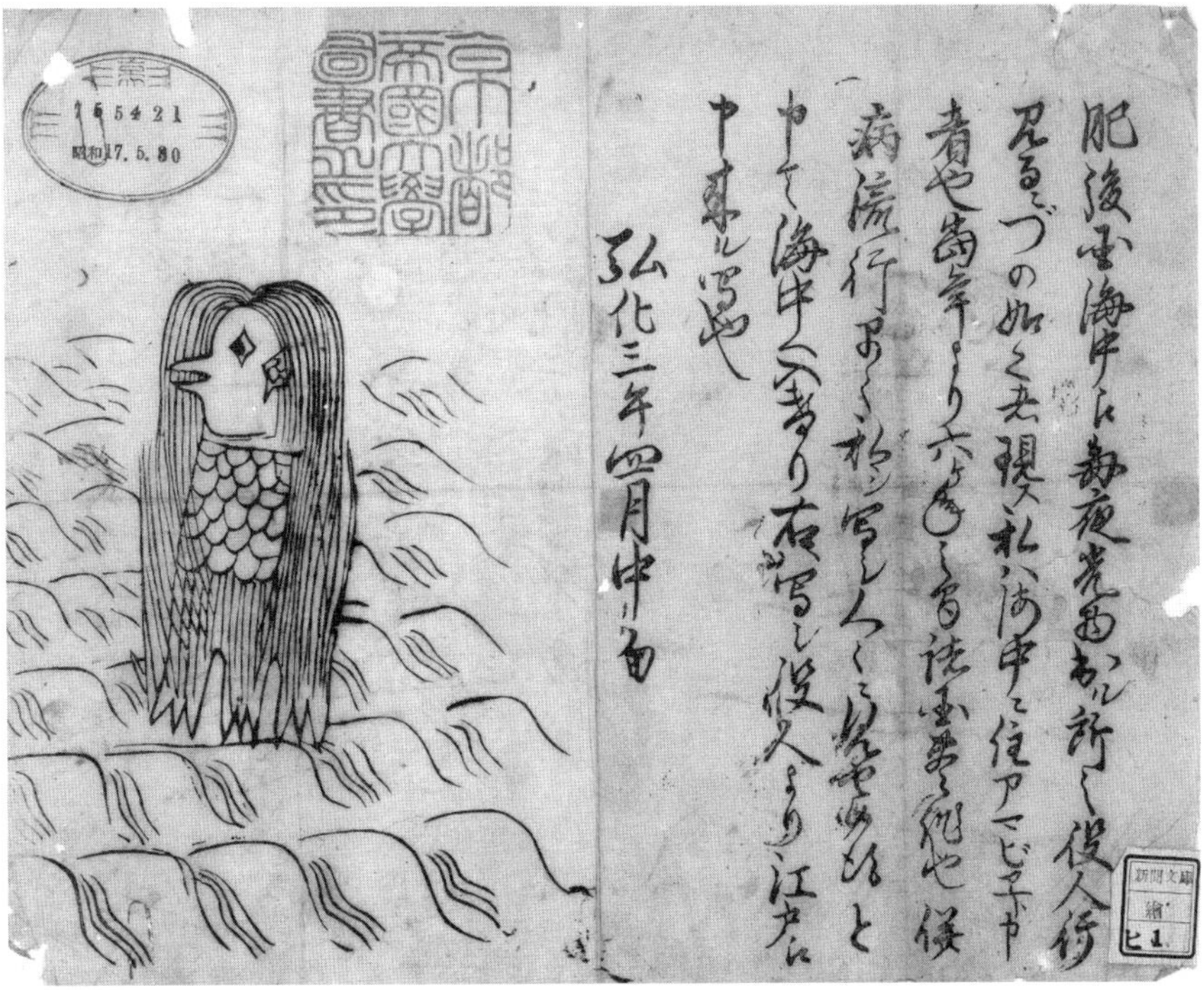

アマビエの話と図を載せた瓦版（京都大学附属図書館蔵）

『安政雑記』の「両頭烏之絵摺立御仕置」に載る両頭の烏の図（国立公文書館蔵）
安政４年（1857）に加賀国（現在の石川県）白山に両頭の烏が現れ、「世の人の九分が死ぬ難があるが、わが姿を朝夕見るときは死の難儀を遁（のが）れる。われは熊野権現の使いである」と語ったという。山梨県の「ヨゲンノトリ」は、この話を元にしたものと推測されている

●妖怪への期待

妖怪は、時代によってさまざまに受け取られてきました。それらが積み重なった結果、複雑な内容を持つに至ったことは、これまでにみてきたとおりです。その中でも、私たちの祖先が「実際にいるもの、実際にあったこと」として語り伝えてきた、いわば民俗学的な妖怪は、現代にあっては残念ながら衰退してしまったとみることは、異論のないところでしょう。

明治維新後、たとえば蜃気楼や逃水《にげみず》などのように昔は妖怪の仕業とされていた現象は、次々と科学的・合理的にその原因が解明されていきました。しかし、原因が科学的にわかっていることでも、妖怪の仕業として説明した方が心情的に納得でき、人々（とりわけ子ども）の注意を喚起できることもあるでしょう。以前はよく川や池沼のそばには、河童の絵に「泳ぐな危険」などと書いた掲示があったものですが、これは理屈よりも河童のイメージの方が直感的で心に響くという効果を狙ったものです。

長い間、世代を超えて伝えられてきたものには、それだけの意味やメッセージがあるはずです。そこを明らかにできれば、民俗学的な妖怪が見直され、アマビエのように改めて脚光を浴びる機会が訪れる可能性はあるのではないでしょうか。

一方、創作によって生まれたフィクションとしての妖怪は、メディアの発達や多様化によって、ますます繁栄を極めています。こうした妖怪は、特に江戸時代以降に戯画・漫画・錦絵・怪談などの形で娯楽の対象として広く享受されるようになったものですが、時代に応じてさまざまな形で妖怪を扱った作品が生まれ、享受されているのは、言うまでもないことです。

こうしたフィクションとしての妖怪には、怖さばかりでなく、滑稽さ、不思議さ、時にはもの悲しさなどといった要素も感じられます。妖怪が単に怖く恐ろしいだけの怪物《モンスター》と異なるのは、キャラクターの造形に深さや興味をそそるおもしろさがあるところでしょう。加えて、妖怪を取り上げた作品には、どこか社会風刺的な部分——醜さや悪質さといった人間の生き様の暗部を妖怪に反映させたところがあることも人気の一因だと思います。

妖怪を一種の風刺の形で描いた古い例に、室町時代の成立とされる『付喪神記』があります。付喪神とは長い年月を経た器物に魂が宿って妖怪化したもののことで、『付喪神記』では、年末の煤払《すすはら》いで捨てられた古い道具たちが妖怪化し、人間に仕返しをするのですが、密教の法力によって調伏され、深山での修行の末に成仏するという話が描かれています。『付喪神記』の後半は、仏教（真言密教）の教えを表現した内容になっていますが、捨てられた古道具たちが共謀して自分たちを粗末にした人間に復讐し、酒宴を開いたり祭りを行ったりと人間のまねをするところに、この作品の面白さを感じます。

古くは、天変地異や災害などは、為政者が自らの行いを顧み、悪いところを悔い改める機会でもありました。妖怪にも、人間に誤りを気づかせるものとして描かれてきた部分があると思います。これから、社会がどのように変わっていくかは予測がつきません。しかし、どんなに社会が変化しても、妖怪は常に人間に正しい行いを気づかせてくれる存在であってくれることを期待します。そこに、日本独自の妖怪文化の神髄があるように思うのです。

『付喪神記』（国立国会図書館蔵）
捨てられた古道具たちが集まり、妖怪になって人間に仕返ししてやろうと相談をしている場面

コラム

埼玉の妖怪研究は川越から始まった？

埼玉県における妖怪研究は、いつ頃から始まったのでしょうか。その最初となるものは、『川越地方郷土研究　第一巻第四冊』ではないかと思います。この本は昭和十三年に埼玉県立川越高等女学校（現在の川越女子高等学校）から刊行されたもので、その「伝説」の章には昭和九年に生徒が父兄や小学校時代の恩師たちから聞いた話が収められています。

ここでは伝説が八項目に分類されていますが、そのうち「水辺に関する伝説」と「坂・洞穴・地名に関する伝説」の中には「妖怪」の小項目が設けられており、前者には「小畔川の一つ目小僧」「童河《ママ》の伊勢参り」「袈裟坊《けさぼう》」「曼陀羅《ママ》の河童」「おいてけ堀」が、後者には「袖引小僧」「小豆婆々」「小豆婆々と六天」「ダイダラボッチの足跡」が掲載されています。柳田國男の「妖怪名彙」には埼玉の妖怪として「袖引小僧」と「おいてけ堀」が取り上げられていますが、『川越地方郷土研究　第一巻第四冊』はその出典にもなっています。

なお、この本には他の項目にも「鬼ヶ橋の石」「しるたれのさかさ川」「血の出る松」「ねこまたの岩屋」「子供を喰った仁王像」「子供を喰った阿弥陀像」「八百比丘尼《やおびくに》」など、妖怪に関連した話が収録されています。

その後、韮塚一三郎によって『埼玉の伝説』（昭和三十年）、『埼玉県伝説集成』（昭和四十八〜五十二年）、『ふるさと埼玉県の民話と伝説』（昭和五十七年）と伝説集が刊行され、埼玉県内全域の妖怪伝説がまとめられていきます。本書でも川越やその周辺の伝説を多く扱っていますが、それはこのように早い時期から伝説の収集が盛んであったことと関係しているのです。

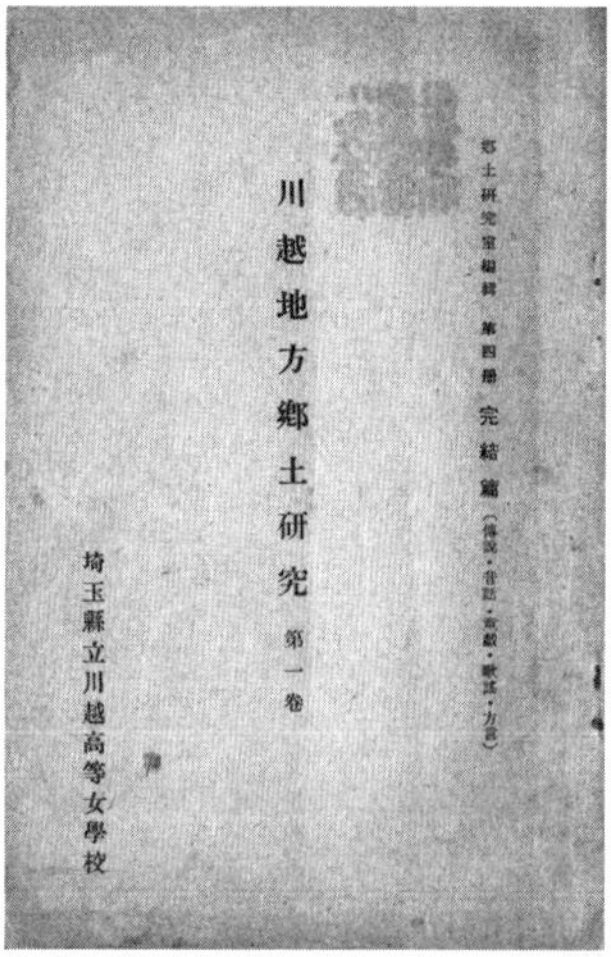

『川越地方郷土研究　第１巻第４冊』（さいたま文学館蔵）

実は、川越と妖怪研究を結び付ける、もっと古い文献があるのです。それは、江戸時代の明和三年（一七六六）に川越藩主秋元家の家臣・大陽寺盛胤《たいようじもりたね》が著した川越の地誌『多濃武《たのむ》の雁《かり》』です。この書物は、「川越大意」（川越の概要）をはじめ、いくつかの項目から成っていますが、項目の一つに「妖怪」があるのです。

この「妖怪」の項目には、「爺榎・婆榎」という大蓮《だいれん》寺の樹木の怪異や、往来する人をたぶらかした「久太郎狐」のように現在でいう妖怪の中に含まれるようなものもありますが、広済寺の「しわぶき婆」の由来、蓮馨《れんけい》寺の感誉上人の御影に狂女が付けた傷の話、赤間川に蛍が大量発生する話、果ては川越藩士の喧嘩の話なども含まれており、当時の「妖怪」という言葉が現在よりも幅の広いもの、つまり奇怪なことや不思議なことの総称として使われていた様子がうかがえます。

また、『多濃武の雁』の別の項目の中には「妖怪屋敷（化物屋敷）」のことや、後年の『武蔵野話』にも取り上げられている「大蓮寺火《だいれんじび》」の記述もあります。

このように、川越では既に江戸時代から妖怪研究の下地となる伝承が人々の関心を集めていたようです。

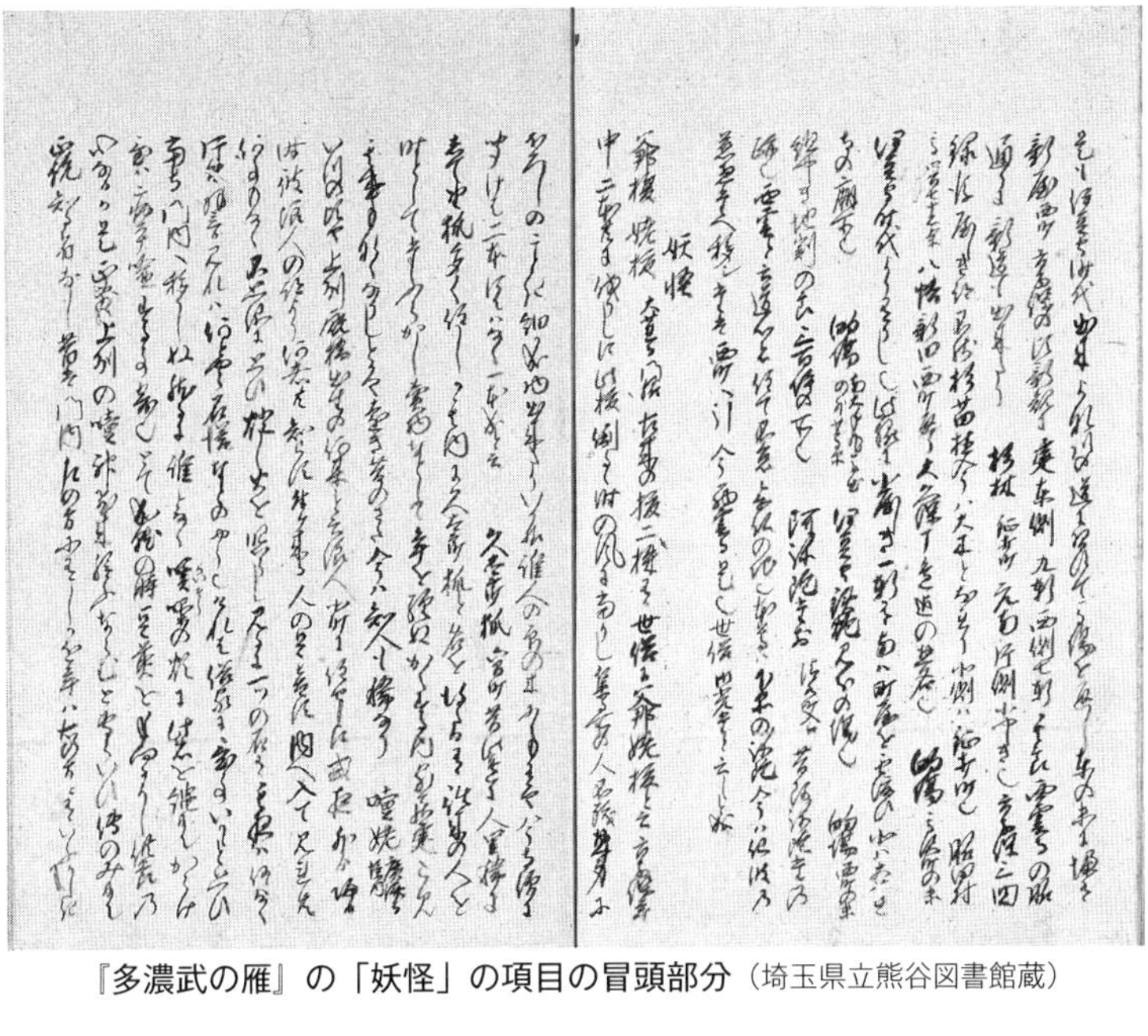

『多濃武の雁』の「妖怪」の項目の冒頭部分（埼玉県立熊谷図書館蔵）

二　埼玉の妖怪を考える

埼玉県内には、さまざまな妖怪に関する話が語り伝えられていますが、全体を通してみるといくつかの特徴を挙げることができます。

埼玉県には海こそありませんが、秩父や奥武蔵の山間部、荒川や利根川に沿った東部や南部の平野部、その間にある丘陵部と、地形的に変化に富んでいます。また、古くからの町場もあれば江戸時代に開かれた新田もあります。そのため、妖怪の話も変化に富んでおり、たとえば同じ天狗の話であっても、山間部での話と平野部での話では内容が異なってきます。

また、一口に妖怪の話といっても、その土地の中から生まれた在来のもの、他所からもたらされたもの、さらに在来のものが他所からもたらされたものに影響を受けて変化したものの三種類があります。

在来のものは、その地域の風土や日々の暮らしの中から生まれた、自然発生的な妖怪です。こうした妖怪の中には、その土地で起こった不思議な現象や事物の起源を説明したり、危険を知らせたりする一種の生活の知恵として生み出されたものがあります。

これに対して、出版物や芸能などを通じ、情報や娯楽などとしてもたらされた妖怪もあります。とりわけ江戸に近い県南部や、主要な街道の宿場町などでは、江戸の文化の影響を受けたものが少なからずあると思われます。そして、こうした外部からもたらされた妖怪は、在来の妖怪の話にも影響を与えます。

地名や社寺などの由来を伝える話には、妖怪に関するものがあります。これもその土地ならではのオリジナルなものもあれば、他所で語られている話をその土地に合わせて変化させたものもみられます。

妖怪を手がかりに、なぜこの土地にこの話が伝えられているのかといったことを考えていくと、今まで見えなかったものが見えてくるかもしれません。

●妖怪のリアリティ

　民俗学でいう民話（民間説話）は、昔話・伝説・世間話の三種に分類されます。妖怪の話の多くは世間話に属するものですが、これは実際に経験したり見聞したりしたことを伝えるという性格を持っています。つまり、世間話の中に登場する妖怪は、実在のものであることを前提に語られているのです。

　これに対して伝説は、実在する特定の場所や人物と結び付いて、その由来や出来事を伝えるもので、話の中には事実として信じてほしいという気持ちが込められています。そして、昔話は決まった型を持ち、昔にあったことと仮定して架空の話を伝えるものです。

　つまり、世間話や伝説は、それが実際にあったこととして伝えられてきたものなのです。そのうち世間話は、身近な話題が多いため、話の内容には当然リアリティがあります。伝説も、実在の場所や人物が登場するためリアリティのあるものが多いのですが、中には実在のものとは思えない、昔話に近いものもあります。たとえば、各地で山をつくったとされる巨人・ダイダラボッチの話は、その代表的なものでしょう。世間話に出てくる天狗や河童とは異なり、ダイダラボッチを実際に見たという人はありません。しかし、ダイダラボッチが運んできたとされる山や、ダイダラボッチの足跡に水がたまってできた沼などの話は伝説として語り継がれ、県内各地に多く残っています。

　また、「入間《いるま》」という地名の起源を伝える話に登場する三本足の烏《からす》（もしくは白鳥）も、実際にその姿を見た人があるわけではありませんが、地名の由来を伝える話として語り継がれています。

　これらの話は、どちらかといえば昔話に近い内容のものですが、昔の人の想像力の豊かさを感じることができます。ほかにも伝説の中には現実にはとてもありそうもないことを伝えたものがありますが、「火のない所に煙は立たぬ」という言葉もあるように、何か実際にあったことが元になっている場合もあるでしょう。

　世間話や伝説は、このように地名や社寺、人物など実在のものとつながりがあるため、昔話と違って話にリアリティを感じるのだと思います。そして、それが世代を超えて伝わっていく原動力にもなっているのでしょう。

●妖怪の名前

今回、本書をまとめるにあたって、埼玉県内で発行された数多くの市町村史や民話集を参考にしました。しかし、本書の限られた紙数では取り上げられなかった話もたくさんあります。巻末に参考文献の一覧を掲載しましたので、これらの市町村史や民話集も御覧いただければと思います。

さて、これらの市町村史や民話集の中にはさまざまな妖怪の話が収録されていました。その中で、特徴的に感じたことの一つは、妖怪の名前でした。

たとえば、河童は全国的によく知られている妖怪で、埼玉県内でも多くは「河童」と呼ばれています。しかし、それらはもとから「河童」と呼ばれていたのでしょうか。気になるのは、固有の名前を持った河童の存在です。埼玉県内では特に川越近辺など県西部に、この近辺の河童の大親分であった「袈裟坊《けさぼう》」をはじめ、笹井の「竹坊」、小沼の「かじ坊」、小畔川《こあぜ》の「小次郎」、久米の「曼荼羅《まんだら》の河童」、市野川の「太郎坊・治郎坊」など固有の名前を持った河童が多く見られます。また吉川《よしかわ》市の中井沼の「沼小僧」や羽生《はにゅう》市の「大亀」などは河童の地方名のようにも思われます。

こうした河童の固有の名前は、そこに棲んでいる河童に付けられたもののように受け取られています。しかし、もしかすると「袈裟坊」や「竹坊」という名前の方が先にあって、その後に江戸から入ってきた「河童」という呼び名やイメージの影響を受け、それらは河童の名前だとされるようになったということも、一つの仮説として考えられます。

なぜそのように考えるかというと、小畔川の「小次郎」には、河童であるという話と大蛇であるという話があるためです（八六頁、一二〇頁参照）。これは、「小次郎」は元々は小畔川に棲む主《ぬし》のようなものであったのを、のちにその正体をある人は河童だと言い、別の人は大蛇だと言ったからではないでしょうか。「ヤナ」（「ヨナ」ともいう）という川越城の堀の主（一二四頁参照）の正体は不明とされているように、「小次郎」をはじめ固有の名前を持った河童たちも、元来はそれぞれ川などの主として伝えられていただけで、正体は不明のものであったのかもしれません。

さらにもっと古い時代には「袈裟坊」や「小次郎」

といった名前さえもなく、ただ何か得体の知れないものとして伝えられていた可能性もあります。たとえば、皆野町金沢で炭焼きの男を襲った怪女（一〇八頁参照）には、そもそも名前はなかったのです。それを本に収録する際に、便宜的に「瀬女《せおんな》」や「沢女《さわおんな》」といった名前が付けられました。妖怪の名前には、そもそもこうして誰かに付けられたものや、他所の妖怪の名前が流用された可能性が感じられるものがあります。

このように、在来の妖怪には、元々は名前がなく、主であるとか正体のわからない怪しい存在として伝えられていたところに、固有の名前が付けられていき、さらには江戸の文化などの影響によって河童など著名な妖怪の一つとして伝えられるようになったという流れが推測されるものがあるのです。

こうした固有の名を持った妖怪に河童が多いのは、埼玉県は「川の国」とも言われるように川や池沼が多いことと無縁ではないでしょう。竜についても、「おたけ様」もしくは「おたき様」という名称がみられます（一一二頁参照）。たとえば、根津富夫の『埼玉県の民話と伝説 北足立編』には、さいたま市の見沼の周辺の地域に伝わる「おたけ様」という竜の伝承がいくつか収録されています。また、『埼玉の神社　入間・北埼玉・秩父』では、川越市吉田の白鬚《しらひげ》神社の前の湧水池には「おたき様」という竜神の石像があり、昔はこれを池に投げ込んで雨乞いを行ったことが記されています。竜を「おたけ様」「おたき様」と呼ぶ理由は不明ですが、県内の竜神信仰を考える上で手がかりになりそうな気がします。

一方、山地には天狗の伝承がたくさんありますが、京都の鞍馬山の「僧正坊」のように固有の名を持った天狗は見当たりません。しいていえば、現在の川島《かわじま》町にいた「六天」[1]くらいです。不思議なことですが、これも埼玉の妖怪の地域性の一つなのでしょう。

吉田の「おたき様」
（埼玉県神社庁提供）
倶利伽羅竜を刻んだ石像。県内には水神として竜が祀られていることが多い

●不思議な現象を説明するための妖怪

妖怪について語ることの利点の一つは、不思議な現象を妖怪の仕業として説明でき、納得や安心が得られることでしょう。

埼玉県内で最も多くみられるものでは、「小豆婆」の話がその典型的なものです。小豆婆は、水辺に近く、何となく物寂しいところを通ると、「シャゴシャゴ」「ザックザック」といった小豆を洗うような音がするという、音の怪異です。その原因は、伝承地によってさまざまでしょうが、多くは水が何かに当たって流れる音が反響し、怖さと相まって気味悪く聞こえたものではないかと思います。こうした現象は気味の悪いものですが、「小豆婆という妖怪のせいだ」と言ってしまえば、かつては多くの人が納得できたのです。

この妖怪は、全国的には「小豆洗い」「小豆とぎ」などと呼ばれますが、埼玉県内では老婆の姿をしているとして「小豆婆」と呼ぶところが多いのが特徴です。ほとんどの話では、妖怪自身が姿を見せずに音を立てるだけで、それが本来の伝承であったのではないかと思います。姿を見せないのに、老婆の姿であることがわかるのはなぜか……という疑問があるかと思いますが、昔は老婆がこうした仕事をよくしていたことが下敷きになっているのだと思います。

ところが、数は多くありませんが、小豆婆の話の中には、その姿を見た人を襲ったという話もあります。その場合は、おそらくは老婆のイメージが鬼婆や山姥などと結び付き、人を襲う恐ろしい小豆婆の話になっていったのでしょう。

このように、妖怪によって不思議な現象を説明したものの例では、いくつもの灯りが連なって現れる「狐火」もしくは「狐の嫁入り」と呼ばれる光の怪異が県内各地に多くみられます。これも「狐火」とは言いながらも、実際に狐が灯りを点けている姿を見たという話はみあたりません。

ほかにも、この種の妖怪としては、誰もいないのに道行く人が袖《そで》を引かれる「袖引き小僧」や、坂を通ると後ろから笊《ざる》を引きずるような音が聞こえる「笊坂」、滝の上で薬缶《やかん》を転がすような音がする「薬缶ころがし」などがあります。

●抑止力としての妖怪

妖怪について語ることのもう一つの利点は、それが良くない行為の抑止力や注意を喚起するものになることです。

一番わかりやすい例が、河童でしょう。河童は、川で遊んでいる子どもや、泳いでいる人を水中に引きずり込み、尻からその腸《はらわた》を抜くとされています。河童は、よく「尻《しり》子《こ》玉《だま》」という架空の臓器を取るといわれますが、「腸」とするものが多いのも埼玉県内の河童の話の特徴です。

特に河童がよく出ると伝えられてきたところは、川の中でも水難事故の起こりやすい場所です。こうした危険なところに河童が棲んでいると子どもたちに言い聞かせることで、子どもたちはそうした場所に近寄らなくなり、結果的に水難事故の防止になります。かつてはよく河童の絵に「泳ぐな、危険」などと書いた掲示が水辺に立てられていたことは前にも述べましたが、河童の話にはそうした警告の意味が含まれていたのです。

山間部に多い天狗の話の中にも、山を荒らすことを防止する意味の感じられるものがありますし、いわゆる「天狗隠し」などは子どもが山に入ることの危険を伝える意味があったのだと思います。また、燃えさしの木を沢に投げ入れた炭焼きの男を襲った「沢女」の話は、炭焼きの禁忌を伝えたもののようにも感じられます。

このほかにも、山姥など凶暴な妖怪は子どもたちを怖がらせるものであったため、子どもが大人の言うことを聞かない時には「○○が来るぞ」と言いさえすれば、子どもは怯えて言うことを聞いたものであったといいます。柳田國男も取り上げている「夜道怪《やどうかい》」という妖怪などはその典型で、元来は旅の僧であったものが、子どもを怖がらせるために妖怪の一種として伝えるようになったとされています。

また、若い男が夜遅く歩いていると、若い女に化けてその背中に負ぶさってくる「ブッツァロベエ」という妖怪が川越市に伝えられていますが、これももしかすると若者の夜遊びを抑止する意味があったのかもしれません。

●祭りと妖怪

埼玉県内で行われている祭りの中には、妖怪が登場するものがあります。ここでは、その中からいくつかを紹介します。なお、写真や行事はいずれも『埼玉の神社』刊行時のもので、内容も当時の調査記録に基づいており、現在とは状況が異なっていたり中止になっていたりする場合もあることをお断りしておきます。

　まず、天狗の登場する祭りに、さいたま市岩槻区仲町の秋葉神社の「お面様」があります。これは、境内の末社に納められている「お面様」という天狗面を祀る行事で、昭和五十年頃までは当番が毎年七月十八日にこの面を木箱に入れて氏子宅を回り、最後に日光御成道の並木に白幣《はくへい》を縛り付けて悪疫を封じるものでしたが、その後は当番が祭日に末社の扉を開けるだけになりました(2)。

　一方、加須《かぞ》市岡古井《おかふるい》の沖古井地区は、榛名講の代参を終えた翌週に竹や藁で弓矢をつがえた「お天狗様」をつくって沖古井堂の銀杏の木に取り付ける行事があります。これは、雷除けの行事とされています(3)。

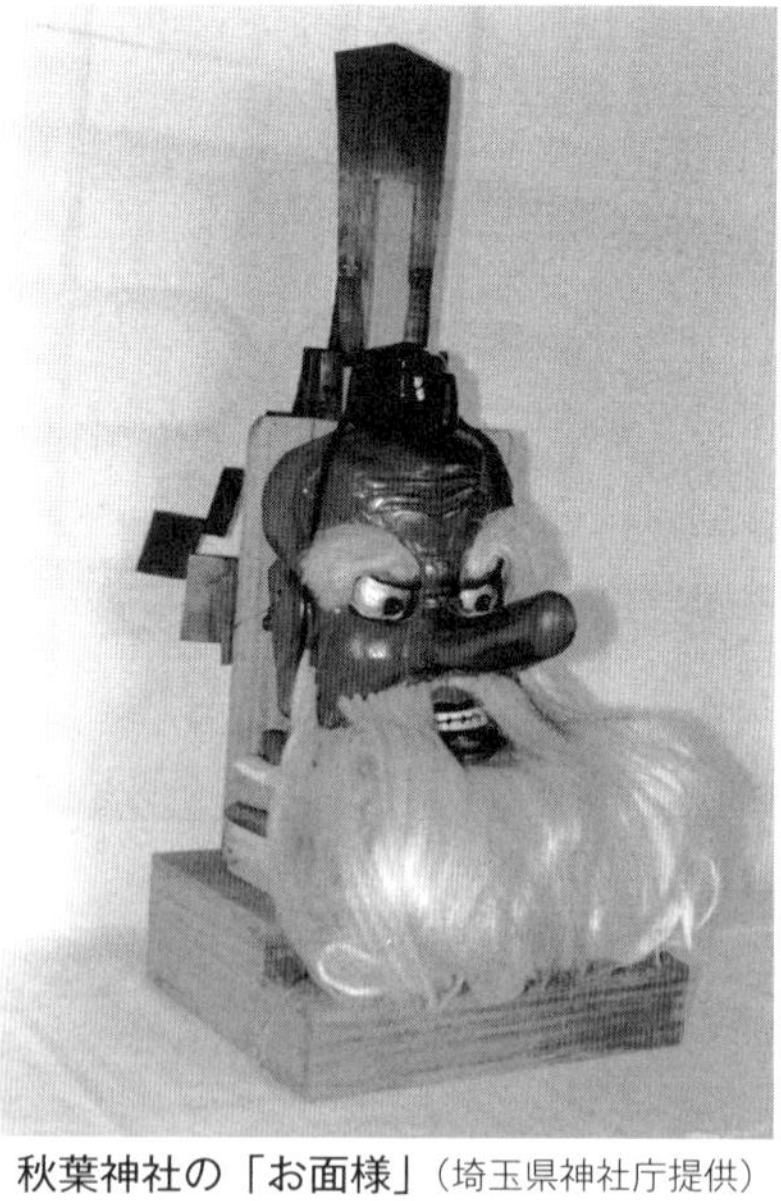

秋葉神社の「お面様」（埼玉県神社庁提供）
鼻高の大天狗で長い白髭が特徴的である

沖古井の「お天狗様」（埼玉県神社庁提供）
弓矢は北に向けて取り付けられている

竜の登場するものに、所沢市西新井町に鎮座する熊野神社の注連縄《しめなわ》づくりがあります。これは大晦日に藁で全長約四mの竜を綯《な》い、鳥居に掛ける行事です。県東部の農業地域では藁で大蛇の形の注連縄をつくる「蛇《じゃ》捻《ねじ》り」などと呼ぶ行事がありますが、ここでは髭や角の付いた竜の姿のものをつくります。この竜は一年間鳥居に掛けられ、新しい竜ができると鳥居から下ろされ、境内の篝火《かがりび》で古い神札とともに焚き上げられます。[4]

熊野神社の鳥居に掛けられた竜の注連縄
（埼玉県神社庁提供）

竜を鳥居に掛けるのは、神木に棲む白蛇の姿を見ると病気になるので、白蛇が出ないようにするためであるといわれている

鶴ヶ島市脚折《すねおり》の白鬚《しらひげ》神社では、麦藁や竹で全長約三六mという巨大な「竜蛇《りゅうだ》」をつくり、これを飛地境内の雷電池に担ぎ込んで雨乞いの行事が行われます。この行事は、かつては旱魃《かんばつ》の年に行われていましたが、昭和五十一年からは保存継承のために四年に一度行うようになり、今では「脚折雨乞《すねおりあまごい》」として国の選択無形民俗文化財になっています。竜蛇は、行事の前に白鬚神社で行われる入魂の儀により、竜神となります。[5]

白鬚神社の雨乞いの行事（埼玉県神社庁提供）

竜神は行事の最後に池の中で解体され、その一部を持ち帰ると幸運が訪れるという。現在は保存会によって継承されている

●地域と生きる妖怪

妖怪は、元来は畏怖されるものでしたが、生活が安定し、文化が発達してきた江戸時代には一種の娯楽となり、画家や作家たちによってさまざまな妖怪が創作されたことは既に述べたとおりです。こうして、妖怪は怖れるべきものから、身近で親しみやすいキャラクターにもなっていきました。全国各地でつくられてきた河童・天狗・鬼・竜などの郷土玩具は、そうしたキャラクター化の例といえます。

現代においては、妖怪をモチーフにした「ゆるキャラ」も各地でつくられています。「埼玉県公式観光サイトちょこたび埼玉」の中の「埼玉県ご当地キャラクター軍団　ゆる玉応援団」[6]では一二八体の「ゆるキャラ」が紹介されていますが、その中にも妖怪をモチーフとしたものがいくつかあります。

まず、竜をモチーフにしたものでは、秩父市の「りゅうごん」、さいたま市の「つなが竜ヌゥ」、鶴ヶ島市の「つるゴン」があります。竜は古くから水神として信仰されており、さいたま市の「つなが竜ヌゥ」は見沼の竜の子孫、鶴ヶ島市の「つるゴン」は脚折雨乞にちなんだものですが、秩父市の「りゅうごん」は毎年秋に農民ロケット・龍勢《りゅうせい》を打ち上げる龍勢祭の推進・宣伝のためにつくられたものです。

河童をモチーフとしたものには、志木市商工会の「カッピー」と志木市文化スポーツ振興公社の「カパル」があります。志木市は、昔から河童伝説があることで知られ、その市内には二十五体の河童像があり、河童像めぐりのためのマップもつくられています。特に「カパル」は、「ゆるキャラグランプリ二〇一八」の王者となり、全国的にも知られています。

このほか久喜市の「しょうぶパン鬼《き》ー」は、旧菖蒲町の「菖蒲」を「勝負」にかけ、勝負事を応援するという子鬼のキャラクターです。羽生市の「ムジナもん」も、化ける狢《むじな》ですから妖怪の一種といえるでしょう。

また、さいたま市では、見沼の竜神伝説を地域の文化遺産として発信することを目的に、有志による「竜神まつり会」が平成十二年に発足しました。同会ではその翌年にはバルーンによる「昇天竜」を製作し、市内を中心に各地のイベントで巨大な「昇天竜」を空中に舞わせて好評を博しています。

第二部　妖怪ゆかりの地を訪ねる

妖怪は、どこに現れるのでしょうか。柳田國男は、「妖怪談義」の中で、妖怪の特徴として、出現する場所がだいたい定まっていること、相手を選ばず出現すること、白昼でも出現することがあるが日没後の薄明の時間帯（「逢魔《おうま》が時《とき》」「黄昏時《たそがれどき》」などと呼ばれる頃）によく出現することを挙げています。つまり、同じ妖怪は同じような場所で、同じような時間に、そこにいる人の前に現れるということになります。このことは、妖怪が伝説として語り伝えられる要因の一つにもなっています。

こうした妖怪の特徴の中でも、特定の場所が妖怪の出現と深いつながりがあることに着目したのが、宮田登でした。『妖怪の民俗学』の中で、宮田は「辻」や「橋」のような、いわば「境《さかい》」とされているところに妖怪変化やそれに伴う超常現象が生じやすいと論じ、さまざまな事例を紹介しています。宮田によれば、こうした「境」は「この世とあの世が交錯して」いる場所であり、そういう場所を認識できる感性の持ち主によって、「それに伴う不思議な民間伝承が堆積」されてきたといいます(1)。

確かに、辻や橋など民俗学的に境界となっている場所に出現する妖怪は多くいます。しかし、妖怪の現れる場所は、それだけとは限りません。たとえば、「座敷《ざしき》童子《わらし》」「垢嘗《あかなめ》」など（ただし今まで調べた限りでは、これらの妖怪の伝承は埼玉県内には見当たりませんでした）は家の中に出現しますし、「夜道怪《やどうかい》」や「ネロハ」のように家にやってくるものや、「オーサキ」や「ネブッチョウ」のように家や人に取り憑《つ》くものもあります。また、特定の神社や寺院に出現する妖怪もあれば、動物の妖怪のように移動していくものもあります。このように考えると、妖怪の出現する場所については、もう少し幅広い見方ができると思います。

本書をまとめるにあたって、できる限り県内各地の妖怪に関する民話の舞台を訪ねてみました。その中には、現在では民話に語られていた時代の面影は失われてしまっているところもあれば、今なお当時の雰囲気が感じられるところもありました。ここでは、比較的訪れるのが容易なところ十二箇所の探訪記をまとめてみました。

妖怪ゆかりの地　訪問先マップ

① **氷川女體神社**（さいたま市緑区）

② **第六天神社**（さいたま市岩槻区）

③ **足立ヶ原の黒塚**（さいたま市大宮区）

④ **寶幢寺**（志木市）

⑤ **持明院と曼荼羅淵**（所沢市）

⑥ **川越城周辺**（川越市）

⑦ **小畔川流域**（川越市）

⑧ **日和田山**（日高市）

⑨ **鬼鎮神社**（嵐山町）

⑩ **少林寺**（寄居町）

⑪ **空滝**（皆野町）

⑫ **矢納の天狗岩**（神川町）

❶氷川女體神社

さいたま市の東部から川口市にかけて広がっていたとされる見沼《みぬま》。江戸時代に井沢弥惣兵衛《いざわやそべえ》によって干拓が行われるまでは、現在ではとても想像できないほど広壮なものであったことでしょう。

干拓前の見沼には、古くから竜神が棲むという伝説があり、沼の最も深いところに四本の竹を立てて斎場とし、そこに船を浮かべて竜神に祈りを捧げる御船祭《みふねまつり》が行われていました。その祭祀の中心になっていたのが、氷川女體神社《ひかわにょたいじんじゃ》です。

氷川女體神社はかつての見沼に突き出した舌状台地の突端に鎮座し、奇稲田姫命《くしなだひめのみこと》を主祭神としています。「女體」の社名はこのことに因《よ》っており、これに対して大宮区高鼻町《たかはなちょう》の氷川神社は須佐之男命《すさのおのみこと》を祀ることから「男体社」、両社の中間にあり、この二神の御子《みこ》・大己貴命《おおなむちのみこと》を祀る中山神社は「簸王子社《ひおうじしゃ》」とも呼ばれます。

神社入口の前を流れる見沼代用水西縁《にしべり》を渡って少し進むと神池があり、その中の島に磐船祭祀遺跡《いわふねまつり》があります。磐船祭祀遺跡は、沼の干拓によって御船祭ができなくなった後、その代わりにこの地に斎場を設け、磐船祭として見沼の竜神への祭りを行ってきた場所です。遺跡を囲む神池の中には水神である弁天社の祠《ほこら》もあります。この遺跡を含む一帯は見沼氷川公園として整備され、明るく開放的な雰囲気ですが、祭祀遺跡の周辺は木々に包まれ、池の中には主《ぬし》が潜んでいそうな神秘的な雰囲気があります。

氷川女體神社の境内は石段を登ったところにあり、正面にその社殿がありますが、右手にも小さい社《やしろ》があります。これが見沼の主である竜神を祀った竜神社で、平成十三年からは、さいたま竜神まつり会と共に五月四日に祇園磐船竜神祭（竜神まつり）が盛大に開催されています。また社務所では、縁起物として竜の土鈴などが頒布されており、御朱印や絵馬にも竜の姿を描いたものがあります。

森閑とした境内や磐船祭祀遺跡にたたずんでいると、かつて見沼の竜神に祈りを捧げてきた人々の心意に触れられるように思います。

■所在地　さいたま市緑区宮本二―一七―一
■交　通　ＪＲ浦和駅東口または東浦和駅から「さいたま東営業所行き」バスで「朝日坂上」下車　徒歩五分

磐船祭祭祀遺跡

神池の中の島にある。ここでは今でも祇園磐船竜神祭が行われ、見沼の竜に祈りが捧げられている

氷川女體神社の神池

元の見沼の一部を整備したもの。樹木に囲まれ、水面に木々が映る

竜の土鈴

社務所で頒布されているもの。ほかに竜の絵馬やストラップもある

竜神社

氷川女體神社の境内にあり、見沼の竜神が祀られている

❷第六天神社

日本の神話で天地開闢《かいびゃく》の後に現れた天神七代の第六代である面足尊《おもだるのみこと》・惶根尊《かしこねのみこと》を祀る第六天（大六天）神社は関東の各地にみられます。神仏混淆《こんこう》の時代には仏教の「第六天魔王」（他化自在天《たけじざいてん》）に擬せられ、修験者によって信仰が広められました。そのためか、埼玉県内の第六天神社には天狗と関わりのある社《やしろ》があります。

風光明媚な元荒川のほとりに鎮座する岩槻区大戸《おおと》の第六天神社はその一つで、「大戸の第六天様」として県内外に知られています。社殿の正面には、眷属《けんぞく》（神の使い）である大天狗と烏《からす》天狗（小天狗ともいう）を描いた大きな絵馬が飾られています。これは同社で古くから火難・盗賊除けの御利益があるとして授与している「向かい天狗」の絵馬を拡大したものです。

かつて境内には天狗が休んでいたという大きな杉の木がありましたが、残念なことに昭和四十八年の社殿改修の際に伐採されてしまいました。しかし、その幹は「御神木」として拝殿の中に大切に保存されており、昇殿して触れることができます。ちなみに、御神木に触れた手で具合の悪いところをさすると病気が治るとの信仰があります。

社殿の右手の少し離れたところには、納札殿があります。そこには大天狗と烏天狗の像が安置され、壁には天狗の絵馬や天狗面の額がたくさん掛けられており、天狗への信仰が厚いことがよくわかります。目立たないところにあるため気づきにくいのですが、ここはぜひ見逃さないようにしてください。社務所では大天狗・烏天狗の絵馬と眷属札を頒布しているほか、天狗形の容器に入った「天狗おみくじ」もありますので、参詣の記念に一つ引いて天狗に運勢を占ってもらうのもよいでしょう。

神社の前には川魚料理店が軒を並べ、鰻《うなぎ》や鯰《なまず》などを味わうことができます。また、神社近くの菓子店では眷属の天狗にちなんだ「天狗羊羹《ようかん》」も売られています。四季折々の風景も美しいところですので、天狗好きの方には、ぜひ訪れていただきたい神社です。

■所在地　さいたま市岩槻区大戸一七五二
■交　通　東武野田線岩槻駅から「しらこばと水上公園行き」「越谷駅西口行き」バスで「巻の上」下車　徒歩一〇分

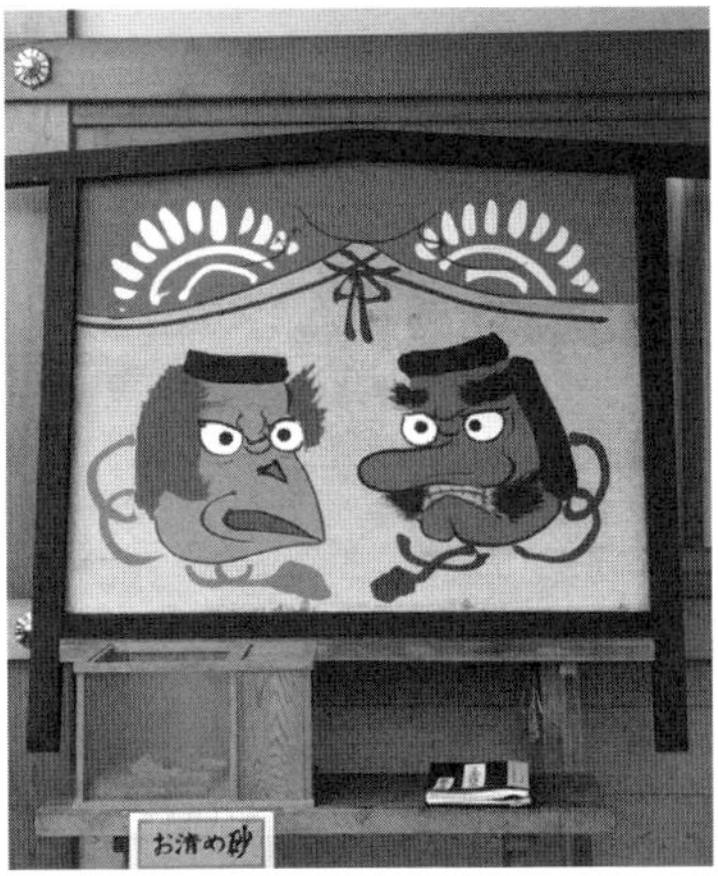

向かい天狗の絵馬

大天狗（右）と烏天狗（左）が描かれている。この図柄の小絵馬と神札が「御眷属」として社務所で頒布されている

第六天神社の社頭

社頭付近には川魚料理店が建ち並び、古くからの門前町の雰囲気を残している。境内の裏手は元荒川が流れ、四季折々に美しい風景を楽しめる

天狗羊羹

第六天神社参詣の土産物として神社近くの和菓子店で販売されている

納札殿に安置された天狗像

社殿から少し離れたところにある納札殿には、大天狗と烏天狗の像が安置されている。また、壁面には天狗面や天狗絵馬が掛けられている。ここは必見

❸足立ヶ原の黒塚

「黒塚の鬼婆」の話は、今では奥州安達ヶ原（現在の福島県二本松市）のこととして定着しています。現地には鬼婆を葬ったとされる塚があり、平兼盛《たいらのかねもり》の「みちのくの安達が原の黒塚に鬼こもれりと聞くはまことか」の歌を刻んだ碑も建てられています。また、その近くの観世寺には、鬼婆が住処としていた岩屋や出刃包丁を洗ったという血の池などもあります。

ところが、『江戸名所図会』にも記されているように、かつては「黒塚の鬼婆」は武州の「足立ヶ原」のこととする説も有力でした（一七四頁参照）。その場所は、さいたま市大宮区堀の内町。県営大宮公園野球場やＮＡＣＫ５スタジアム大宮などの東です。『大宮市史　第五巻　民俗・文化財編』には祐慶《ゆうけい》という阿闍梨《あじゃり》の法力で石になった鬼婆を埋めたと伝えられる黒塚の写真が掲載されていますが、その後の開発で宅地化が進み、残念ながら今ではその痕跡さえありません。

唯一の名残が、大宮公園駐車場のすぐ前の産業道路際にある大黒院です。ここはかつて鬼婆を退治した祐慶が、東光坊という庵を建立したところといいます。東光坊はその後東光寺となり、室町時代には天台宗から曹洞宗に改宗し、江戸時代の寛文年間（一六六一～七三）に現在の宮町へ移転しました。大黒院は、その跡に建立されたものといい、道路脇に立つ看板には「武州足立ヶ原　黒塚大黒天」と書かれています。

数年前までは、境内には樹木が鬱蒼と茂り、かつての「足立ヶ原」を思わせる雰囲気がありましたが、現在では樹木は伐採され、すっきりと整備されています。また看板には「伝説の地　開基大治三年（一一二八年）」と記されていますが、大治三年は祐慶が東光坊を建立したとされる年です。

大黒院には、少し遠回りにはなりますが、大宮公園駅から大宮公園の中を抜けて行くとよいでしょう。親切を装って旅人を家に泊め、その肉を食らう鬼婆。果たして大宮にもいたのでしょうか。そんなことを考えながら園内やその周辺を散策するのも趣があります。

■所在地　さいたま市大宮区堀の内町三―三一四（大黒院）
■交　通　東武野田線大宮公園駅から徒歩約一五分

『江戸名所図会』にある黒塚の図（部分）（国立国会図書館蔵）
本文には「大宮駅氷川社より四町あまり東の方森の中にあり」と記されている

東光寺
現在のさいたま市大宮区宮町３－６にあり、大宮を代表する寺院の一つである

黒塚付近にある大黒院
看板に「武州足立ヶ原　黒塚大黒天」と書かれている。大黒院は祐慶が東光坊を営んだ場所であるといい、数年前までは『江戸名所図会』に描かれているような風景がこの一角に残っていた

❹寶幢寺

　東武東上線の志木駅から北の方へ歩いて二〇分ほど行ったところに寶幢《ほうどう》寺があります。周囲は宅地化が進み変貌していく中で、その境内の巨木は昔からの姿を伝えています。寶幢寺の創建については、いくつかの説がありますが、志木市の柏に城があった室町時代末期から戦国時代にかけての頃のようです。

　寶幢寺は、河童の伝説があることで有名です。『志木市史　民俗資料編一』や『志木の伝説』には、河童が馬を柳瀬川に引き込もうとしているところを寶幢寺の本尊である地蔵尊に見つかり、説教されて改心したという話（九五頁参照）が記されています。このほか、『寓《ぐう》意《い》草《そう》』という江戸時代の随筆には、河童が厩《うまや》で馬に踏まれて弱っているところを村人に見つかって捕らえられ、焼き殺されそうになったのを寶幢寺の和尚が助けてやったという話が記されています。この話は、柳田國男が『山島民譚集《さんとうみんたんしゅう》』の中で「和尚慈悲」として紹介しています。

　どちらの話でも、改心して許された河童は、そのお礼に鮒《ふな》や鯉《こい》などの魚を届けてくれたという後日譚があります。これは、河童の義理堅さを表しているように思われます。

　この、『寓意草』の話を元に造形された「大門」という河童の石像が、境内の文殊堂の脇に置かれています。この石像は、寶幢寺周辺の檀家らによる「中野大門会」の人々によって、寶幢寺に伝わる河童伝説を後世に伝えていこうと平成四年七月に設置されたもので、像の制作は幸町の星野潤一郎氏によるとのことです。また、この石像の「大門」という名称は、平成十八年十一月に志木ロータリークラブが創立三十五周年記念事業の一環として公募し、名付けられたものだそうです。

　寶幢寺には、この「大門」のほかにももう一つ、河童像があります。それは、本堂の右脇の方にある子どもを抱いた母親の河童像です。周囲には説明板などは何もないので、まだ名前は付けられていないのかもしれませんが、「子育て河童」といったところでしょうか。

■所在地　志木市柏町一―一〇―二二
■交　通　東武東上線志木駅から徒歩約二〇分

引又河岸跡

新河岸川と柳瀬川の合流点のやや下流にある。この付近の川には河童がいて、しばしば船頭に相撲を挑んできたとの話もある

寶幢寺境内にある河童像「大門」

市内に現在 25 体ある河童の石像の中でも最初につくられたもの

寶幢寺の山門

新しい河童像

❺持明院と曼荼羅淵

所沢駅の南口から一・二㎞ほど南に、持明《じみょう》院という真言宗の寺院があります。その南側を柳瀬川が大きく屈曲して流れ、持明院の下で深い淵をつくっています。この淵を「曼荼羅淵《まんだらふち》」といい、この淵にちなんで持明院の山号を淵上山《えんじょうざん》といいます。

曼荼羅淵には、昔から河童が棲んでいたといわれ、この河童が馬の腹に食いついたところを捕まって持明院の住職に説教され、二度と悪いことをしないという詫証文に手形を押したという話（九〇頁参照）は有名です。また、江戸時代に十方庵敬順《じっぽうあんけいじゅん》が書いた『遊歴雑記』の初編には、寺の井戸に落とした物を河童が池に浮かべてくれるとの話が記されています。

ここを曼荼羅淵と呼ぶのは、日蓮が佐渡に流される途中、この川の水で曼荼羅を書いたことによるとの伝えがあり、『江戸名所図会』にも「日蓮上人佐州配流の時此川水を以て曼荼羅を書し玉ふといふ」と記されています。しかし、持明院は創建以来真言宗で、境内にある曼荼羅堂も空海（弘法大師）が関東各地を行脚《あんぎゃ》した折に自ら彫刻した阿弥陀如来像と共に曼荼羅を納めたものとされており、日蓮と直接の関連はみられません。ただし、曼荼羅の河童と仲が良かった川島町《かわじままち》伊草《いぐさ》の袈裟坊《けさぼう》についても、伊草に日蓮が置いていった袈裟を納めた「袈裟坊」という庵があったとの話もあることから、河童と日蓮に何らかの関連があったのかもしれません。

現在では曼荼羅淵の崖はコンクリートで固められ、河童たちが行き来する通路であったという穴も塞がれてしまいました。また持明院に納められていた河童の詫証文も明治十七年の火災で焼けてしまい、残念ながら今では見ることができませんが、河童の話にちなんだものか、境内には河童の石像が置かれています。

なお、所沢市はアニメ映画『となりのトトロ』ゆかりの地としても知られ、市内には「クロスケの家」や「トトロの森」などがあり、その世界観を感じることができます。令和二年には市政施行七十年を記念して、所沢駅東口のロータリーに『となりのトトロ』のモニュメントも設置されました。

■所在地　所沢市北秋津八五（持明院）
■交　通　西武新宿線・池袋線所沢駅南口から徒歩約一五分

境内に置かれた河童像

曼荼羅の河童にちなんだものか

持明院の本堂

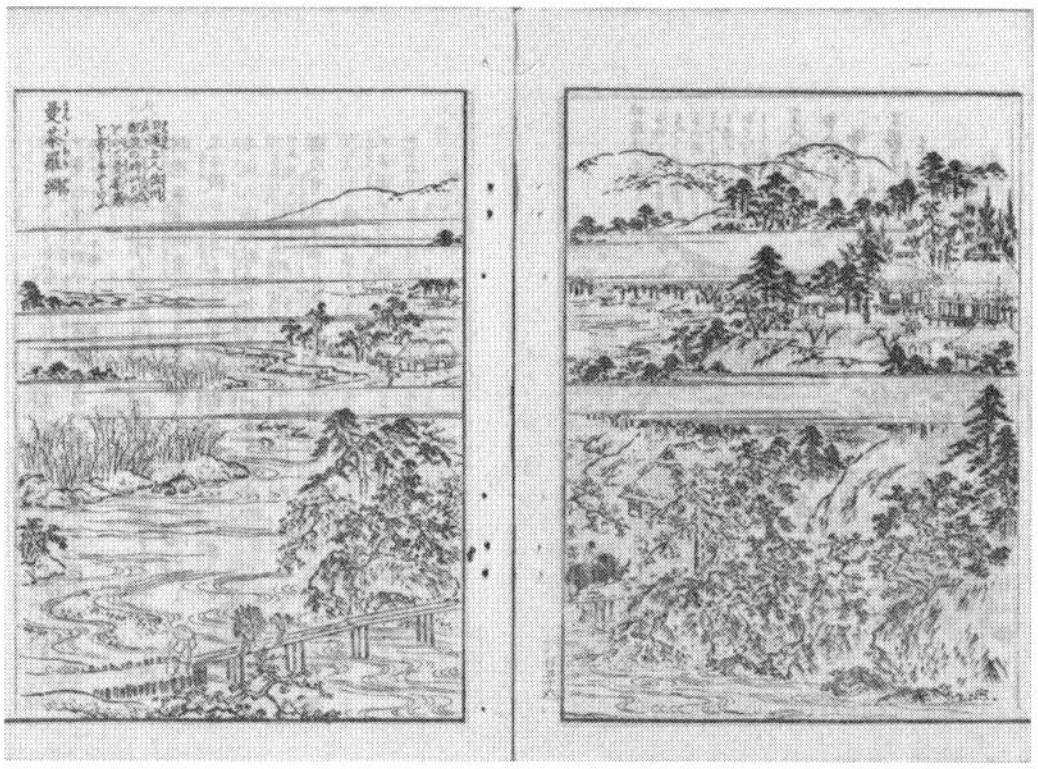

『江戸名所図会』にある曼荼羅淵の図

（国立国会図書館蔵）

現在の曼荼羅淵

今では崖がコンクリートの護岸擁壁で固められてしまっているが、かつてはこの崖に穴があり、河童が行き来する通路になっていたという

❻川越城周辺

川越城は、太田道真《どうしん》・道灌《どうかん》親子によって築かれた平城で、「日本一〇〇名城」の一つに選ばれています。その周辺には「川越城七不思議」と呼ばれる怪異が伝えられています。それは、次の七つです。

- 初雁《はつかり》の杉（三芳野神社の老杉に毎年雁が渡ってくると、この杉の上で三声鳴く）
- 霧吹きの井戸（敵が攻めてくると霧を吹いて城を隠し、敵から守る）
- 人身御供（太田道真の娘が竜神への人身御供となったことで川越城が完成した）
- 遊女《よな》川の小石供養（小石を投げ入れると、この川に入水した娘が応えてくれる）
- 片葉の葦（川越城の姫が水に落ちて亡くなった時葦の葉をつかんだため、葦に片側しか葉が付かない）
- 天神洗足の井水（太田道真・道灌親子が三芳野天神の化身の老人の導きで水源を見つけられた）
- 城中蹄《ひづめ》の音（合戦を描いた絵から夜ごと蹄の音がするので、絵を養寿院に納めたところ音が止んだ）

川越城の外堀には「ヤナ」という妖怪が棲んでおり、城に危機が迫ると霧を吹いて敵から城を護ったとの話（一二四頁参照）があります。「霧吹きの井戸」は、このヤナの話とよく似ています。また、ヤナは遊女川の主《ぬし》で「ヨナ」とも呼ばれていたこと、川越城を完成させるために沼の竜神に身を捧げた太田道真の娘の名が「世禰《よね》」であったとする話があることなどから、これらの話には何らかのつながりがあるとも考えられています。

川越城七不思議の中には、「天神洗足の井水」や「人身御供」のように場所がはっきりしないものや、「遊女川の小石供養」の遊女川のように昔の面影を留めていないものもありますが、「霧吹きの井戸」は川越市立博物館、「初雁の杉」は三芳野神社と、いずれも川越城本丸御殿のすぐ近く、「片葉の葦」の浮島稲荷神社も少し離れたところにあり、「城中蹄の音」の絵が納められた養寿院もそう遠くないため、これらのスポットは徒歩でまわることができます。周辺には他にもみどころが多いので、併せて立ち寄ってみるとよいでしょう。

■所在地　川越市郭町二―一三―一（川越城本丸御殿）
■交　通　西武新宿線本川越駅から徒歩約三〇分。市内巡回バスなどの便、レンタサイクル等もあり

川越城七不思議の碑

「わらべ唄発祥の所」の碑と並んで建てられており、そばには川越城七不思議についての解説板もある

川越城本丸御殿

現存する川越城の唯一の遺構。「城中蹄の音」は、江戸時代の初め頃、合戦を描いた屏風画が原因で毎晩のように城中で蹄の音が聞こえたという話

浮島稲荷神社の池

ここからの流れがかつての遊女川。このあたりに生える葦はすべて片葉であるという

霧吹きの井戸

川越城七不思議の一つ「霧吹きの井戸」。元は別の場所にあったが、現在は川越市立博物館の前庭に置かれている

❼小畔川流域

小畔《こあぜ》川は、ムーミンのテーマパーク「メッツァ」や「ムーミンバレーパーク」が開設されたことで知られる飯能市の宮沢湖に源を発し、川越市と坂戸市の境界付近の落合橋下流で越辺《おっぺ》川に合流する延長二〇㎞ほどの河川です。現在では、川越市の吉田と伊勢原町三丁目を結ぶ御伊勢橋から下流には川沿いに遊歩道が整備されています。

　そんな小畔川ですが、その昔は流域にさまざまな妖怪が出現したものでした。御伊勢橋の東側には御伊勢塚公園があり、その入口には三匹の河童のモニュメントが建っていますが、それは小畔川やその近くに棲んでいた三匹の河童が伊勢参りに出かけたという話（八七頁参照）にちなむものです。また、御伊勢塚公園には池がありますが、河川改修が行われる前は、このあたりにはこうした池や沼がいくつもあり、そこで魚を釣って帰ろうとすると「おいてけ、おいてけ」と不気味な声がした（一〇六頁参照）といいます。

　そこからさらに下流の下小坂《しもおさか》の蕀《とげ》橋付近は、特に妖怪の伝説が多いところです。蕀橋はダイダラボッチの足に刺さったトゲの上に橋を渡したことに始まる（一四八頁参照）といわれ、左岸の下小坂自治会館のあたりには小豆婆が出たとの話（一〇〇頁参照）が、右岸の鯨井の土手には善空という僧が一つ目小僧に出会った話（一六八頁参照）があります。また、さらに下流の鎌取橋は、小次郎という大蛇が娘に化けて草刈りをしていた美少年に近づいたものの相手にしてもらえず、怒って美少年の草刈り鎌を取り上げて投げ捨てたとの話（一二〇頁参照）に由来するものです。

　今ではすっきりと整備され、憩いの場や健康づくりの場として市民に親しまれていますが、妖怪が恐れられていた頃は草が生い茂り、夜ともなればまっ暗で不気味なところであったと思われます。御伊勢塚公園や蕀橋はアクセスもよいので、妖怪の話を想像しながら散策してみるのも面白いのではないでしょうか。

■所在地　川越市下小坂七四二付近（蕀橋）
■交　通　JR川越駅東口から「若葉駅行き」または東武東上線若葉駅から「川越駅行き」バスで「東洋クォリティワン入口」下車

鎌取橋

棘橋の下流にある冠水橋。さらに下流の落合橋の先で小畔川は越辺川に合流し、さらに越辺川は入間川に合流する

棘橋

小畔川に架かる県道256号（片柳川越線）の橋。ダイダラボッチが足の裏から抜いたトゲが川の中に刺さったところに橋を渡したことに始まると伝えられる。現在は丈夫なコンクリートの橋脚に支えられている

御伊勢塚公園の池

河川改修が行われる前の小畔川の流域には、多くの池や沼があったという。その当時を思わせる風情が感じられる池である

御伊勢塚公園

公園の入口にある河童のモニュメント。3匹の河童が伊勢参りをしたという話をモチーフにしており、写真手前の河童の胴部には袈裟のような模様が付けられているので「袈裟坊」をイメージしたものと思われる

❽日和田山

　日高市にある日和田《ひわだ》山は、標高三〇五ｍの低山で、奥武蔵の代表的な山の一つとして知られています。飯能に住む登山好きの女子高生が主人公の漫画『ヤマノススメ』の第九巻には、日和田山に初日の出を見に行く話がありますが、アクセスも良いので一年を通してハイキング客で賑わいます。また、山麓には曼珠沙華《まんじゅしゃげ》で知られる巾着田《きんちゃくだ》や高麗《こま》川の清流があり、高麗神社や聖天《しょうでん》院なども近く、併せて楽しむことができます。

　日和田山には、ダイダラボッチが多峯主《とうのす》山と一緒に天秤棒で担いで来たとの伝説がありますが、昔から天狗が棲む山としても知られ、山頂近くには金刀比羅《ことひら》神社が祀られています。弱虫の男に天狗が大力を授けた話（一三三頁参照）は、日和田山の天狗の話の一つです。この話では、毎晩毎晩、脅かしても挫けずに願掛けに金刀比羅神社まで登ってくる弱虫男の度胸を天狗が認め、九日目の晩にその願いを叶えてやったというものです。

　現在では、登山道が整備されているので、昼間であれば登山口から三〇分ほどで金刀比羅神社に着くことができます。登山口から一〇分ほど進むと一の鳥居があり、ここで道は男坂と女坂の二つに分かれます。男坂は距離が短いものの途中から岩場になる険しい道で、女坂は頂上近くまで整備された道が続いています。どちらを選んでも頂上までの時間はそれほど変わりませんので、往路は男坂、復路は女坂を通ってみました。頂上手前の岩場を登ったところには二の鳥居があり、ここからの眺望は抜群です。

　しかし、今のようにヘッドライトもない時代に、一人で夜の闇の中を頂上まで登っていくのは、相当に難儀であったと思います。昔は、今のように登山道が整備されておらず足場が悪かったはずですし、男坂の岩場を闇夜の中を登るのは勇気がいったことでしょう。そのことだけでも、既に男は弱虫から脱却していたように感じました。

■所在地　日高市高麗本郷地内
■交　通　西武秩父線高麗駅から登山口まで徒歩約二〇分。
　　　　　ＪＲ高麗川駅からバス利用の場合は「巾着田」下車

巾着田から見た日和田山

岩場と二の鳥居

金刀比羅神社

❾鬼鎮神社

鬼を祀っている神社は珍しく、青森県弘前市の鬼神社、福岡県豊前市の鬼神社（国玉神社境内社）、大分県大分市の鬼神社、そしてこの埼玉県嵐山《らんざん》町の鬼鎮《きぢん》神社の四社だけといわれています。

鬼鎮神社は、一説には平安末期から鎌倉初期の武将・畠山重忠が菅谷館《すがややかた》を築造した時に、その鬼門除けに祀ったことに始まるといわれています。また、一晩で百本の刀を打とうとした男が九十九本打ったところで夜が明け、鬼の姿で息絶えてしまったので、その供養のために祀った社《やしろ》に始まる（一七九頁参照）ともいわれています。なお、江戸時代の地誌『新編武蔵風土記稿』には「鬼神明神社　村民持」と記されており、社名の「鬼鎮」は、元来は「鬼神」と書いていたことがわかります。

その境内は東武東上線の武蔵嵐山駅から北東に一km ほど離れたところにあり、普段はのどかな村の鎮守という感じですが、節分祭には境内にあふれるほど多くの人で賑わいます。鬼鎮神社では鬼を祀ることから、豆まきの時の掛け声は「福は内、鬼は内、悪魔外」で、赤鬼と青鬼も豆を撒き、悪魔を祓います。

拝殿の正面には赤鬼・青鬼の絵馬が掛けられているほか、「鬼に金棒」のたとえにあやかり、多くの金棒が祈願の御礼として奉納されています。鬼鎮神社では、鬼の強さが邪悪を取り除き、願いを叶えてくれるとの信仰があり、太平洋戦争中には特に出征兵士の武運長久を祈願する人が多かったそうです。

現在では、特に勝負事に御利益があるとされ、受験の合格やスポーツの試合の勝利を祈願する人が多く集まります。社務所では赤鬼・青鬼の絵馬のほか、赤鬼・青鬼のイラストの入ったお守りや金棒を模したお守りなどを頒布しています。

この鬼鎮神社を訪れた著名人に、歌人の与謝野晶子がいます。晶子は、昭和十四年六月に武蔵嵐山を訪れて一泊した際、菅谷館跡や鬼鎮神社にも足を運んでいるのです。その時に詠んだ歌を挙げておきましょう。

幽鬼鎮《おにしず》め祭せまほしさみだれのたそがれ時に
月見草咲く

■所在地　比企郡嵐山町大字川島一八九八
■交　通　東武東上線武蔵嵐山駅から徒歩約一五分

鬼鎮神社に奉納された鬼の絵馬

拝殿の上部に掛けられているもので、この２匹の鬼は神社のシンボルとなっている

左：奉納された金棒　右：節分祭の参詣（埼玉県神社庁提供）

「鬼に金棒」の言葉にあやかり、金棒を奉納する習わしがある

⑩少林寺

寄居町の末野《すえの》にある少林寺は、永正八年（一五一一）の開山と伝えられる曹洞宗の寺院です。本堂の前には解説板があり、開基は鉢形《はちがた》城主・北条氏康の家臣であった藤田右衛門太夫国村となっているが、北条康邦との説もあることや、慶安年中（一六四八―五二）には寺領十五石を与えられていたことなどが記されています。

少林寺は五百羅漢《らかん》の石像があることで有名ですが、「猫寺」としても知られています。これは、和尚が飼っていた猫が毎晩のように茶釜を持って踊ったという話（二〇五頁参照）によるものです。和尚は、この猫を追い出してしまいますが、猫のおかげで和尚の評判が上がったので、和尚は猫の徳に感謝して境内に猫塚をつくったということです。しかし、現在、それらしいものは見当たりません。猫塚は、あくまでも伝説の中の話なのでしょうか。それとも、長い時を経るうちに崩れてしまったのでしょうか。

ところが、本堂の左手から五百羅漢の方へ行く道の登り口付近に、なぜか猫の石像があるのです。草に埋もれ、残念ながら頭部は欠損してしまっていますが、ちょうど成猫くらいの大きさで脚の形は猫のものに見えますし、背を丸め、長い尾をくるりと前の方に回して座っている姿はどう見ても猫そのものです。もしかすると、この石像が猫塚の話に関係するものなのかもしれません。

江戸時代に鳥山石燕が描いた「猫又」の絵などにも見られるように、猫が踊る話は各地にあります。少林寺の猫の話も、そうしたものの一つかもしれませんが、少林寺にはもう一つ「猫窪」といい、猫がよく集まる窪地があったとの話も伝えられています。話の真偽はともかく、その昔、少林寺に猫と何かしらの関わりのある出来事があった可能性はありそうです。

ちなみに、寄居の市街には少林寺の猫の話を店名にした、その名も「ネコオドル」という書店があります。戦国時代に少林寺を追い出された踊る猫は、伝説の中に今もしっかりと生き続けているようです。

■所在地　大里郡寄居町末野二〇七二―一
■交　通　秩父鉄道波久礼駅から徒歩約二五分

少林寺

左：少林寺にある猫の石像
下：「ネコオドル」のロゴマーク
（画像提供：ネコオドル）

「ネコオドル」は、令和元年７月に開店した個性あふれる書店で、ロゴマークは店名の由来となった少林寺の踊る猫の話をモチーフにしたもの。ちなみに、営業日は「猫のように気まぐれに週1、２日」のため、Twitter 等で御確認を！

⓫空滝（秩父華厳の滝）

蜘蛛《くも》が水辺で休んでいる人間の足に糸をかけ、水中に引きずり込もうとした話は、埼玉県内では秩父地域にまとまって伝えられており（二一六頁参照）、「空滝《そらだき》の蜘蛛」はその一つです。

空滝は、皆野町の上日野沢《かみひのざわ》の山中、秩父札所三十四番の水潜寺から六〇〇mほど奥にあります。駐車場やバス停から、「秩父八景　秩父華厳之滝」と彫られた石柱が入口に立っている坂道をしばらく登り、奈良尾川に降りる細道を進んで行くと、滝壺の前に着きます。落差は十数mと規模は小さいながら、その景観が日光の華厳《けごん》の滝に似ていることから、今では「秩父華厳の滝」として知られています。

「空滝の蜘蛛」の話では、このあたりで昼寝をしていた木こりの男の足先に蜘蛛が糸をかけていったが、不審に思った男はその糸を足からはずし、そばにあった切り株になすりつけておいたところ、切り株が滝壺に引き込まれていったといいます。今では、観光客が次々と訪れ、滝をバックに記念写真を撮っていく姿が見られ、なかなか賑わっています。

しかし、この話が語られていた頃は、よそから来る人などなく、きっと森閑とした寂しいところだったのでは……。観光客が途切れた間、そんなことを思いながら岩の上に座って滝の水音を聞いていると、時間を忘れてしまいそうです。すると、不意に滝壺の方からポチャンという音が聞こえてきました。魚でも跳ねたのか、それとも……蜘蛛か？

岩場から細道を戻り、再び坂を登っていくと、滝の上に行くことができます。ここに架かっている空滝橋という小さな橋からは、渓谷を見下ろすことができ、そのたもとには空滝大不動尊という大きな不動像があります。また、周辺の山はハイキングコースにもなっており、年間を通じて多くの観光客が訪れます。

なお、紅葉シーズンの十一月には、滝のライトアップが行われ、昼間とはまた違った幻想的な空滝の景観を楽しむことができます。

■所在地　秩父郡皆野町上日野沢地内
■交　通　秩父鉄道皆野駅から町営バス日野沢線で「秩父華厳前」下車　徒歩五分

空滝（秩父華厳の滝）

上：滝への入り口
左：空滝大不動尊

空滝大不動尊は、昭和48年に建立されたもので、独特な風貌が特徴である。滝への入り口のすぐ近くには茶屋もある

⑫矢納の天狗岩

神川町《かみかわ》に伝わる、「天狗と武市《ぶいち》」という話（一三六頁参照）があります。この話は、矢納《やのう》の高牛《たかうし》地区に住む武市という少年が山に行ったきり行方不明になり、帰ってきた時に天狗に連れられてあちこち飛び回っていたと言ったというものです。武市は天狗に連れられている間に、薬の作り方を天狗から教わり、後にその薬を家伝薬として売っていたといいます。

河童の妙薬の話はよくありますが、これは天狗の妙薬といったところでしょうか。この薬は武市の子の代、大正時代まで売られていて、よく効く薬として評判であったそうです。

武市が暮らしていたという高牛には、今も天狗岩という大きな石があります。神泉総合支所から県道を城峯公園方面に向かっていく途中、高牛橋という鳥羽川に架かる小さな橋があります。この橋を渡り、急な坂道を登っていくと大きなカーブがありますが、ここに堂尻小屋と書かれた休憩所が設けられています。

この、堂尻小屋の右手には、「天狗と武市」の話を記した解説板があり、このあたりで天狗が目撃されたという天狗岩はその脇にひっそりと置かれています。「天狗岩の石」と書かれた立て札が添えられているのですが、今ではその文字も薄くなり、木が朽ちたためか地面から抜かれて岩の裏側に置かれてしまっていましたので、気づきにくいかもしれません。

解説板によると、武市は、天狗を見たとの噂がある天狗岩付近の山に入って行き、白髪で杖を持った大きな老人の姿をした天狗に会ったということです。ちなみに、『児玉郡・本庄市のむかしばなし』や神川町のホームページで紹介されている話では、武市は山でヤマメを捕っている時、天狗から「ヤマメをくれ」と声をかけられたとされていますが、解説板の話ではヤマメではなくアケビになっています。なお、解説板には、武市は秩父郡の黒谷の生まれで縁あって高牛に来たことも記されており、飯野頼治編『高校生が聞いた秩父今昔ばなし』には武市の生地に伝わる話が収録されています。

■所在地　児玉郡神川町矢納地内
■交　通　神泉総合支所から町営バスで「高牛橋」または「高牛」下車

カーブの下から見た天狗岩付近

脇にある東屋は堂尻小屋と名付けられている

上：天狗岩

「天狗岩の石」と書かれた木札が添えられているが朽ちて文字も薄くなっている

左：玉蘭斎貞秀『神仏図会』より猿田彦命

（国立国会図書館蔵）

解説板には武市が出会った天狗は白髪の大きな老人で異様な杖を持っていたと書かれている。これは、猿田彦命のイメージではないだろうか

コラム 化け物を鎮めた光千坊様

寄居町の末野《すえの》は、少林寺の踊る猫や逆《さか》川の小豆婆の話、あるいは西行法師がここで出会った子どもの知識の豊かさに恥じ入って引き返した「西行戻り橋」の話など、さまざまな民話が伝えられているところです。

波久礼《はぐれ》駅の南の踏切を渡り、秩父鉄道の線路の東側から逆川に沿った道が、県道広木折原線と交差する手前の路傍に小さな祠《ほこら》があります。この祠は、光千坊《こうせんぼう》様と呼ばれ、『こどものための寄居町民話集』には「光千坊さま」として次のような話が収められています。

昔、逆川には小豆婆のほかにも怖い化け物が出てきたので、この地域の人々は困り果てていました。そこで、川のそばにお宮を建てて、化け物が出てこないように祀ることにしました。人々はこのお宮を光千坊様と呼んで大切にし、今でも光千坊様はこの地域の人を守ってくれているということです。

祠には花が供えられ、周辺もきれいに清掃されているところに、地元の人々の光千坊様への信仰の篤さがうかがえます。

光千坊様の祠と中に納められている石

祠の左側の木々の裏を逆川が流れている。石には「南無阿弥陀仏」の文字が彫られている

第三部　埼玉の妖怪百態

民俗学では、一般の人々の間で語り伝えられてきた話を総称して「民話」（民間説話の略語）といいます。民話はさらにその性格や内容によって「伝説」「昔話」「世間話」の三種類に分けられます。

伝説とは特定の場所や人物、あるいは物事の由来などを伝えた話で、その土地と深く結び付いています。一方、昔話は「むかしむかし、あるところに」といった言葉で語り出されるように、場所や時間、人物などを特定しないで語られる架空の物語という性格を持ち、語りの始めや終わりに決まった言葉が置かれたり一定の型があることが特徴です。最後の世間話は、人々が実際に体験したり見聞したりしたこと――たとえば狐や狸に化かされたといった話を語り伝えたものです。さらに伝説や世間話には、語り手が事実である、少なくとも事実であると信じてほしいという気持ちで語っているという特徴があります。

本書の第三部では、「埼玉の妖怪百態」と題して、埼玉県内に民話として伝えられてきたさまざまな妖怪を取り上げます。本書の第一部でも触れたように、妖怪の話の大部分は「伝説」や「世間話」として伝えられていますが、それは私たちの先祖が妖怪の存在を信じており、これらを実際にあった話として語り伝えてきたことを反映しています。

ただし、これらの話は文字として書き記されたものとは異なり、伝承されていく過程で話し手や聞き手の言い間違いや聞き違い、あるいは勘違いなどが生じたり、他の話と混同や融合したり、時には話し手の創作が加えられたりすることがあります。また、こうした民話が記録や読み物として文字化される際に、読みやすく書き直されたり創作や脚色が加えられることもあります。そのため、同じ妖怪の話であっても、さまざまなバリエーションが生じます。また、伝説にはパターン化したものもあり、場所や登場人物を変えただけでストーリーは同じような話が各地で伝えられていることもあります。

本書の第二部では、まず「妖怪ゆかりの地を訪ねる」として、埼玉県内で妖怪の話が伝承されている場所、いわば妖怪伝説の舞台十二箇所について紹介しました。

これに続いて、第三部では埼玉県内各地で語り継がれてきた妖怪に関する民話――伝説や世間話の数々を紹介していきます。埼玉県内の市町村史や民話集などからこうした話を拾っていくと、千話を超える話を集めることができました。そこから重複するものなどを整理した上で、主なものの概要をまとめてみました。もちろん、まだすべてを網羅したわけではありません。把握できていない妖怪の話はまだあるでしょうが、際限がないのでここで一区切りとしました。

柳田國男は「妖怪名彙」の冒頭で、妖怪の分類について「出現場所」と「信仰度の濃淡」の二つを示し、出現場所による分類については「行路・家屋・山中・水上」の四種を挙げ、その中では「行路」が最も多いとしています。一方、信仰度の濃淡による分類とは、「(妖怪の存在を)信じる」「信じない」「信じないが話を聞けば気味が悪い」「信じていなかったが怪異を経験して考えがやや変わった」といった、信じる度合いのことのようです。しかし、これは個人の考え方や受け止め方の問題ですので、分類としてはわかりにくく、基準も曖昧です。

そこで、本書では、出現場所によって埼玉県内に伝承されている話を分類することとし、その内容や数のバランス等を考慮して、全体を「水辺・水中の妖怪」「山や森の妖怪」「路傍・路上の妖怪」「人里の妖怪」「生物・器物などの怪異」の五つに分けてみました。

「水辺・水中の妖怪」「山や森の妖怪」「路傍・路上の妖怪」「人里の妖怪」は、それぞれ柳田のいう「水上」「山中」「行路」「家屋」にほぼ相当するもので、「生物・器物などの怪異」は動物や昆虫・植物などの生物や人形などの器物に関する話をまとめました。さらに「生物・器物などの怪異」には、憑《つ》きものも加えました。ただし、これはあくまでも本書における便宜的な分類です。ほかにも音や光など怪異の特色、姿の有無や外見などによる分類もできるでしょう。

取り上げた話には註で出典や参考文献を示しましたので、興味を感じる話については、元の話を読んでみていただければ幸いです。なお、本書の中では、取り上げた妖怪の名称の表記は統一(たとえば「河童」「川童」「カッパ」「かっぱ」は「河童」、「龍」「竜」は「竜」に統一)し、社寺の名称の表記は宗教法人名(令和三年現在)に準じました。

一　水辺・水中の妖怪

川や池沼のほとりで妖怪に遭遇する話は、多く伝えられています。これらは内容から、水辺で妖怪に出会ったという話と、水中に棲み、その場所の「主《ぬし》」と呼ばれる妖怪の話に二分できます。

まず、水辺で妖怪に出会ったという話ですが、水辺は陸地と川や池沼との境界で、昔は背丈の高い草が生い茂っていたり、大きな木が昼なお暗い木陰をつくっていたり、人里から離れて物寂しい場所であったりしたことがその背景にあります。

水辺に現れる妖怪の代表的なものは、「河童」でしょう。河童は、全国的にもよく知られ、その姿形は商品のキャラクターや各地の「ゆるキャラ」などにも採用されている、いわば国民的な妖怪です。伝えられている話の数も多く、話のバリエーションも豊富です。

埼玉県における河童の姿形は、全国的に伝えられているものと変わりませんが、身長はさまざまです。ほとんどの話では、河童が出現するのは川や池沼などのそばですが、日高市には、「河童は夏の間は川にいるが、寒くなると山に入るので山が賑やかになる」という伝承（『日高町史 民俗編』）もあります。これは、河童と農耕の関わりを感じさせる話です。また、埼玉県には、「袈裟坊《けさぼう》」「竹坊」などと名前を持った河童が多いことも注目できます。

河童と並んで、県内の広い地域で伝えられている妖怪に、「小豆婆」があります。全国的には「小豆とぎ」「小豆洗い」などと呼ばれていますが、埼玉県内では小豆婆という呼び名が主に使われており、秩父地域などでは「小豆よなげ」とも呼びます。

小豆婆の話の多くは、不気味な音が聞こえるだけですが、その姿を見た者が襲われたという話もいくつかみられます。これは、小豆婆の話と鬼婆や山姥《やまんば》の話が融合したものかもしれません。

江戸の「本所七不思議」の一つとしてよく知られる「おいてけ堀」の話も県内にいくつか伝えられています。特に川越市の話は、柳田國男の「妖怪名彙」でも取り上げられています。

秩父や奥武蔵などの山間部には「川天狗」と呼ばれる妖怪の話も伝えられています。これは砂を撒くような怪音を発したり、不思議な光を見せたりして魚を捕る邪魔をするもので、「天狗」の名が付いていますが、どちらかといえば河童に近いように思われます。このほか、秩父には炭焼きの男を襲った怪女「沢女」の話もあります。これは、炭焼きをする上での禁忌を伝える話であった可能性があります。

こうした水辺に出現する妖怪とは異なり、普段は川の淵や池沼の水中に身を潜め、その主として怖れられているものがあります。水の中は、人間にとっては未知の世界であり、そこには得体の知れないものが棲んでいると、私たちの祖先は考えたのかもしれません。主の代表的なものは「竜」でしょう。竜は、古墳の壁画にも「四神」の一つ（青竜）として描かれているように、元来は中国から伝わってきた神獣でした。それが在来の蛇神や水神に対する信仰と習合して広まっていったものと考えられています。そのためか、竜のことを大蛇としている話もみられます。竜は、雨を降らせる力を持つと考えられており、降雨に関連した話がしばしばみられます。その一方で、竜が他の竜や人間の娘に恋をするなど、人間的な話もあります。

「大蛇」を池沼の主とする話も、各地に伝えられています。とりわけ、新座市から志木市にかけての柳瀬川流域の沼に棲んでいた「かしらなし」という大蛇の話や、川越市や坂戸市を流れる小畔《こあぜ》川に棲んでいた「小次郎」という大蛇の話はその例です。

このほか、秩父市には「緋鯉《ひごい》」を沼の主とした話が、川越市には川越城の堀の主の「ヤナ」という妖怪の話が伝えられています。この「ヤナ」の話は、柳田國男も『山島民譚集《さんとうみんたんしゅう》』で取り上げており、敵が攻めてきた時に霧を吐いて城を隠し、敵の攻撃を防ぐというところは川越城の七不思議にある「霧隠しの井戸」との関連がうかがえます。また、河童の中には、元来はその場所の主として伝えられていたのではないかと思われるものもあります。

●河童㈠　名前を持った河童

「河童」という呼び名は、埼玉県内でも全域で一般的に使われています。一方、羽生《はにゅう》市では河童のことを「大亀」、吉川《よしかわ》市では「沼小僧《ぬまっこぞう》」と呼んだという話が伝えられており、これらは埼玉独特の呼び名ということができそうです。「大亀」は河童が泳ぐ姿が大きな亀のように見えるところからきたもの、「沼小僧」は河童が中井沼という沼に棲んでいたところから付いたものと思われます。こうした埼玉独特の呼び名が、昔はもっとあったのかもしれません。

沼小僧は、その甲羅が四斗樽の底くらいの大きさ（樽の底の直径は六〇cmほどか）という大きな河童で、悪戯をして土地の人々をたびたび困らせていたため、「大上の家」という沼の開発者の一人が刀で斬りつけたところ、その後は悪戯をしなくなったということです。[1]

また、埼玉の河童の中には、人間のように名前を持ったものもいます。最も有名な河童は、越辺《おっぺ》川に棲んでいた「袈裟坊《けさぼう》」でしょう。袈裟坊は、川島《かわじま》町伊草《いぐさ》の落合橋付近にいたことから「伊草の袈裟坊」とも呼ばれていました。また、その名前は、僧が身につける袈裟をいつも着ていたことによるといわれています。

袈裟坊は悪戯好きで、落合橋の付近を夜遅く通る者を呼び止め、人が振り返ったら大男の姿になって道に立ちふさがる、車を曳いていると車の後ろに吊り下がるなどの悪ふざけをよくしたそうです。[2]また、袈裟坊はこの近辺に棲む河童の大親分で、配下の河童たちは毎年人間の腸《はらわた》を届ける義務を負わされていたといいます。[3]

この袈裟坊に代表されるように、入間《いるま》地域の荒川水系の河川には名前を持った河童が多く、たとえば狭山市笹井には入間川の竹が淵に棲む「竹坊」（笹井の竹坊）、坂戸市小沼には越辺川に棲む「カジ坊」（小沼のカジ坊）、川越市下小坂《しもおさか》には小畔《こあぜ》川に棲む「小次郎」（小畔川の小次郎）、所沢市久米には柳瀬川の曼荼羅《まんだら》淵に棲む「曼荼羅の河童」などがあります。これらの河童は「袈裟坊」と仲が良かったとか、兄弟分であったなどといい、互いの交流を伝える話が伝わっています。また、所沢市久米の曼荼羅淵の崖には、かつては穴があり、その穴を通じて曼荼羅の河童が袈裟坊や竹坊のところに贈り物を届けていたといわれていましたが、[4]河川改修でふさがれてしまいました。

　この河童たちのエピソードの一つに、人間と同じように伊勢参りに行こうとして失敗した話があります。小畔川に棲んでいた小次郎という河童の話です。ある日、小次郎は人間のまねをして仲間の伊草の袈裟坊、小沼のカジ坊と三匹で伊勢参りをしました。ところが、あまりにも金遣いが荒いので、店の人が不審に思ってそのお金をよく調べてみたら、田螺《たにし》の蓋《ふた》でした。いんちきがばれた河童たちは捕まって、さんざんしぼられました。その後、三匹の河童たちは二度と旅に出ることはなかったそうです。(5)

　これは、川越市に伝わる話ですが、同じような話がその周辺にも伝わっています。どの話も登場する河童三匹のうち「袈裟坊」は共通していますが、他の二匹は話によっては別の河童になっています。

　一方、越生《おごせ》町を流れる越辺川には、昔から「越辺の平四郎」という河童がいました。平四郎は島野伊右衛門という越生随一の豪商の屋敷の裏にある深い淵に棲んでおり、普段はおとなしいのですが、お盆の頃になると子どもをさらうという悪い癖をもっていたのです。さらわれた子どもは水の中に引き込まれ、藁筒でお尻から腸をみんな吸い上げられるので、お盆の期間、子どもは絶対に川に行ってはいけないといわれていました。(6)

　また、吉見町を流れる市野川には、「太郎坊・治郎坊」という二匹の河童が棲んでいて、「子どもが一人で川遊びに行くと、その河童に尻を抜かれる」として怖れられていました。ある日、田植えを終えた戸平《とへい》という力持ちの男（現在の吉見町出身で江戸時代に力士・山獅子戸平として活躍した関根戸兵衛か）が市野川で馬を洗って帰ろうとすると、その足を強く引っぱる者がありました。戸平は河童の仕業だと気づき、思い切り力を込めて川の中から足を引き抜くと、大きな水音とともに河童が足の先についてきました。

　戸平は驚きましたが、河童も驚いて逃げようとしました。そこで、戸平はとっさに河童を捕まえ、なぜこんなことをするのかと問い詰めました。河童は「市野川には自分より強い者はいないと思い、人間に悪いことをしてきましたが、こんな力持ちがいるとは夢にも思いませんでした。必ず心を入れ替えますので勘弁し

てください」と許しを乞いました。その後、市野川では河童が悪さをすることはなくなったそうです。(7)

　このように、河童に名前が付けられていることは、当時の人たちにとって河童がそれだけ身近な存在であったからかもしれません。

　一方、利根川には、ネネコという河童の女親分がいたことが古くから知られています。ネネコについては、現在の茨城県利根町出身の医師・赤松宗旦《あかまつそうたん》が江戸時代末期の安政二年（一八五五）に著した地誌『利根川図志』の巻一には、「望海毎談《ぼうかいまいだん》」という書にある話として「刀祢川に子《ね》、コといへる河伯《かっぱ》あり。年々にその居る所変る。所の者どもその居る所を知る。その居る所にては人々も禍《わざわい》ありといへり。げにカッパの害ある談《ものがたり》多し」と記されています。(8) また、利根町には、ネネコは女だてらに無双の暴れ者として悪名高かったが、加納家の若旦那と相撲を取って負けたのを機にきっぱりと悪事から足を洗ったという話が伝えられています。(9)

　利根川沿いの羽生市にも、ネネコの話が伝えられています。昔、利根川にたくさんの河童がいた頃のことです。ある夏の日、小さな舟を漕いで川を上ってきた船頭が川岸の日陰に舟を寄せて一休みしていると、きれいな娘がやってきて、竜蔵河岸まで届けてほしいと小さな箱と手紙を差し出しました。船頭は快く承知し、娘はお礼に小判二枚を船頭に握らせました。

　船頭は大急ぎで舟を漕ぎ出しましたが、少し経つと気になるので娘から預かった箱の蓋を開けてみたところ、何かベトベトした目玉のようなものが一杯つまっていました。手紙も開いてみると「竜王様、税金の尻《しり》子玉《こだま》を納めますが、九十九個しか取れませんでした。あとの一個はこの船頭のものを取ってください。ネネコより」と書いてありました。

　船頭は「一年で一番暑い日に、日本中の河童の親分たちが、竜王様の大好物の尻子玉を持って竜宮に集まるから気をつけろ」と老人から聞かされていたことを思い出し、恐ろしくなって箱と手紙を川へ放り込み、大急ぎで竜蔵河岸を通り過ぎていきました。ほっとした船頭が娘にもらった小判を取り出してみると、うすっぺらな石でした。こんなことがあってから、利根川には河童がいなくなったということです。(10)

赤松宗旦『利根川図志』より「ネネコ」の図（埼玉県立熊谷図書館蔵）

●河童(二)　河童の詫証文

河童が悪いことをして人間に捕まった際、二度と悪さをしない証拠として「詫証文《わびしょうもん》」を残していったという話があります。こうした話は各地にありますが、埼玉県内でよく知られているものとして、所沢市久米の曼茶羅《まんだら》淵に棲む河童の話があります。

久米の持明《じみょう》院の下は柳瀬川の淵になっており、曼茶羅淵と呼ばれていました。ここに棲んでいた河童は「曼茶羅の河童」といい、伊草の袈裟坊や笹井の竹坊と兄弟分で、毎年夏には進物として人間の腸《はらわた》を抜いて贈っていました。

ある夏、進物にする人間の腸が手に入らなかったため、曼茶羅の河童は馬の横腹に噛みつきました。これに気がついた馬方は、驚いてすぐに持明院の僧を呼んできました。捕まった河童は僧から説教され、二度とこんなことをしないという詫証文に手形を押して、ようやく許されたそうです。その詫証文は長い間持明院にありましたが、明治十七年の火災で焼けてしまいました。[1]

また、曼茶羅の河童については、こんな話もあります。持明院の僧に許してもらった河童は、井戸に落とした物は何でも取ってくることを約束しました。それから持明院では、井戸に落としたものは必ずそばの池に浮かび出るようになったとのことです。[2]

こうした河童の詫証文は、東松山市市ノ川の永福寺にもあったといいます。市ノ川という地名のとおり、寺のすぐ南側には市野川が流れています。昔、その市野川に馬が引き込まれそうになっていたのを村人たちが協力して川から引き上げたところ、馬の後ろ脚に河童がしがみついていました。村人たちがこの河童を打ちのめしているところに、永福寺の和尚がやってきて乱暴を止めさせ、河童を寺に連れて帰りました。そして、二度と悪戯をしないという詫証文を書かせ、判の代わりに手形を押させました。

こうして許された河童は、そのお礼に井戸を掘りました。この井戸はその後何百年も枯れることがなく、旱魃《かんばつ》の年には付近の人々の貴重な飲料水になったといいます。

永福寺では、この時の河童の証文を寺宝として伝えていましたが、太平洋戦争の後は行方不明になってしまったとのことです。しかし、田村宗順の『東松山の伝説と夜話　下』には、その文面が載っています。これによれば、日付は「寅　七月七日」、河童の名前は「市ノ川河太郎」となっています。(3)

一方、小鹿野《おがの》町下小鹿野の奈倉《なぐら》には河童の証文水の話があります。江戸時代の宝永・正徳の頃（一七〇四～一六）、奈倉館の主に嘉右衛門という武士がいました。嘉右衛門は、赤平川の浜瀬の渡し場の下流にある大きな淵に棲み、村人に悪事をはたらいていた河童を退治しました。すると、河童は今後悪いことをしない証《あかし》として、岩間から湧き出る清水を自分が生きている限り絶やさないことを誓いました。このことから、この清水は「河童の証文水」と呼ばれるようになったといいます。(4)

このように、詫証文の代わりに証拠となるものを残していった話として、本庄市児玉町に伝えられている逆さ桜の話もあります。明治の初めのある年の夏、児玉から小川町の方に荷を届けにいった馬方が、帰りに身馴《みなれ》川の渡し場まで戻ってきたところ、川は増水して渡れそうもありませんでした。そこで、陣街道裏から風洞《ふとう》の五本松北に出て川を渡りました。

すると馬が急に暴れ出したので、馬方が馬の尻の方に廻ってみると、河童が馬の尻穴に頭を突っ込もうとしていました。馬方は、河童を馬から引きずり下ろし、大格闘になりました。児玉に逃げ帰った馬を見た仲間の馬方たちも渡し場に駆けつけ、河童はついに組み伏せられました。

この河童は、身馴川に棲みついて百年にもなり、神通力を持った恐ろしい河童でしたが、さすがに改心し、ここを去って甲州（山梨県）の猿橋下にいる身内のところに移るから命だけは助けてほしいと謝るので、馬方は河童を許してやることにしました。河童は、自分が峠を越えて行ったしるしに桜の枝を逆さに挿しておくが、「その桜が枯れる時が自分の命のなくなる時だと思いますので、その時は線香の一本でも上げていただきたい」と涙ながらに言ったそうです。

河童は馬背《まぜ》峠（間瀬峠）を越え、約束の桜の枝をさして立ち去りました。これが「馬背の逆さ桜」で、桜は大正の初めまで盛んに咲いていたといいます。(5)

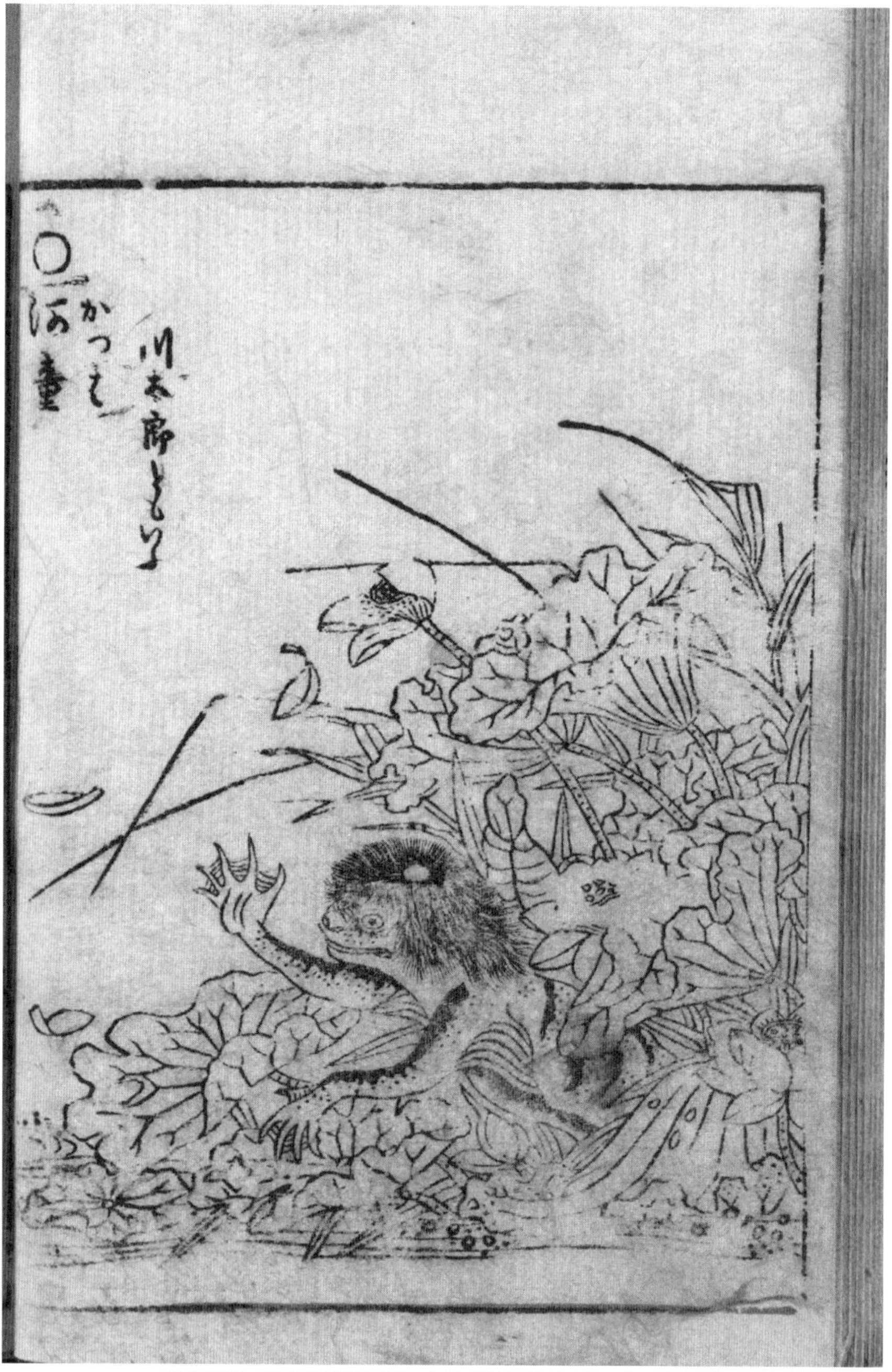

鳥山石燕『画図百鬼夜行』より「河童」（国立国会図書館蔵）

●河童㈢　河童のお礼

河童は、よく悪戯をしますが、失敗して人間に捕まることも少なくありません。そんな時、河童を許してやると、お礼をしてくれることがあります。河童には、こんな義理堅いところがあるようです。そうした河童の一面を伝えるものに、河童の妙薬の話があります。

昔、熊谷の商家の女将が夜に便所に行ったところ、何者かが下から手を伸ばして尻を触ってきました。そんなことが何日か続いたので、女将は短刀を持って便所に入り、尻を触ろうとした不届者の手をつかみ、短刀で切り落としてしまいました。その手の主《ぬし》は荒川に棲む河童で、翌日老人の姿をして手を返してほしいと頼みにやってきました。女将が手を返してやると、河童は薬を塗ってその手を腕に付けました。すると、手は元通りになりました。河童は、お礼にその薬の作り方を教えていったということです(1)。

これは熊谷に伝わる話ですが、川島町の道場《どうじょう》には「伊草の袈裟坊」が草むらで眠っている時に草刈りの若者に手を切り取られ、その手を返してもらったお礼に膏《こう》薬《やく》の作り方を教えていったという話もあります。この薬も、家伝薬としてよく知られていたそうです(2)。

河童を助けてやり、お礼に宝物をもらったという話もあります。熊谷市の佐谷田《さやだ》では、野良仕事を終えた男が、空腹で道端に倒れていた荒川の河童を自宅に連れて帰り、たっぷりとご飯を食べさせてやったところ、河童はお礼に十枚の皿をくれました。これは、皿に欲しい物を書いた紙を載せて川岸に置いておくと、河童がそれを用意してくれるというものでした。おかげで、その人は大層便利な生活をしていましたが、そのうちの一枚を誤って割ってしまいました。それからは、いくら紙に書いて頼んでも河童は欲しい物を用意してくれなくなったということです(3)。

また、深谷市の東方《ひがしがた》には、飛脚が倒れている河童を助けてやったところ酒がいくらでも出てくる徳利《とっくり》をもらったという話(4)が、本庄市の山王堂には宿屋の主人が悪戯を仕掛けてきた河童を許してやったところ小判がいくらでも出てくる壺をもらったという話(5)があります。ちなみに、飛脚がもらった徳利は底を三回叩くと、宿屋の主人がもらった壺は中の小判を一度に残さず使ってしまうと、その効力を失ってしまうのでした。

河童は、こうした不思議な道具も持っていたようです。

また、秩父市の中村町には、荒川の洞玄《どうげん》淵に棲んでいた河童の話が伝わっています。秩父にやってきた旅の僧が荒川に近い無人の寺で修行を始めたところ、一人の老婆が訪ねてきました。老婆は、自分は荒川の洞玄淵に棲む河童で、九人の子どもが不動滝の大蛇に次々と呑まれてしまい、まもなく生まれてくる十人目の子どももこのままでは大蛇に呑まれてしまう運命なので、何とか助けてほしいと旅の僧に救いを求めるのでした。

旅の僧は河童の願いを聞き入れ、不動滝で七日七夜の祈祷を行い、ついに滝壺に棲む七丈（約二一m）もある竜のような大蛇を退散させました。それから半年ほど過ぎたある朝、僧が外に出てみると大きなつづらが置いてありました。つづらを開けてみると、中には金や銀の宝物と河童からのお礼の手紙が入っており、旅の僧はこの宝物で立派な寺を建て、「洞玄和尚」と呼ばれるようになったということです[6]。

この話からすると、河童は意外と資産家であったのかもしれません。

石川鴻斎『夜窓鬼談』より「河童」の挿絵（部分）（国立国会図書館蔵）
河童が少年に化けて手を返してほしいと頼みにきたところを描いたもの

●河童㈣　河童の習性

河童の習性を伝えるエピソードには、さまざまなものがあります。ここでは、その中からいくつかの話を紹介します。

馬を狙う河童

河童はよく馬を狙いますが、このことについて柳田國男は河童は水神が零落《れいらく》したもので、馬は水神に対する捧げ物であろうとの見解を示しています。河童が馬を狙ったエピソードの一つに、志木市の寶幢《ほうどう》寺にまつわる河童の話があります。

寶幢寺の小僧が引又の川で馬を洗おうとしていると急に馬が暴れ出して厩《うまや》に走っていきました。小僧が厩に行くと何かが腕にからみついてきます。それは馬を襲ったものの失敗して馬に踏みつけられ、弱っている河童でした。村の人たちは河童を焼き殺そうとしましたが、それを見かねた寶幢寺の和尚は河童を川に逃がしてやりました。次の日の朝、和尚の枕元に鮒《ふな》が二匹置いてあり、それは河童がお礼に届けてきたものだろうということになったそうです。この話は江戸時代の『寓意草《ぐういそう》』という随筆に載っているもので、柳田國男が『山島民譚集《さんとうみんたんしゅう》』の中で「河童駒引」の中で「和尚慈悲」として取り上げたことでよく知られています。

また、寶幢寺には、本尊の地蔵菩薩が馬を襲っている河童を改心させた話もあります。ある嵐の日、馬の鳴き声を聞きつけた寶幢寺の地蔵様が駆けつけてみると、五、六歳の子どもくらいの大きさの河童が柳瀬川に馬を引きずり込もうとしているところでした。馬は河童から逃れようと後ろ脚を蹴り上げますが、河童の腕は左右がつながっていて、片方を縮めて片方を伸ばすことができるので、馬の蹄は河童の腕まで届きません。このままでは馬が危ないと思った地蔵様が大声で河童をどなりつけると、ようやく河童は馬から離れました。

地蔵様は、河童を叱りながら仏の教えを語り聞かせ、今後は悪行の償いに善行を積むことを約束させて、河童を許してやりました。このことがあってから、寶幢寺の台所に時おり鯉《こい》や鮒、鯰《なまず》などが朝早く置かれるようになり、やがてそれは河童がお礼に届けてくれるのだというようになったそうです。(1)

河童と相撲

河童は相撲が好きであるといわれます。こうした河童のエピソードとして、河童が船頭と相撲を取った話が志木市に伝えられています。

舟運が盛んであった頃、志木の引又河岸は舟溜まりになっており、その日の仕事を終えた船頭たちは、河原で風に吹かれながら休憩したものでした。そんな時、一人で退屈しているような船頭がいると、水の中から河童が現れ、「兄さん、相撲取ろう」と誘うのでした。老練な船頭は河童が何を言っても相手にすることはありませんが、若い船頭がつい河童の挑発に乗って相撲を取ると、大変な目に遭います。

河童の体は柔らかで、足腰が強いので、いくら投げ飛ばしても倒れることなく立ち直り、抱きついてきます。しかも、河童の腕は左右が一本につながっていて、片方だけを長く伸ばすことができ、伸ばしたぶん力も強くなるので、腕を若者の腰にくるくると巻き付けてきます。そして、若い船頭が息苦しくなってきたところで、河童が巻き付けた腕を一気に引き抜くと、若者の体はくるくるとコマのように回って水の中に転がり込み、河童はその腕をつかんで水中深く引きずり込んでしまうのでした。

しかし、船頭も河童に負けてばかりではありません。中には河童に組み付かれないように突き押しや張り手を繰り出し、河童の頭の皿が干上がるようにして、河童が弱ってきたところを痛めつけてやったという強者《つわもの》の船頭もいたそうです。このことがあってから、河童仲間では「大船頭と坊主には関わるな」と言われるようになったとのことです。[2]

河童を捕まえる方法

河童は、人間の腸《はらわた》や「尻子玉《しりこだま》」という尻の近くにある臓器が好物であるといい、人間を襲う時に尻を狙ってきます。この習性を利用して河童を捕まえた話が上里町の長浜に伝わっています。

神流《かんな》川は利根川の支流で、昔はたくさんの河童がいました。神流川は川幅が広く、しかも深いので、大人でも溺れることがあり、村人たちはそれを河童の仕業として恐れていました。また、河童が岸に上がって休んでいるところを見た人もありました。

一魁斎芳年「和漢百物語　白藤源太」（国立国会図書館蔵）

河童の相撲を眺める白藤源太という力持ちを描いたもので、画中詞には次のような話が記されている。白藤源太は上総の国（現在の千葉県）夷隅（いすみ）郡神沖村の百姓源左ェ門の子で、力が強く相撲を好み、多くの力士と相撲を取ったが源太に勝てる者は一人もおらず、その名声は各地で高まり評判になっていた。ある夏、柳の下にたたずんでいると一匹の河童が現れ、源太と力比べをしようとした。源太は一声発すると、たちまち河童を投げ殺したそこで、村人たちは河童を退治しようと、河童を捕まえる方法を考えました。河童を捕まえるには、まず河童の出そうなところを選んで川の左右に網を張り、その間に人々が横一列に並び、着物の裾をまくって尻を川に浸けます。それは河童は必ず尻を狙ってくるからです。作戦どおり河童がきて尻をくすぐると、頃合いをみてヒョイと尻を上げてしまいます。他の人の尻を狙ってもヒョイヒョイと次々に尻を上げられてしまうので、あての外れた河童が帰ろうとしたところを左右に張った網で捕まえます。こうして、この村の人々は、河童を生け捕りにしたのだそうです(3)。

これに似た河童の捕まえ方は、葛飾北斎の『北斎漫画』の中にも描かれています。

河童の手・河童の甲羅

河童の手と伝えられるものが全国各地にありますが、埼玉県内でも川越に河童の手とされるミイラがあったそうです。川越藩の家老格であった下河家は、松平大和守の名臣で、行傳寺《ぎょうでん》にその墓所があります。この下河家に家宝の一つとして、河童の手といわれるミイラがあり、次のような話が伝えられています。ある日の夜のことです。下河家の夫人が夜に便所に行くと、下から手を出して悪戯する者がありました。気丈な夫人は、とっさに悪戯者の手をつかみ寄せ、用意していた懐剣で斬り落としてしまいました。この手には毛が生えており、河童の手であろうと評判になりました。

それから夜更けて、夫人の枕元に河童が夢の如くに現れ、片手を返せと迫るのでした。腹が立った夫人は、手を返すどころか、箱に入れて密封してしまいました。その後、御城内（郭町）の下河家には開かずの便所があったといわれるようになり、また、一説には、河童の手を返さなかったために、下河家では長男に祟りがあるともいわれていたそうです(4)。

また、羽生《はにゅう》市には、河童の甲羅があったとの話があります。利根川に大亀（河童）がいて、舟から落ちた若者を襲い、その背中に抱きついて食い殺そうとしました。しかし、若者は持っていた刀を大亀に突き刺して難を逃れました。若者に刺された大亀は絶命し、その甲羅は二つに切られて若者の実家と奉公先の家に保存されていたそうです(5)。

葛飾北斎『北斎漫画』より「河童を釣ルの法」（国立国会図書館蔵）

●小豆婆

薄暗くもの寂しい水辺の近くを通ると、どこからともなく「シャゴシャゴ」「ショキショキ」「ザックザック」といった小豆を洗うような奇妙な音が聞こえてくることがあります。こうした話は、「小豆洗い」「小豆とぎ」などという妖怪の仕業であるとして全国に伝えられています。埼玉県内ではこれを「小豆婆」と呼ぶことが多く、大部分は不気味な音が聞こえてくるだけで、妖怪が姿を見せることはありませんが、老婆の姿をしているといわれてきました。

川越市の下小坂《しもおさか》自治会館の近くに出たという小豆婆の話です。かつてこのあたりに西光寺という寺がありましたが、寺がなくなってからは荒れ放題で、昼間でも鬱蒼と木が生い茂って薄暗く寂しい場所であったため、村の人たちは近づきたがらないところでした。ある時、隣村の人が仕事のためやむをえずここを通ると、突然「シャゴシャゴ、ザクザク」という音が聞こえてきました。不審に思って音のする方へ走っていくと、音はだんだん遠ざかっていきます。音をどんどん追いかけていくと、音もどんどん逃げていきます。そうかと思えば、今度は突然後ろの方から音がするというぐあいで、その気味悪さに隣村の人は逃げ帰ってしまったといいます。また、小豆婆は子どもをさらって食ってしまう恐ろしいものとされ、子どもたちが遅くまで起きていると、大人たちは「夜遊びが過ぎると、小豆婆が出るぞ」と言って脅かしたそうです(1)。

もう一つ、北本市高尾の阿弥陀堂の近くに出た「小豆とぎ婆」の話を紹介します。高尾の阿弥陀堂の近くには、昼でも暗い大きな森があり、そのまん中は底が見えないほどの深い谷になっていました。ある夕暮れ時、遊び疲れた村の子どもたちがその近くを通ると、谷の底から「ザッコゴッキ、ザッコゴッキ」という小豆を洗うような音が聞こえてきました。子どもたちが不思議に思って谷底をのぞき込むようにすると、そのあたり一面に生えている笹がザワザワーッと揺れたので、子どもたちは驚いて一目散に家へと逃げ帰りました。それ以来、子どもたちがそこを通る時は走って通り過ぎたものだったそうです。ここでも子どもたちが悪いことをしたり、だだをこねたりすると、「小豆とぎ婆が利鎌《とがま》(刃先が鋭くよく切れる鎌)で首を切りに来る」と脅されたものでした(2)。

埼玉県内には、小豆婆の話が各地に伝わっていますが、概ねこのような内容です。しかし、越生《おごせ》町に伝わる「小豆洗い」の話は、少し変わっています。かつて越生町の町内に菊屋という料理屋があり、その近くに「小豆洗い」が出たというのです。この小豆洗いは、河童に似た魔物だとされ、夕方に小豆を洗う音や「一つ、二つ」と数える声が聞こえ、そばに行くと声につられて水の中へ引きずり込まれてしまうと伝えられていました。また、その正体は川に落ちて死んだ「枕のばばあ」の霊であるともいわれていました(3)。

このように、多くは不気味な音を立てるだけで姿を現さない小豆婆ですが、中には目撃談も伝えられています。寄居町末野《すえの》の逆《さか》川に出た小豆婆は、白髪の長い髪を振り乱し、「小豆とごうか、人取って食おうか……」と独り言を言いながら大きな笊《ざる》の中に小豆のようなものを入れて、ザザーッ、ザザーッと大きな音を立ててそれを川の水で洗っていたそうです(4)。

最も凶暴なものは、志木市の地獄谷というところに出た小豆婆でしょう。この小豆婆は、日暮れに地獄谷

小豆婆が現れたという逆川（寄居町末野）

の滝壺の近くで小豆をザクザク洗っていました。そこにたまたま通りかかった若者が声をかけたところ、突然鬼婆の姿になって「お前、見たな」と鋭い爪で若者につかみかかり、その首筋に噛みついて殺し、死体を滝壺にたたきこんでしまったというのです。(5)

また、埼玉県内でも特に秩父地域などでは、「小豆よなげ」という呼び方が多くみられます。小豆よなげとは、小豆を笊に入れて水の中で研ぎ、ゴミなどを洗い流してきれいな豆だけにすることで、聞こえる怪音がその音に似ているところからこの呼び名があります。小鹿野町《おがのまち》（旧両神村《りょうかみむら》）に伝えられている小豆よなげの話は、その一例です。小森川上流にある西沢の滝の近くにあった大岩の付近では、夕方から夜にかけてどこからともなく「ザザァー、ザザァー、ザックザック」という音がしてきて、人々はこれを小豆よなげの仕業だとして恐れていたといいます。(6)

さらに東松山市では、「ざきっこ婆さん」という呼び名もありました。東松山市箭弓町《やきゅうちょう》一丁目の十字路のあたりは、昔は一面の桑畑で、そこに小さな川が流れていました。ある月のない曇り空の夜、真っ暗な中をある人がこの小川のそばを通りかかると、「ザキッコザキッコ」という小豆を研ぐような音が聞こえてきました。夜更けに、こんな所で誰が小豆研ぎをやっているのだろうと、恐る恐る小川の方をのぞいてみました。すると、やせ細った老婆が真っ白い着物の裾をからげ、小川で笊の中の小豆を研いでいたのでした。

人の気配に気づいた老婆が、顔を上げました。その顔は、骨と皮ばかりに痩せ衰え、皺だらけで、眼は爛々《らんらん》と輝き、口は真っ赤で耳まで裂けていました。にやっと笑った老婆の顔は身の毛がよだつほどの恐ろしさで、それを見た男は後も見ないで逃げ帰ったということです。(7)

この「ざきっこ婆さん」は、箭弓稲荷神社の白狐の仮の姿であったといわれています。

これらの他にも、県内には数多くの話が伝えられています。小豆婆の正体はよくわかりませんが、その不気味な音がする場所は薄暗くもの寂しい場所であることから、小川や沢の水音が響いて恐ろしく聞こえたものかもしれません。

桃山人『絵本百物語』より「小豆あらひ」（川崎市市民ミュージアム蔵）

挿絵は竹原春泉画。画中詞には「山寺の小僧谷川に行てあづきを洗ひ居たりしを同宿の坊主意趣ありて谷川へつき落しけるが岩にうたれて死したり。それよりして彼小僧の霊魂おりおり出て小豆をあらひ泣つ笑ひつなす事になんありし」と書かれている。この話では、小豆洗いは死んだ小僧の霊魂とされている

●川天狗

　水辺に現れる妖怪に、「川天狗」と呼ばれるものがあります。川天狗に関する話は、埼玉県だけでなく東京都・神奈川県・山梨県など他都県の山間部でも伝えられていますが、岩の上などにしょんぼりと座っていたり、黒い坊主姿で現れたりするものもあれば、姿は現さず投網を投げる音を立てたり火の玉や松明の火を見せるなどの怪奇現象を起こして漁の邪魔をするものもあるなど、話の内容はさまざまです。

　そのためか、村上健司の『日本妖怪大事典』でも川天狗については、「天狗の仲間でも、水辺に好んで棲みつくものを川天狗というのであろうか」と、漠然とした説明になっています。また、川天狗の話を伝えている地域では、普通の天狗を「山天狗」と呼ぶところもあることから、河童や小豆婆のようによく知られているものを除いて、川に出現する得体の知れないもののことを総称的に川天狗と呼んでいたのかもしれません。

　川天狗は、埼玉県では秩父地域や奥武蔵の山間部に伝えられています。たとえば、秩父地域の川天狗の話として、埼玉県の山間部の民俗に関する調査記録をまとめた『埼玉県史民俗調査報告書　山地地帯民俗調査』の両神村（現小鹿野町）出原《いでわら》地区の調査の中には、川天狗について、

- 魚がたくさん獲れると、天狗様がやきもちをやいて現れる。
- 川の瀬に火の玉が回るように見える。
- 川天狗の姿は見えないが、夜遅くに川で魚を獲っていると、後ろ髪がゾクゾクして身の毛がよだつような気配がする。
- 川を荒らすような人が川天狗に取り憑《つ》かれた。

といったことが書かれています[1]。さらに荒川下流の長瀞町付近の川天狗について、堀口喜太郎の『秩父路物語』では、

- 天狗は鼻が高いが、川天狗の方は顔かたちが全く伝わっていない。
- 川天狗は川で漁をする人たちを悩ませる悪戯者で、砂を撒いたり、崖から石を転がしたりして人を驚かせる。
- 川に夜釣に来て不思議と漁が多いなと思う晩は、

川天狗がお祝いに花火を上げる。しかし、花火に見とれている間に魚籠《びく》（獲った魚を入れておく籠）の中の魚がいなくなってしまう。といった特徴を挙げています。(2)

これらの話に共通しているのは、川天狗は姿を見せずに光や音で人々を驚かせ、漁を邪魔したり人が獲った魚を奪ったりするところです。こうしたことを考えると、川天狗には川を荒らす者を妨害する水神のような性格をみることもできます。

こうした秩父の川天狗は、井上円了の『おばけの正体』にも取り上げられています。この本では、「今一つ秩父にて聞いたる綺譚がある」として、荒川で魚を獲っていると水中からその網を引き取ろうとする者があり、漁師はこれを川天狗と思っているとの話を挙げ、「秩父辺では川の中に天狗が棲んでいるということを一般に信じている」と書かれています。

しかし、次の晩に漁師が川天狗を捕らえてやろうと水中に飛び込み、川天狗を追いかけて捕まえてみると魚を盗むために川天狗のまねをした近所の者であったと、この川天狗の正体を明かしています。(3) 井上は、迷信を撲滅するために妖怪や怪奇現象の本質や正体を明らかにしていく活動を行っていました。『おばけの正体』もその一環として書かれたものですが、川天狗の中には、このように実は人間の仕業であったというケースも含まれていたのでしょう。

一方、奥武蔵の越生町では、秩父地域とは違った川天狗の話が伝えられています。越生町の龍ヶ谷《たつがや》で馬方をやっていた人が川越方面に行った帰りに山の細い道を通ると、しばしば川天狗が八斗樽のような大きな足をした大入道の姿で立ちはだかって馬を止めてしまうことがありました。

しかし、その人は呪《まじな》いを知っていたので、川天狗が出た時には、呪いをして川天狗にどいてもらっていたそうです。(4) この越生町に伝わる話に登場する川天狗は、川で漁の邪魔をする秩父の川天狗とは異なり、人を驚かせるのが好きな山の天狗に近いもののように思われます。

このように埼玉県内の川天狗でも、地域によって違いがみられます。

おいてけ堀

江戸の本所（現在の東京都墨田区）に伝わる「本所七不思議」の一つに、「おいてけ堀」があります。この話は、落語や錦絵などでも知られていますが、同じような話が埼玉県内でも伝えられています。まず、川越市の小畔《こあぜ》川にまつわる話を紹介します。

河川改修の前の小畔川には、川に沿って多くの堀がありました。中には、魚がたくさんいる堀もあり、ある村人が糸をたらすと魚が面白いように釣れて、夕方には魚籠《びく》がいっぱいになりました。そこで帰ろうとすると、「おいてけ、おいてけ」という声が聞こえてきます。びっくりしてあたりを見回しても、誰もいません。気のせいかと思って歩き出すと、また「おいてけ、おいてけ」という声がするので、とりあえず堀へ魚を一匹投げ込んで帰ろうとすると、前よりも大きく「おいてけ、おいてけ」という声がします。村人は、気味悪くなって、魚籠の魚を全部投げ出し、後も見ずに逃げ帰ったそうです。[1]

また、宮代町にはこんな話が伝えられています。宮代町は、昭和三十年に百間《もんま》村と須賀《すか》村が合併して誕生しましたが、その町名は百間村の鎮守の姫宮神社から「宮」の文字、須賀村の鎮守の身代《このしろ》神社から「代」の文字を取って組み合わせたものです。このように、町名の由来にもなっている身代神社は、鎌倉時代の仁治《にんじ》三年（一二四二）に勧請されたと伝えられ、素盞嗚命《すさのおのみこと》を主祭神とする古社です。この神社の西側には池があり、身代池と呼ばれています。この池は、かつては利根川の流路でしたが、洪水のため池になったものといわれ、魚がたくさんいて、釣りをすると大変よく釣れたそうです。

ところが、釣りを終えて魚を持ち帰ろうとすると、池の中から「おいてけ、おいてけ」という声がするので、誰でも恐ろしくなって、釣った魚を置いていてしまうのです。もし、「おいてけ」の声を無視して魚を持ち帰って食べると、おちぶれて村にいられなくなると言い伝えられているので、その池の魚は誰も食べないといいます。[2]

この、宮代町の話から考えると、「おいてけ堀」の話は特定の場所で釣りをすることを禁じたものとか、むやみに釣りをして必要以上に魚を捕ることをいましめたものであったのかもしれません。

ほかにも、越谷市を流れる元荒川にあった「内池」と呼ばれる土手内の窪地にも「おいてけ堀」の話が伝えられています。内池は、東方の久伊豆《ひさいず》神社と見田方《みたかた》の八坂神社の中間あたりにあった二〇〇〇㎡余りもある大きな窪地で、蘆《あし》や茅《かや》、真菰《まこも》などが生い茂り、大きな白蛇が棲んでいて人を水底に引き込むので、水神宮と弁天様を祀ったところ白蛇はいつしか消えてしまったとの話も伝えられていたところです。

この内池は「おいてけ堀」とも呼ばれ、夕方から夜にかけて池のそばを通ると、池のあたりから「おいてけ、おいてけ」と不気味な声が聞こえてきて、通った人は取るものも取りあえず走って逃げることがたびたびあったそうです(3)。

越谷市の話は、先に紹介した二つの話と異なり、魚釣りと関連したことは出てきません。話の性格としては、どちらかといえば「小豆婆」のように、そこを通ると不気味な声が聞こえてくるという音の怪異となっています。

身代池（宮代町学園台。前方の杜が身代神社）

●沢女

埼玉県の北部を流れる小山川《こやま》は、利根川水系の支流の一つです。その上流部は、かつては身馴川《みなれ》と呼ばれていたため、今でもその流域には身馴川橋、身馴川公園、身馴川橋梁など身馴川の名前をとどめた施設を見ることができます。その源は皆野町金沢《かねざわ》にある女岳の山麓の湧き水で、源流付近は身馴沢とも呼ばれていますす。この身馴沢には、次のような話があります。

その昔、金沢で炭焼きをしていた男が、いつもように炭窯の焚き付けをすませ、窯の口を塞ぎ終えると、あたりはもう暗くなってしまっていました。すると、川下の方から「ペチャペチャ、ペチャペチャ」と何者かが川の瀬を渡ってくるような音が聞こえてきました。

こんな真っ暗な中を、いったい誰がやってきたのだろうと不審に思って川下の方を見ていると、やがて闇の中から白い女の姿が現れました。それは夜目にも美しい女で、どんどん男に近づいてきました。そして、「寒かんべ、寒かんべ」と言いながら、冷たい手で男の顔や首を二、三度撫《な》でまわすのでした。その手はあまりにも冷たく、男は「ウーン」と言ったきり気を失い、その場に倒れてしまいました。

しばらくして気がついた男が炭窯のところに戻ってみると、塞いだはずの窯の口が開いていて、中の炭は灰になってしまっていたということです。(1)

この話は、「瀬女《せおんな》」として韮塚一三郎の『ふるさと埼玉県の民話と伝説』などで紹介されている話です。しかし、「瀬女」とは、村上健司の『日本妖怪大事典』によれば、夜に川の激流の中にたたずむ謎の女のことで、福島県の阿武隈川《あぶくま》で漁をする者の前に現れた妖怪とされています。同書によれば、「瀬女は石女《うまずめ》(月の物を知らない女性)の生霊」で、「睡眠中に身体から抜け出した霊が川の瀬に姿を現したもの」とされており、(2)皆野町に伝わる炭焼きの男を襲った怪女とは異なります。『ふるさと埼玉県の民話と伝説』の解説には、「その名をどう呼ぶかは伝えられていないが、瀬女である」と記されており、「瀬女」という名称は地元で伝えられてきたものではなく、この話の掲載にあたって便宜的に付けられたもののようです。(3)

一方、これと同じような話が、「沢女《さわおんな》」として『埼玉県の民話』に掲載されています。先の「瀬女」とストーリーは同じですが、「沢女」の話では、炭焼きの男がまだ火の残っている木くずを沢に放り込み、その直後に亡くなった父親の言葉を思い出して、まずいことをしたと思う場面があります。その言葉とは「火を消す時には火を水の中に入れるもんじゃねえ、火に水をかけるんじゃ。間違っても身馴沢に放り込んじゃなんねえ。沢女の祟りがあるでな」というものです。(4)

「瀬女」の話と「沢女」の話では、どちらがこの話の原型に近いのかはわかりませんし、「沢女」の話は再話ですのでこの部分が書き手によって創作された可能性もあります。しかし、この亡き父の言葉があることで、なぜ沢から怪女が出現したかがはっきりします。この言葉は炭焼きをする上でのしきたりを示しており、男が禁忌を破ったことで現れた怪女は水神もしくは女岳の山の神のようにも思われます。

これらのことから、「沢女」という名称の方が話に合っているように思われますので、本書では「沢女」としました。また『まんが日本昔ばなし』でも、この話が「沢女」として昭和六十年に放送されています。

『人倫訓蒙図彙』より「炭焼」（国立国会図書館蔵）

●竜㈠　見沼の竜神

埼玉県内には、「竜」に関する伝説もたくさんあります。竜は、古墳の壁画にも見られる四神の青竜のように中国から神獣・霊獣として伝来し、それが日本古来の蛇神や水神の信仰と結び付いて広まったものと考えられています。竜は、県内では沼や池の主《ぬし》として伝えられていることが多く、中でもさいたま市の見沼《みぬま》の竜は有名で、市のＰＲキャラクター「つなが竜ヌゥ」も、見沼田んぼの主の子孫で、見沼で生まれ育ったという設定になっています。

この見沼田んぼの周辺では、竜にまつわるさまざまな話が伝えられていますが、その一部を紹介します。

見沼の笛

見沼田んぼが広がる地域は、かつては見沼と呼ばれる大きな沼でした。その頃、夕暮れ時になると、決まって笛を吹きながら見沼のほとりをさまよい歩く美しい女がいました。特に、月の美しい晩には、その音色は何ともいえないほど美しく、その音を聞いた若者たちは笛の音のする方に行ってしまい、一人として帰ってきませんでした。このままでは見沼一帯の村から若者がいなくなってしまうと心配した村人たちが話し合ったところ、見沼の主のために供養をすることになり、見沼のほとり（現在の大和田あたり）に石塔を建てて供養を行ったということです[1]。

井沢弥惣兵衛と竜

八代将軍吉宗の命を受け、新田開発のため享保十年（一七二五）に見沼の干拓に着手したのが井沢弥惣兵衛《いざわやそべえ》です。弥惣兵衛は、天沼《あまぬま》（現在のさいたま市大宮区天沼町）の大日堂に泊まって工事の準備を進めていました。そこへ、ある夜、見沼の竜神と名乗る美しい女が訪ねてきて、沼が干されると棲むところがなくなるので、新しく棲むところを見つけるまで工事を止めてもらいたいと頼むのでした。

その後、工事は次々と災難に突き当たり、弥惣兵衛も病の床に伏してしまいました。そこへ以前の女が現れ、病気を癒やす代わりに先日の私の願いを聞き届けてほしいと言いました。女は、それから毎晩決まった時刻になると現れ、夜明け近くになると消えてしまうのでした。ある晩、家来の男が襖《ふすま》の隙間から弥惣兵衛の様子をのぞき見ると、眠っている弥惣兵衛のそばに恐ろしい蛇身の女がいて、弥惣兵衛の体をなめまわしていたのでした。家来の男は気を失ってしまいました。

あとでその話を聞いた弥惣兵衛は、恐ろしくなって片柳（現在のさいたま市見沼区片柳）の万年寺に居所を移し、工事を続けました。[2]

ちなみに、井沢弥惣兵衛とともに見沼の開発に関わっていた関東郡代の伊奈氏も、見沼の主である「おたけ様」という竜に祟られ、家運が傾くなど災難が続いたそうです。[3]

万年寺の開かずの門

弥惣兵衛が万年寺に移ってからは、何事も起こらない日が続き、干拓の仕事も順調に進みました。ところがある日、村人の葬式があった時、その葬列が寺の山門を通ろうとするとにわかに黒雲が立ち込め、突然恐ろしい暴風雨が起こり、棺桶が宙に舞い上がって何者とも知れぬものがさらっていってしまいました。村人たちはこれを恐れ、それ以後は、葬式の行列は山門を通らないようになり、誰言うともなくその門を「開かずの門」と呼ぶようになりました。

やがて享保十三年（一七二八）、見沼の干拓が終わり、弥惣兵衛が万年寺を立ち去ると、何も変わったことは起こらなくなりました。そのため、人々は、何者かが棺桶をさらっていったのは、弥惣兵衛が頼みを聞き入れなかったために見沼の竜神が怨んで起こしたことに違いないと言うようになりました。[4]

竜神燈

これも弥惣兵衛が見沼干拓の工事の際、万年寺に居を移した後のことです。ある夜、夢に見沼の竜神が現れ、干拓によって棲む所を壊された自分のために三町四方の沼を残してもらいたいと頼むのでした。弥惣兵衛は、自分の一存ではどうにもならないことなので、代わりに寺の境内に観世音菩薩を祀り、燈籠《とうろう》を寄進して「竜神燈」と名付けさせました。

見沼の竜神は、それから女の姿をして毎晩のように境内の竜神燈に灯をともしに来ていましたが、僧にその姿を見られてしまったため、「もう二度と灯をともしに来ることはできない。これからは寺で灯を入れていただきたい」と言い残して消えてしまいました。この話を僧から聞いた弥惣兵衛は、永代灯明料を添えて供養料を奉納したので、寺では毎年八月十五日に「竜神燈」と称して寺で竜神を供養する行事を行っていましたが、いつからか途絶えてしまったということです。(5)

洪水を起こした竜

見沼の竜神の「おたけ様」は、どういうわけか大雨が降ると決まって暴れ出し、そのたびに見沼の水があふれ出し、まわりの村の人々は困っていました。ある日、木崎に住む若者たち三十人ほどが岩槻の慈恩寺の観音様の祭りの日に舟で見沼を渡ろうとしたところ、沼の中程まで来ると急に暴風雨が起こって舟が沈み、全員帰らぬ人になりました。その時、大きな竜が水中から現れ、黒雲に乗って天に昇っていったそうです。

その後、このあたりの人々は、竜の怒りを鎮めるために観音様の祭りの日に竜神祭りとして、朝早く赤飯を炊き、舟に載せて沼の中に供えるのを例としていたそうです。(6)

竜神と祭祀

こうした見沼の竜神の話は、古くからの見沼の神に対する信仰と関わりが深いと考えられています。見沼が広大な沼であった頃、見沼では御船祭《みふねまつり》といい、神輿を乗せた舟を沼の最も深いところに浮かべ、沼の女神に対する祭祀を行っていました。

しかし、見沼の干拓によってこの行事が行えなくなったために、享保十四年（一七二九）からは、さいたま市緑区宮本に鎮座する氷川女體《ひかわにょたい》神社の向かいに斎場を設けて祭りを行うようになりました。これが磐船《いわふね》祭《まつり》で、明治時代に一旦途絶えましたが、祇園磐船祭として昭和五十七年に復活しました。(7) また、江戸時代に祭事を行っていた場所は、「氷川女體神社磐船祭祭祀遺跡」として市の文化財に指定されています。

さらに、氷川女體神社の境内には見沼の竜神を祀った竜神社が設けられ、平成十三年からは毎年五月四日を祭日として、さいたま竜神まつり会と共に祇園磐船竜神祭（竜神まつり）が盛大に開催されるようになりました。(8)

平成初期の氷川女體神社の祇園磐船祭（埼玉県神社庁提供）

竜神まつり（星野和央氏提供）

●竜㈡　左甚五郎の竜

埼玉県内の竜の話の中には、社寺の建造物の彫刻の竜が抜け出すというものがあります。こうした話では、江戸時代の名工として名高い左甚五郎《ひだりじんごろう》を彫刻の作者とするものが多いのが特徴です。その代表的な話に、秩父神社の「つなぎの竜」があります。

秩父市馬場《ばんば》町に鎮座する秩父神社の本殿には、左甚五郎の作といわれる竜の彫刻があります。この竜は、鎖につながれているため「つなぎの竜」と呼ばれています。このように竜が鎖につながれるようになった理由として、次のような話が伝えられています。

昔、札所十五番の少林寺の近くに雨池《あまがいけ》（天ヶ池とも書く）という池があり、毎晩のように子《ね》の刻（午前零時）頃になると池の水が何者かにかき乱されるような音を立て、周囲の畑の作物が荒らされているのでした。そこで、その正体を探ろうと人々が交替で池を見張っていたところ、子の刻になると黒雲が立ち込め、雲の切れ間から恐ろしい竜の爪や鱗《うろこ》が現れ、水面には大きな口を開けて水を飲む竜の頭も見えました。

水を飲み終えた竜は、畑の上を乱舞して立ち去ろうとしたので、見張りの人々がその後をつけていったところ、秩父神社の近くでその姿を見失ってしまいました。その時、一人が、あれは秩父神社の甚五郎の竜ではないかと言い出し、ほかの人たちも同意したので、神社と相談して竜を鎖でしっかりと結わえ付けてもらいました。それからは、竜が出ていくことはなくなったということです[1]。

また、さいたま市緑区大門の大門神社境内の愛宕社には、「釘付けの竜」と呼ばれる竜の彫刻があり、次のような話が伝えられています。昔、神社の裏の池に雌雄の竜が棲んでいて、この竜が田んぼに現れると大洪水が起こるので農民は困っていました。日光に行く途中でこの話を聞いた左甚五郎は、竜の彫刻を彫って神社の拝殿に取り付け、その頭・胴・尾の三か所を五寸釘で打ち付け、封じ込めの呪《まじな》いをしました。すると、それからは竜が姿を現すことがなくなり、洪水も起こらなくなったそうです[2]。

さらにこの神社の近くにある国昌寺《こくしょう》の山門にも、竜の彫刻があります。この竜の彫刻も左甚五郎の作といわれ、これを山門の欄間におさめたところ竜が暴れる

ことはなくなったとの話が伝えられています。(3)

一方、桶川市川田谷《かわたや》の泉福寺の山門にある竜の彫刻も左甚五郎の作といわれ、次のような話が伝えられています。昔、日照りで田畑の作物が枯死寸前になった時、村の長老の提案で、この竜の彫刻を寺の池に降ろして泳がせてみることにしました。池に降ろされた竜は、村人たちの前で生きているように泳ぎ出しました。

すると、一天にわかにかき曇り、雷鳴がとどろき、大暴風雨となり、池はあふれ、ついには荒川もいっぱいになるほどの大洪水になってしまいました。驚いた村人たちは、竜の爪を切り落とし、寺の門に鉄の鎖でしっかりと縛り付けました。その後は、村に大洪水が起こることはなくなったといいます。(4)

左甚五郎は、日光東照宮の彫刻を作ったことで有名です。埼玉県内には江戸と日光とを結ぶ街道が通っていたためか、よくできた彫刻を左甚五郎の作と伝える話も多く、それが元からあった竜が洪水や降雨を招くという話と融合して、こうした竜の彫刻にまつわる話が各地で語られるようになったのではないでしょうか。

秩父神社の「つなぎの竜」（埼玉県神社庁提供）

●竜㈢　龍穏寺の竜と龍泉寺の竜

埼玉県内には、さまざまな竜の話がありますが、越生《おごせ》町龍ヶ谷《たつがや》にある龍穏《りゅうおん》寺と飯能市下名栗の龍泉寺には、両方の寺に関連する竜の話が伝えられています。

小僧さんを助けた竜

昔、越生町龍ヶ谷の龍穏寺の前には大きな池があり、そこには主《ぬし》といわれる竜が棲んでいました。ある時、飯能市下名栗の龍泉寺から、一人の小僧が龍穏寺に手伝いに来ていました。そこへ風のたよりに龍泉寺の和尚が病気で苦しんでいると聞いて、小僧は大層心配し、何とか和尚の看病がしたいと思いました。しかし、下名栗までは遠く、しかも龍穏寺での仕事があるため、龍泉寺に帰るわけにもいきませんでした。

池の竜は、この小僧の思いを知って、ある日の晩、仕事を終えた小僧を自分の背に乗せて龍泉寺に飛んでいき、翌朝にはまた龍穏寺に連れ帰ってくれました。このようなことが続き、和尚の看病をしたいという小僧の願いはかなえられたということです。(1)

太田道灌と竜

龍穏寺は、太田道灌によって中興されたと伝えられています。このことについては、次のような話もあります。

昔、太田道灌がこの地に来て、寺を建てるために龍穏寺の池の竜から十年間の約束で土地を借りました。竜は証文を握って下名栗の龍泉寺の池に移りましたが、約束の期限の十年が経ったので目にも美しい女の姿になって、道灌のところに土地を返してくれるように求めにきました。

その時、道灌は竜の求めに応じず、証文の「十」の字の上に「ノ」を書き入れて、「十」を「千」にしてしまいました。これを見た女は怒りのあまり恐ろしい竜の姿となり、証文を握って三日三晩荒れ狂い、龍泉寺の池に帰っていったとのことです。(2)

名栗の雌竜に恋した龍穏寺の雄竜

龍穏寺のあたりを龍ヶ谷といい、そこにあった池に棲んでいた竜には、こんな話もあります。この竜は雄竜で、名栗の有馬谷に棲む雌竜に思いを寄せていたので、時々山を越えて雌竜に会いにいっていました。この時、途中で高山不動の上を飛んでいくのですが、そこに祀られている不動明王はこの雄竜の行為を不浄なものとして腹立たしく思っていました。

　ある時、ついに不動明王はがまんできなくなり、雌竜に会いにいこうと山の上を飛んでいく雄竜めがけて、手に持っていた剣を投げつけました。雄竜は危ういところで身をかわしましたが、尾は剣を除けきれずに切り落とされてしまい、龍ヶ谷の池に帰ってきたということです[3]。

　龍穏寺と龍泉寺は、どちらも「龍」の字が付き、同じ曹洞宗の寺院であることから、これらの話が生まれたように思われます。

　ほかにも、さまざまな竜の話が県内各地で伝えられています。良い竜もいれば、悪い竜もいたようですが、このように多くの竜に関する伝説が存在するのは、それだけ昔の人々にとって竜はなじみの深い存在であったからでしょう。

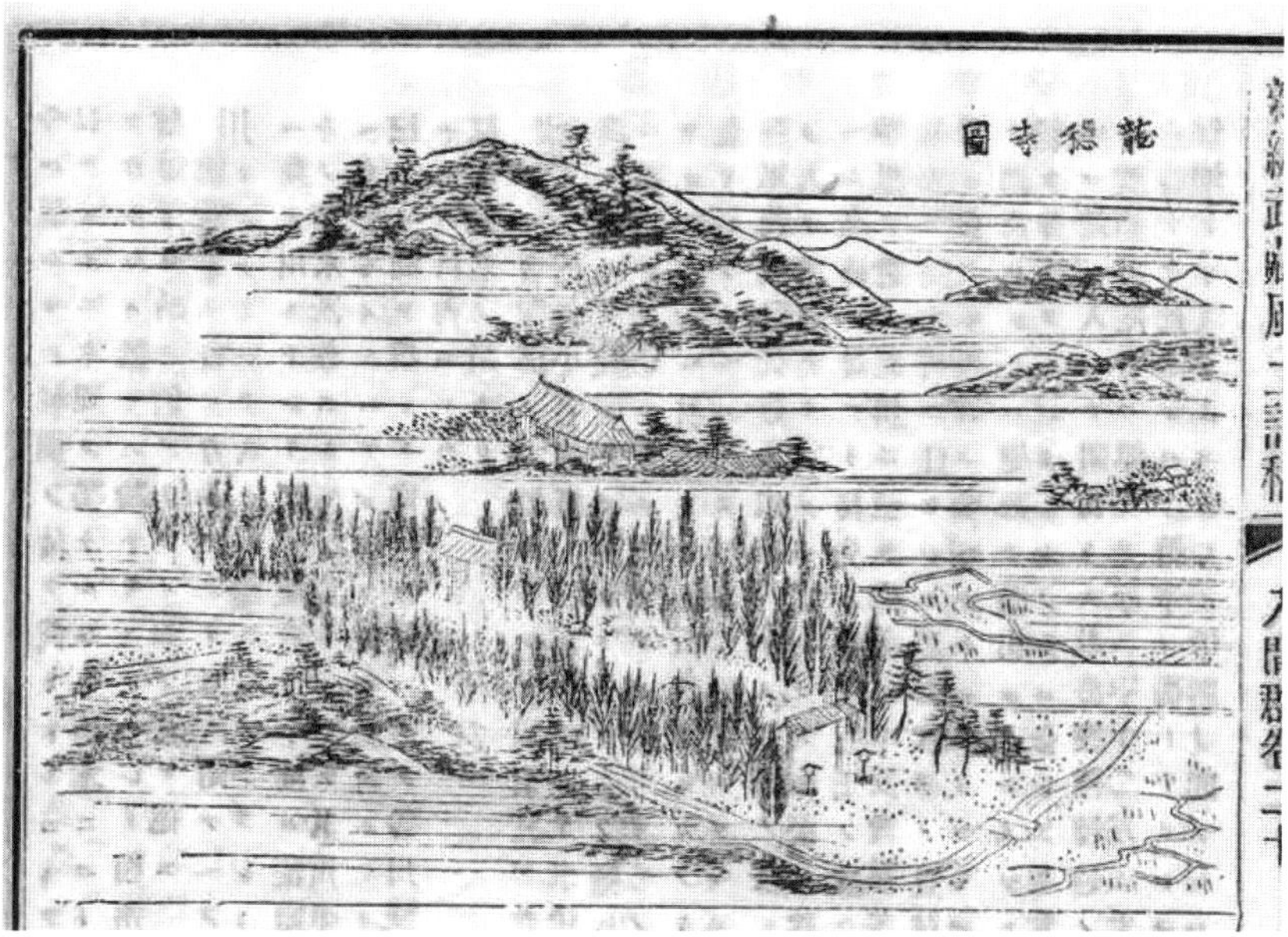

『新編武蔵風土記稿』より「龍穏寺図」（国立公文書館蔵）

●竜㈣　穴沢の竜神

飯能市上名栗の穴沢《あなざわ》では、名栗川の鎌淵《かまぶち》というところに、昔から淵の主《ぬし》として竜が棲んでいるといわれていました。昔、この穴沢に美しい娘がおり、鎌淵の竜はその娘に恋していました。そのため、娘には竜の言葉がよくわかったのです。

ある日のこと、竜は娘に、近いうち山引き（土砂崩れ）をするから手伝ってほしいと頼みましたが、娘は機織《はたおり》が忙しいからと竜の手伝いを断りました。一方、鎌淵の竜が山引きをするつもりであることを聞いた村人たちは、そんなことになると大きな被害が出るので何とか止められないかと娘に相談しました。すると娘は、「山の周囲に機織に使う筬《おさ》を持っていって立てればよい」と言うので、人々が村中の筬を集めて山に立てたところ、無事にすませることができました。

しかし、明治四十三年には、とうとう大きな山崩れが起きてしまいました。この時は、竜が沢の入口を埋めて池を造ろうとしたのですが、それには女の髪の毛が必要だったので、竜は村の老婆に頼んで髪の毛を集めてまわりました。しかし、あと少しのところで集めた髪の毛の長さが足りなかったために、池はとうとうでき上がらなかったということです(1)。

この話に語られているように、機織に使う筬のような小さなもので山崩れを防いだことは現実的ではありません。ここは、一種の呪術として考えるのがよいでしょう。池を造るのに女性の髪の毛が必要だったというのも、何か呪術的な意味があるような気がします。

ちなみに、明治四十三年八月十日未明に発生した山崩れでは、大鳴動とともに山の斜面が崩壊しました。この時の被害は甚大で、山麓の民家が土砂に埋没して、二十二人もの犠牲者が出たといいます(2)。

また、上名栗から吾野《あがの》に抜ける天目指《あまめざす》峠には、次のような話も伝えられています。この峠の上には、昔、竜神の祠《ほこら》があり、鰻《うなぎ》が竜神の一族であることから、この付近の沢では鰻を捕ることが禁じられていました。ところが、穴沢に住む木こりの男が、この禁を破って鰻を捕って食べてしまったところ、怒った竜神が大暴風雨と山崩れを起こして、穴沢の集落を押し流してしまったということです(3)。

●大蛇㈠　かしらなしと小次郎

「大蛇」を池や沼の主として伝える話は、埼玉県内全域にみられます。大規模な河川改修が行われる前は、曲がりくねった川の流路に沿って多くの池や沼があり、こうした池や沼にはしばしば主として大蛇が棲んでいるといわれ、大蛇が人前に姿を現した話や大蛇を退治した話が各地に伝えられています。

その中でも、新座市から志木市にかけての柳瀬川沿いの沼地（現在の新座団地のあたり）に棲んでいた大蛇は、誰もその頭を見たことがなかったために「かしらなし」と呼ばれており、沼のほとりを牛や馬が通ると、大蛇がその大きな樽のような胴体を巻き付けて沼の中に引きずり込んでしまうというので、誰も恐れてこの沼に近寄ろうとしなかったといいます[1]。

また、ある日、村の男が畑仕事を終えた帰り、来た時にはなかった太い丸太が川に渡してありました。不審に思いながら男が丸太を渡ろうとしたところ、丸太がするすると動き出し、向こう岸の草むらの中に消えていきました。丸太に見えたのは大蛇だったのです[2]。

また、このあたりの沼には鯰《なまず》などの魚がたくさんおり、村人が魚を捕っていました。すると、近くで「俺の食うのがなくなるじゃないか」と声がしました。村人が声のする方を見たところ、大きな蛇の胴体だけが見えました。村人は驚いて飛んで帰り、間もなく亡くなってしまったとのことです[3]。

新座市には、昔、このあたりを治めていた藤原長勝《おさかつ》という人が大蛇を退治したとの話も伝えられています。長勝は領民思いの殿様であったため、村人の話を聞いて自分が大蛇を退治しようと沼に向かいました。そして沼のほとりで待ちかまえていると、日が沈む頃、雷鳴とともに沼から巨大な大蛇の体が現れ、長勝に襲いかかってきました。それから長勝と大蛇の死闘が続き、ついに大蛇は力尽きて沼の底深くに沈んでしまいましたが、最後までその頭を見せなかったそうです[4]。

このように武者が大蛇を退治した話としては、鴻巣市に次のような話があります。岩槻城落城の際、立川石見守《いわみのかみ》という落武者が鴻巣市の上谷《かみや》にきて、土着しました。石見守は、近辺の農家の人たちが大蛇に畑を荒らされて困っているのを聞き、大蛇退治をすることにしました。石見守は大蛇が潜んでいるのを見つけて退治しましたが、切りきざまれたその死骸は七つのモッコと八つのタルに入れるほどもあったそうです。[5]

一方、名前を持った大蛇として、坂戸市や川越市に「小次郎」（地域によっては「紺屋《こうや》の小次郎」とも呼ぶ）の話があります。小次郎は坂戸市では越辺《おっぺ》川と大谷川の落ち合う所の深い淵に、川越市では小畔《こあぜ》川に棲んでいたとされ、次のような話が伝えられています。

ある日、川辺で美少年が草刈りをしていました。この少年を気に入った小次郎は、美しい娘に化けて近づいていきましたが、少年は全く相手にしてくれませんでした。怒った小次郎は少年の持っていた鎌を取り上げ、川に捨てて去っていきました。このことから、川越市下《しも》小《お》坂《さか》の小畔川に架けられた橋には、鎌取橋という名が付けられたということです。[6]

小畔川では、このことがあってから、洪水の前になると激しい川鳴りがしたり、川の水かさが増すと青白い大きな火の玉が水面から踊り出たりしたので、これを見た村人たちは「怒った小次郎が出てきたぞ。若い男は外へ出ちゃあなんねえ」と言い合ったそうです。[7]

小畔川（鎌取橋の上から）

小畔川は小次郎をはじめ、さまざまな妖怪伝説の舞台となっている。普段はこうしたのどかな流れの川であるが、令和元年の台風19号では氾濫して流域に大きな被害を出した

●大蛇(二)　見沼の大蛇

見沼《みぬま》の主《ぬし》といえば、竜をイメージすることが多いですが、大蛇を見沼の主とした話もあります。特に川口市には、沼の干拓によって棲む場所を失った見沼の主の後日譚として大蛇の話が伝えられています。

川口市の差間《さしま》に伝わる話です。見沼の干拓によって新田が開発されて間もない頃、一人の車夫が人力車に美しい女を乗せました。女は千葉まで乗せていってほしいと頼み、車夫は快く承知して道を急ぎました。ところが印旛沼のあたりまで来ると、急に車が軽くなりました。不思議に思って車夫が振り返って見ると、女の姿はなく、座席がぐっしょりと濡れ、青臭い匂いが漂っているのでした。車夫は、見沼の主が開発によって棲めなくなったので、姿を変えて印旛沼に移ったのだろうと噂したそうです(1)。

また、川口市の東内野にはこんな話が伝えられています。蓮見左之次郎という人が馬の背に野菜を積んで売りにいった帰り、千住大橋の渡しを越えてすぐのところで見沼の方に行きたいという若い女に出逢い、馬に乗せてやりました。そうして山口弁天（さいたま市緑区下山口新田にある厳島神社）のところまで来ると、突然女が降ろしてほしいと言うので、左之次郎は不思議に思いましたが女を降ろしてやりました。女はお礼にと紙に包んだものを出し、決して中を見ないようにと言い残して行ってしまいました。左之次郎が馬を見ると、その背中は汗でぐっしょり濡れていました。

家に帰り着いた左之次郎は、女にもらった紙包みが気になるので開いてみたところ、二銭銅貨くらいの大きさの蛇の鱗《うろこ》が二枚入っていました。それで左之次郎は、あの女は見沼の大蛇であったかと薄気味悪くなって身震いしました。この話を聞いた村人たちは、見沼の開発後は印旛沼に移ったという主の大蛇が、なつかしくなって帰ってきたのだろうと噂したということです(2)。ちなみに、『まんが日本昔ばなし』で昭和六十二年に放送された「見沼弁天」は、この話に出てくる山口弁天に関する話です。

さらに、川口市の赤山にはこんな話があります。赤山城址は関東郡代であった伊奈氏の陣屋跡ですが、伊奈氏が勢力を誇っていた頃、その北西部に後苑の池がありました。その池に伊奈氏が舟を浮かべていると山蛇が現れて「われは見沼の竜神である。汝が家のために棲む所を失った。その恨みは忘れない。必ずや汝の家に災いを為すであろう」と怒りの言葉を残して水底に消えていきました。その後、寛政四年（一七九二）に伊奈氏は関東郡代を罷免され、赤山陣屋も廃止になって取り壊されたということです(3)。

このように、川口市には見沼の主に関するさまざまな話があります。見沼が干拓され、新田として開発されたのは江戸時代の享保年間のことですので、大蛇が化けた女を人力車に乗せたという差間の話は、後で作られたものか、既にあった話を時代に合わせて改作したもののようにも思われます。

なお、東内野の話に登場する厳島神社は見沼代用水東縁の脇に祀られている小社で、山口弁天の通称が示すように神仏分離前は弁天社と呼ばれていました。一般に蛇は弁才天の使いとされていることから、見沼の主を蛇とする話は弁才天の信仰と関わりがあるのかもしれません。また、「竜蛇《りゅうだ》」という言葉があるように竜と蛇は同じものとする見方がありますので、それを反映しているのかもしれません。

芝川第一調節池（さいたま市緑区下山口新田からの眺め）

芝川の洪水を防ぐとともに野生生物の保護区としての役割も持つ。元は見沼であったところに再びつくられた大規模な遊水池である

●緋鯉

竜や大蛇以外で池や沼の主《ぬし》として伝えられているものの一つに、「緋鯉《ひごい》」があります。鯉は寿命が長く、一mを超える大きさになるものがあることや、滝を登りきった鯉は竜になるという「鯉の滝登り」の故事などから、主として語られるようになったのではないでしょうか。緋鯉を主とした話としては、大緋鯉を隅田川の主とした「千住大橋と大緋鯉」の話が東京都足立区の「千住の七不思議」にありますが、県内でも秩父市の浦山に次のような話があります。

秩父市浦山の大塚（一説には毛附）に、小沼がありました。この小沼の主は長い年月を経た緋鯉で、二里（約八km）も離れた冠岩の小沼までひと飛びに跳ねていくことができ、この二つの沼を行ったり来たりしていました。

ある日、この沼のそばを通りかかった一人の猟師が、木の株に腰かけて沼を眺めながら一休みしていました。しばらくうとうとしていた猟師が目を覚ますと、空には黒雲が漂い、枯れ薄《すすき》は風にあおられてなびき、沼の水は激しく波打っていました。あまりの変わりように、猟師はしばらく呆然としていました。すると、沼の中から物凄い水音とともに、丸太のようなものが飛び出してきました。よく見るとそれは大きな緋鯉で、見る見るうちにその姿は遠く冠岩の方に消えていきました。猟師は、家に帰ってそのことを家族に話して聞かせましたが、その後、得体の知れない病気になってしまいました。

この話を石堂某という豪傑が聞きつけ、化け物を退治してやろうと沼の近くで緋鯉が飛び出してくるのを待っていました。しかし、なかなか緋鯉は現れません。一週間ほど過ぎたある月の晩、遠くの空から黒雲が現れて勢いよくこっちに向かってきました。黒雲が沼に入ろうとした時、石堂がその真ん中を狙って矢を放つと、緋鯉は一矢のもとに射殺《いころ》されました。それからは、この緋鯉の怪物は現れなくなりました(1)。

なお、この話に出てくる二つの小沼は、主がいなくなったために枯れてしまったということです。また、緋鯉を退治した時に石堂が使った弓は、冠岩の集落に祀られたということです(2)。

●ヤナ

「日本一〇〇名城」の一つに選ばれている川越城は、武蔵野台地の北端に設けられた平山城で、室町時代の長禄元年（一四五七）に太田道真・道灌父子によって築城されたと伝えられています。

この川越城の堀には、「ヤナ」という怪物が棲んでいると伝えられていました。江戸の僧・十方庵敬順《じっぽうあんけいじゅん》が江戸時代の文化・文政期（一八〇四〜三〇）に記した紀行文『遊歴雑記』の「川越城内みよしの丶天神」という話の中で、次のようにヤナのことが記されています。

川越城内の三芳野天神社の土手の下は、泥の深い外堀となっています。堀の幅はおよそ七、八間（約一三〜一五m）で、その底は伊佐沼に続いているとされ、この堀から搦手《からめ》の堀にかけて、昔から「梁《やな》」という怪物が主《ぬし》として棲んでいるといいます。そのため、川越城が攻められ、敵兵が堀際に迫ってくると、あっという間に梁が霧を吐き、雲を起こして激しい風を吹かせるので、あたりはたちまち闇夜のようになります。さらに水もあふれ、敵兵は方角がわからなくなって敗走するしかなかったといいます。(1)

また、『遊歴雑記』の「みよしの丶里の風色よな川の由来」には、川越城の南を流れる遊女川《よな》について、昔からこの堀にヨナという主がいて、敵を寄せ付けなかったため、この川を「よな川」と呼ぶとの話が記されています。ここで敬順は、ヨナについて、大蛇の類ではないかと考えています。(2)

右の話から、「ヤナ」は元来は「ヨナ」と呼ばれていたと思われます。さらに、その名称は川越城の築城の際に人身御供となったという太田道真の娘・世禰《よね》姫に関連があるとする説もあります。いずれにしても、ヤナは川越城の守り神のような存在であったのでしょう。

なお、川越城の一角には「霧吹きの井戸」と呼ばれる古井戸があり、敵が攻めてきた時にその蓋《ふた》を開けると中から霧が吹き出して城を包み隠し、敵から城を守るので、川越城のことを霧隠《きりがくれ》城とも呼ぶという言い伝えがあります。(3)この「霧吹きの井戸」は川越城七不思議の一つとして知られていますが、ヤナの話とも関わりがありそうです。

二　山や森の妖怪

山や森もまた、妖怪に遭遇しやすい場所です。埼玉県の平野部では山はありませんが、森や林を「ヤマ」と呼んでおり、山と共通した性格を持つ場所であったことがうかがえます。

こうした山や森に現れる妖怪の代表的なものに、「天狗」があります。天狗は、河童と同様、人間との接触が多く、悪戯を仕掛けてくる場合もあれば、人間を助けてくれる場合もあります。その伝承は秩父や奥武蔵といった山間部に多くみられますが、平野部でも高い樹木に天狗が現れたという話が伝えられています。天狗といえば赤い顔で鼻が高い山伏の姿をしたものが一般的ですが、埼玉県には仙人のような姿をした天狗の話が秩父などにあることが注目できます。

山に棲み、人間のような姿をしている妖怪に、「山姥《やまんば》」「山姫」「山男」などがあります。山姥や山男は、普段は深山に棲んでいますが、時折人里に姿を現します。山男は人に危害を加えることはなかったようですが、山姥は人を襲う恐ろしい妖怪であったため、昔は子どもを脅かす時に「山姥が来るぞ」などとよく言ったものでした。一方、東松山市やときがわ町（旧玉川村）に伝えられる山姫の話には、柳田國男が「一眼一足」と述べた山神のような性格が感じられます。

山や森には、得体の知れないものも潜んでいます。坂戸市に伝えられている「テンムサ」や熊谷市に伝えられている「ドウマンマナコ」は、その姿や正体は知られていませんが、人々に怖れられてきた妖怪です。

なお、山に棲む妖怪とは性格が異なりますが、山をつくった伝説上の巨人「ダイダラボッチ」に関する話もこの項目に入れておきました。ダイダラボッチに関する話は関東地方に多く伝えられていますが、埼玉県内ではこの伝説上の巨人を「天狗」としている話があるところに特徴があります。

●天狗㈠　天狗の悪戯

「天狗」は、河童や鬼などと並ぶ身近な妖怪です。そのため、人間との交流も多く、時にはさまざまな悪戯を仕掛けてきました。どこからともなく突然大きな笑い声が聞こえる「天狗笑い」、山中で木が突然倒れる音がする「天狗倒し」、突然石が飛んでくる「天狗つぶて」などはその例です。

たとえば飯能市南の飛村にある高岩という岩山に棲む天狗は、ここを人が通ると、その人の名前を大声で呼んだり、ゲラゲラ笑ったり、手拍子を打ったりするので、みんな恐がっていたといいます(1)。

雨を降らせた天狗

天狗の悪戯には、こんな話もあります。明治の末頃の話ですが、毛呂山《もろやま》町長瀬の名主であった家の主人が山道を歩いていると、急に雨がザーザー降ってきました。主人が雨だと思って立ち止まると、雨は止んでしまい、また歩き始めると再びザーザーと降ってきます。驚いて立ち止まると、また雨はピタリと止み、しかも衣類は少しも濡れていません。空を見ると満天の星で、雨など降るわけがないのです。主人は気持ちが悪くなり、「今日は天狗に悪戯された」と引き返して家に帰ってきたそうです(2)。

天狗の提灯

天狗が山に提灯《ちょうちん》を点けて暗闇を明るく照らしたという話は、特に奥武蔵で伝えられています。まず、飯能市に伝わる話を紹介しましょう。昔、吾野《あがの》の久通《くづう》に住む人が、夜に女の子を連れて子《ね》ノ山に登った時のことです。あいにくその夜は月がなく、真っ暗だったので、その人は冗談に「山の天狗さん提灯点けてくれ」と言いました。すると、突然子ノ山から付近の屋根の上に次々と灯が点いて、昼のような明るさになりました。その人は恐ろしくなって、転がるように山を逃げ下りてきたということです(3)。

天狗が山に提灯を点けたという話は、ときがわ町の多武峯《とうのみね》にも伝えられています。多武峯の山伏は、天狗を「若い衆」と呼んで家来にしていました。ある晩、多武峯の小僧が用足しに起きたところ、観音山の大桧から、向かい側の金毘羅《こんぴら》山にかけて提灯の灯がずーっと続いていました。それはまるで昼間のような明るさでした。

里の方では、この様子を見た人々が大騒ぎしていました。それを知った山伏は、ポン、ポン、ポンと手を三つたたいて「若い衆よ、里人が驚くではないか、もうやめるがよいぞ」と言いました。すると、金毘羅山の方から一つずつ提灯の灯が消えていきました。そして、最後の大桧のところが消えると、上からザーッという風のような音がして、天狗は自分の棲む観音山に帰っていきました。これは、里人を驚かそうとした天狗の悪戯であったということです。[4]

梵鐘をちぎって投げた天狗

慈光《じこう》山の天狗には、こんな話があります。ときがわ町の後野《うしろの》に住む村人が松山宿（現在の東松山市の市街地）に使いに出て、慈光山の麓に帰り着いた時には、あたりは暗くなっていました。釈迦堂のところまで来て一休みしようとタバコに火をつけた時、頭の上の方を何かが飛んできて、釈迦堂の扉に当たり、堂の縁を転がっていく音がしました。

村人は恐ろしさでしばらくじっとしていると、大杉の枝がざわざわして、上の方から「カラ、カラ」と大きな笑い声がしました。そして、何者かが「お前はいい度胸をしているな。投げたものはお前にやろう」と言って、また笑いながら遠くへ行ってしまいました。村人は、天狗が悪戯をして人々を驚かせるという話を思い出し、ようやく安心しました。

その次の日、男が釈迦堂に来て天狗が投げたものを探すと、親指の頭ほどの丸いものが転がっていました。それを拾ってよく見ると、釣鐘に付いている乳《にゅう》（いぼ状の小さな突起）のようでした。そこで釈迦堂のそばの釣鐘を見てみると、乳が一つなくなっており、拾ったものをそこに当ててみるとぴったりと合いました。

村人は、天狗はこれをちぎって投げたのだと思い、家に持ち帰り、神棚に供えて大切にしていましたが、いつの間にかなくなってしまったそうです。[5]

豆腐を買ってきた天狗

草加市の柳島の人たちは、相州（現在の神奈川県）小田原の道了尊《どうりょうそん》（大雄山最乗寺）に講中《こうじゅう》をつくって参詣していました。最乗寺を「道了尊」というのは、山内の守護として道了大薩埵《だいさった》を祀っているためです。この道了とは、寺を開いた了庵の弟子で、寺の建設工事が完成すると、永久にこの寺を守ると言い残し、大きな天狗となって飛び立っていったと伝えられています。

その昔、柳島の人が道了尊に参詣した時、夕食に豆腐が出されましたが、つい柳島にある「カネマス」の豆腐の方がうまいと言ってしまいました。すると、翌朝の食事にはカネマスの豆腐が出され、帰り際に寺の人がカネマスの刻印が入った岡持《おかもち》を持ってきて、これを店に返してほしいと頼むのでした。

柳島に戻って、岡持をカネマスに持参すると、「手前どもでは道了尊に豆腐を届けた覚えはありません」と言うのでした。それで、出された豆腐にケチをつけたため、道了尊の天狗様が怒って悪戯をしたのだろうという話になったのでした。(6)

これらの話はほんの一部ですが、天狗の悪戯にはさまざまなものが伝えられています。

子ノ権現（子ノ山）からの眺望（さいたま文学館蔵）

●天狗㈡　火伏せの天狗

竜の話には、竜が雨を降らせたり洪水を起こしたりと、水に関わるものが多く伝えられています。これに対して、天狗には、天狗が火事の火を消したという話が各地に伝えられています。これは、よく知られている天狗の図像が大きな羽団扇を持った姿で描かれていることから、この団扇であおぐと火が消えると考えられていたようです。こうした、「火伏せの天狗」の話を、いくつか紹介します。

春日部駅西口の派出所の脇には、「夫婦松《めおと》」と呼ばれる大きな松と銀杏の木があります。ここはかつて秋葉神社があったところで、夫婦松はその御神木であったものなのです。この神社には、次のような由来があります。

ある年の十二月の、北西風の強い夜のことです。粕《かす》壁宿《かべ》の名主・多田次郎兵衛の屋敷の裏手に、何かが地響きを立てて落ちてきました。驚いた次郎兵衛が行ってみると、庭に一人の修験者が立っていました。そこで家に招いてもてなしたところ、修験者は別れ際に火災除けの神様として有名な遠江国《とおとうみのくに》（現在の静岡県西部）の秋葉神社の御神体をくれました。次郎兵衛は、あの修験者は秋葉様の使いであったのかと思い、修験者が降り立ったところに社《やしろ》を設けて御神体を祀ったのが、この秋葉神社の始まりと伝えられています。

数年後、この名主の家の近くで大火事が起こり、火の手は名主の家に迫ってきました。その時、一軒の家の屋根の上に天狗が現れ、火の粉を振り払うような仕草をしました。すると、不思議なことに風向きが変わり、火事は見事に収まりました。

このことがあってから、名主は秋葉神社を一層大切にし、参詣する人も増えたそうです[1]。秋葉神社は、昭和四十五年の区画整理で、夫婦松のところから駅の東西を結ぶ地下道の入口の向かいに移されました。その本殿には、右の話に伝えられる御神体の秋葉大権現像と一緒に烏《からす》天狗像が祀られています。

秩父地域では、「津谷木《つやぎ》の火伏せ天狗」の話がよく知られています。小鹿野《おがの》町津谷木にある木魂《きむすび》神社は、剣術の奥義をこの山に棲む天狗から授かった武芸者が、天狗に感謝して魂を打ち込んだ木剣を祀ったことに始まるといい、「津谷木のお天狗様」の通称でよく知られています。昭和三十八年頃までは、境内に「天狗の腰掛け松」という神木があり、村に異変がある時には天狗の使いの鳥がここで鳴き出すとされてきました(2)。

明治十一年三月、大宮郷（現在の秩父市の市街地）に大火がありました。町がほとんど焼けてしまうほどの大火事で、町の人々は必死になって防ぎましたが、火は次々と燃え移っていくのでした。

その時、燃えている屋根の上を上手に飛び歩き、笹の葉を燃えさかる火に向かって振って火を消そうとする坊主頭の小僧が現れました。町の人々は「危ない、早く下りろ」と怒鳴りましたが、小僧はかまわず火に包まれながら笹の葉を振って、どんどん火事を消していきました。後で、その小僧は「津谷木のお天狗様」であったとわかったそうです(3)。

こうした話は、川越市にもあります。川越市の喜多町にある広済寺は、室町時代に創建された由緒ある寺院ですが、ここに天狗の伝説があります。川越の町で火事が起き、火の手が喜多町に近づきそうになると、寺の境内の一番高い老杉の梢にどこからともなく天狗が現れ、手に持った大きな羽団扇で風向きを変え、町内を火災の難から守ったというのです(4)。境内入口の門柱の脇に天狗の羽団扇が刻まれているのは、この話にちなんだものでしょう。

また皆野町では、明治十七年三月に大規模な山火事が発生しました。燃えさかる火は国神《くにかみ》から荒川を飛び越し、三沢の方まで焼き尽くしましたが、親鼻《おやはな》の東方の土京《どきょう》というところの民家に祀られている天狗の祠《ほこら》だけは焦げもしなかったので、その後は火伏せ天狗として崇められるようになったそうです(5)。

秋葉神社に納められている烏天狗像
（埼玉県神社庁提供）

●天狗㈢　天狗の神通力

天狗は、神通力という不思議な力を持っています。こうした天狗の神通力を伝える話も、各地に残っています。

瞬時に遠距離を移動した天狗

昔、ときがわ町の多武峯《とうのみね》に住んでいた一人の法印が、かねてから念願としていた峰入《みねいり》修行のために大和国（現在の奈良県）の大峰山に出かけた時のことです。東海道を西へ西へと何日もかけて旅をし、ようやく大和国に着いて大峰山の近くの寺の宿坊に泊まりました。風呂に入り、夕食を済ませ、寝ようとした時、翌日の峰入修行に必要な印形（印鑑）を忘れてきてしまったことに気がつきました。

これでは峰入修行ができないと法印が困り果てていると、どこからともなく風が吹いてきて、日頃「若い衆」と呼んで家来にしている多武峯の天狗が現れました。天狗は、法印が困っているのを知って、多武峯からやってきたのです。そして、自分が明日までに印形を持ってくると言うのでした。法印はありがたいと思いながらも本当にそんなことができるのかと半信半疑でいましたが、翌朝に目を覚ましてみると、忘れてきた印形が枕元に置いてありました。

法印はすぐに天狗を呼んでお礼を言いました。しかし、あまりの早業を信じられないでいると、天狗は多武峯まで行ってきた証拠に、法印の家の台所にあった包丁を母屋のグシ（棟）に刺してきたと言うのです。峰入修行を無事に終え、多武峯に帰ってきた法印が家のグシを見ると、天狗の言ったとおりに包丁が刺さっていました。法印は改めて天狗の早業に驚くとともに、天狗に感謝したということです[1]。

盗賊を退治した天狗

さいたま市岩槻区大戸《おおと》の第六天神社は、魔除けの神、また商売繁昌の神としてその名が高く、埼玉県内はもとより東京・千葉・茨城などの各地からも参詣者があります。この神社では、火難・盗難その他の災いを除くという眷属《けんぞく》（神の使い）の大天狗・小天狗（烏天狗《からす》）を描いた絵馬を頒布しています。この絵馬について、次のような話が伝えられています。

昔、夏のある日に神社の杉の木の上で大天狗が昼寝をしているのを、元荒川付近にいた猟師が見かけました。天狗はあまりにも気持ち良く寝ていたため、大事な団扇を落としてしまいました。目を覚ました天狗が、団扇がないと家に帰ることさえできないと困っていたところ、猟師が落ちていた団扇を拾って返してやりました。天狗は喜んで、お礼のしるしとして猟師に魔除けの呪《まじな》いをしてくれました。

その後、猟師の家は栄え、村でも指折りの金持ちになりましたが、ある夜、盗人に狙われました。ところが、盗人が物色を終えて盗品を運び出そうとすると手足がしびれて動けなくなり、捕まってしまいました。盗人が語ったところによれば、大天狗や小天狗がたくさん出てきて足にしがみついたため、手や足がしびれてしまったということでした。

このことから、埼玉県内や近県の農家では、天狗を描いた絵馬を泥棒除けとして軒先に吊るしたり、青竹の先に下げて畑に立てたりするようになったそうです。(2) なお、この話にある天狗が昼寝をした杉の木は、長く神社の御神木となっていましたが、昭和四十八年の社殿改修の時に伐り倒されてしまいました。(3)

鳥に姿を変えた天狗

天狗は身が軽く、空を飛んで高い松や杉などの木の枝に腰掛けて休憩したという話が各地に伝わっていますが、中には鳥に姿を変えたという話もあります。

小川町中爪《なかつめ》の普光寺の裏には、松の老樹があります。ある人が一月三日の元三大師の日に猟に出たところ、この老松にホーホー鳥が止まっているのを見つけました。そこで銃を向けると鳥の姿は消えてしまい、銃口をそらすと鳥はまた元どおり止まっているのでした。こうしたことを繰り返しているうちに、疲れた男は寝そべってうとうとし始めました。するとその耳元で、「お祭りに参詣もせずに鉄砲を持ち出すとは、不届き千万」という声がしました。

そこで急いで家に帰って、このことを話すと、「それはお天狗様の仕業だ」ということになりました。それ以来、近くの人は、この老松を「お天狗松」と呼ぶようになったということです。(4)

この話に出てくる「ホーホー鳥」とは、梟《ふくろう》のことと思われます。天狗が梟に姿を変えた話は、このほかにも、昔、六天という天狗が梟の姿になって「子どもが食べたいホーホー」と鳴いていたという話が、現在の川島町《かわじま》に伝えられています。(5) ちなみに、この六天という天狗には、近くで小豆を洗っていた小豆婆を食べてしまったとの話もあります。

大きな岩を落とした天狗

秩父市（旧吉田町）の阿熊《あぐま》にある金岳《かなたけ》山という岩山には、昔、天狗が棲んでいたといいます。天狗の通る道はいつも決まっていますが、その通り道には大きな岩が一つありました。天狗はいつも邪魔だと思いながら通っていたのですが、ある時その岩につまづいてしまいました。

ついに我慢ができなくなった天狗は、その岩を持ち上げたかと思うと、山の上から放り投げてしまいました。岩はちょうど阿熊川に沿う道の上に落ち、今度はそこを通る村人たちの邪魔になりました。そこで、村人たちに頼まれた強力《ごうりき》の男が、その岩を道端に移動させました。村人たちは喜びましたが、強力の男は原因不明の病気にかかり、数日後に死んでしまいました。

その岩は、高さ一m、幅一・五mほどの石灰岩で、今でもその岩を動かすと病気に罹るといわれ、土地の人々は手さえ触れないそうです。(6)

このほか、昔、材木を川に流して下流に運んでいた頃の話にも、天狗の怪力を伝えるものがあります。小鹿野町の合角《かっかく》では、氏神として「お天狗様」を祀っていましたが、ある時、材木屋が天狗の悪口を言いながら木を流していると、山の上から大きな岩が落ちてきて、流していた材木を沈めてしまったといいます。また、材木を流すと川が汚れるので、天狗が岩を落として、材木が流れないようにしたとの話もあります。(7)

ちなみに、合角山の「お天狗様」の社《やしろ》の裏の方には二a《アール》ほどの大きな足跡があり、これは合角と千鹿谷《ちがや》を一またぎにした大男の足跡だといわれていました。(8)

力を授けた天狗

このように天狗は大変な力持ちでありましたが、その力を人に授けることもできました。これは、日高市にある日和田《ひわだ》山の天狗の話です。

中野というところに弱虫の男が住んでいました。この男は何をしても人並にできず、いつも馬鹿にされていたので、何とか強くなりたいと思い、毎晩丑の刻（午前二時）に日和田山の頂上近くにある金比羅《こんぴら》様（日高市高麗本郷の金刀比羅《ことひら》神社）に参詣を始めました。

九日目の夜、途中のエボ石峠まで来ると、峠の上の大木に提灯がたくさん吊るされていました。これは、天狗が男の度胸を試したものでした。男は恐ろしいのを我慢して金比羅様にたどり着き、祈願していると、今度は社がぐらぐら揺れだしました。それでも男は我慢して祈り続けました。感心した天狗は、この男に大力を授けてやりました。

その翌日、そうとは知らない村人たちは、男を捕まえて「下駄履きのまま米三俵を背負って歩けたら、その米をくれてやる」とからかいました。男は下駄履きのまま三俵の米俵を軽々と背負い、驚く村人たちを後に、家に持って帰ったということです[9]。

なお、金刀比羅神社は火難・盗賊除けの神として信仰されており、祭りに出される神札には、滝を挟んで不動明王と天狗が向かい合う図が描かれています[10]。

百日咳を鎮めた天狗

坂戸市の上吉田の一本杉には、昔、秩父の山奥から風に乗ってきた大きな天狗が棲みついていました。ある年の冬、上吉田の子どもたちの間に百日咳が流行ったので、村の人々は話し合った末、一本杉の天狗に頼んで百日咳を追い払ってもらうことにしました。

村の人々が天狗の大好きな酒を竹の筒に入れ、御馳走をたくさん持って頼みに行くと、天狗は「よし、わかった」と言って、大きな団扇で空をあおぎました。すると、空から風邪の神が大きな音を立てて落ちてきました。天狗が大きな足で風邪の神を踏みつけ、退散するように大声で怒鳴りつけると、風邪の神は上吉田から百日咳の種を拾い、雲に乗って山に帰っていきました。そして、次の日には村の子どもたちの百日咳はすっかり良くなっていました。

このことがあってから、上吉田では百日咳にかかると、竹の筒に酒を入れて一本杉に平癒をお願いに行くようになったということです[11]。

鳥山石燕『画図百鬼夜行』より「天狗」（国立国会図書館蔵）
天狗の古態である鳥の姿で描かれている

●天狗㈣　天狗隠し

天狗は、「天狗隠し」といって、特に子どもをさらっていくことがしばしばありました。天狗にさらわれたという話は県内各地に数多く伝えられており、さらわれた子どもは家の屋根に乗っていたという話もあれば、何日も経ってから見つかったという話もあります。

狭山市の大六天の天狗

狭山市青柳の大六天のあたりは大きな松や杉、欅《けやき》などが生い茂って昼でも薄暗く、天狗が棲んでいるといわれていたので、あまり人も近づきませんでした。

ある雨の降る日、用事でそこを通りかかった子どもが、そのまま行方不明になりました。村では大騒ぎとなり、あちこち捜しましたが子どもは見つかりません。ところが、何日か経った雨の降る日に、子どもはひょっこりと帰ってきました。村の人たちは子どもに行方不明になっていた時のことを尋ねましたが、何もわからないと言います。子どもをよく見ると、着物がちっとも濡れていません。そこで皆は、これは大六天の天狗の仕業に違いないと言いました。(1)

狭山市内では、東三ツ木にもこれと同じような話が伝えられています。(2)

天狗の妙薬

明治の初め頃、現在の神川町《かみかわまち》矢納《やのう》に武市《ぶいち》という少年が母親と二人で暮らしていました。ある日、武市は母に藤切りを頼まれて、山に出かけていきました。そして、藤切りの合間に川でヤマメを捕っていると、天狗が現れ、ヤマメをくれと言うのでした。武市が天狗にヤマメをやると、天狗はそれを食べ、「これからいいところへ連れていってやる」と、武市を背中に乗せ、空高く飛び立っていきました。

いつまで経っても武市が家に帰ってこないので、心配した母親は村の人々に頼んであちこち捜し回りましたが、武市は見つかりません。一方、天狗と飛び回っているのに疲れた武市は帰りたいと言い出しましたが、天狗はなかなか帰してくれようとはしませんでした。

ところが、武市が熱を出してしまったので、天狗は木の上に武市を一人残して薬を取りに行きました。ちょうどそこへ、武市を捜していた母親たちがやってました。その声を聞いて武市は、「おーい、ここだよ」と叫び、木の上から降ろしてもらいました。

その後、武市は、天狗から作り方を教わった薬をつくって売り歩き、人々に大層喜ばれたそうです。(3)

娘をさらった天狗

天狗が人をさらっても、危害を加えることはほとんどありません。ところが、加須市《かぞし》（旧北川辺町）飯積《いいづみ》には、娘をさらって殺してしまったという話が伝えられています。

昔、飯積の農家の娘が六月一日に饅頭《まんじゅう》（いわゆる朔日《ついたち》饅頭）をつくっていると、空から忽然と鼻が高く赤ら顔の大男が現れ、娘をさらって逃げ去りました。村は大騒ぎとなり、人々は夜を徹して捜索したものの、娘の姿は見当たりません。夜が明け、ようやく一本の松の枝に娘が吊るされているのが見つかったものの、既に命はありませんでした。

村の人々は、娘の供養と今後の災難をおさめるために、大天狗の碑を建てました。それが遍照寺の南西にある大天狗の碑で、このことがあってから飯積では六月一日に饅頭をつくらなくなったということです。(4)

武士さえもさらった天狗

川越の連雀《れんじゃく》町の西に、松平大和守の家臣の皆川市太郎という武士が住んでいましたが、ある日の夕方に突如消息を絶ってしまいました。家人が心配して方々捜しましたが行方がわからず、「天狗の神隠しだろう」と評判になりました。そこで易者に見てもらうと、見つかるまで三か年経つが命はあるとのことでした。

この見立てのとおり、三年経つと市太郎は家に帰ってきました。元気を取り戻した市太郎に聞くと、山伏姿の人物が現れ、口止めの呪《まじな》いをされ、三年間その者と諸国を転々と歩き回ったと言うのでした。その間、友人の姿も見かけたが、口止めの呪いのために声が出せなかったということでした。

そして、友人や家人が諸国の様子を尋ねると、市太郎は見聞きしたまま仔細に物語るのでした。そこで、地元では「やはり天狗の神隠しであったか」と話題になりましたが、何のために天狗がこの武士をさらっていったのかは、判然としなかったそうです。(5)

●山姥

山中に棲む女性の妖怪に、「山姥《やまんば》」があります。山姥は、口が耳まで裂け、髪を振り乱した老婆の姿をしており、人に危害を加えることもある恐ろしい妖怪として語られることが多く、埼玉県内では横瀬《よこぜ》町の武甲《ぶこう》山（一三〇四m）や小鹿野《おがの》町の四阿屋《あずまや》山（七七二m）など、秩父地域の山にその話が伝わっています。とりわけ、武甲山の山姥の話は有名です。

その昔、武甲山には背が一丈（約三m）あまりもある山姥が棲み、里に出ては人々に危害を加えたので、人々はみな恐れおののいていました。このことを聞いた行基《ぎょうき》は、里の人々を救うために蔵王権現の祠《ほこら》に二十七日の間こもって、悪魔降伏の祈願をしました。そこへ山姥が現れ、行基に襲いかかろうとした時、社殿の奥から一握りの剣が山姥の眉間めがけて飛んできて、山姥は気を失って倒れ込みました。そこで里の人々は、山から藤蔓《ふじづる》を取ってきて、気を失っている山姥をかたわらの松の木に縛り付けてしまいました。

しばらくして正気に戻った山姥に、行基が懇々と諭すと、山姥は改心の証拠として前歯一本と奥歯二本を抜いて行基に差し出しました。許された山姥は、いずこともなく退散していきましたが、あまりの悔しさに「松藤絶えろ、松藤絶えろ」と大声でどなり散らしました。それ以来、武甲山には松と藤は絶えてなくなったといいます(1)。

この話には、山姥を退治したのは行基ではなく鬼神様であったとか、藤蔓で松の木に縛り付けられた山姥が「松藤絶えろ」と言ったことから武甲山には松と藤はなくなってしまったなどのバリエーションがあります(2)。

ちなみに、行基の話に出てくる山姥の歯は、秩父札所第六番の卜雲《ぼくうん》寺に寺宝として伝えられています。この歯は、元来は荻野堂という堂宇《どうう》に納められていたものですが、荻野堂が火災で焼けたことから卜雲寺に移されたそうです。また、卜雲寺には荻野堂の草創から札所として繁栄を迎えるまでの経緯を絵巻物としてまとめた「荻野堂縁起絵巻」が所蔵されており、その中にも行基が武甲山に住む山姥を退散させる場面があります(3)。

次は、小鹿野町の両神《りょうかみ》小森《こもり》に伝わる四阿屋山の山姥の話です。四阿屋山の山姥は、白い着物を着ていて、髪の毛は腰までたれ、口は大きく裂けていて、子どもなどは鎌でずたずたに切り裂かれたり、大きな口で一口に飲み込まれたりするといわれ、山のあちこちに山姥の通り道がありました。そのため、四阿屋山の麓の家々では、子どもが暗くなるまで遊んでいたり、夜更かしをしたりしていると、大人たちは「山姥に連れていかれるぞ」とか「山姥がさらいにくるぞ」などと言ったものでした。そして「山姥」という言葉を聞くと、子どもたちは怖くてたまらなくなって、遊びをやめて家に逃げ帰り、布団にもぐり込んでおとなしくしていたものであったといいます。

ある時、この山に仕事をしに入った男がいました。夕方には帰ってくるはずでしたが、暗くなっても帰ってこなかったので、家の人が四阿屋山の登り口まで行ってみると、男が山に持っていったメンパ（弁当箱）が麦飯が詰まったまま置いてありました。これは何かあったに違いないと、近所の人たちと男を捜して回りました。しかし、夜のことなので深い山の中には入れず、麓を捜してみても男を見つけることはできませんでした。

翌朝、村の人たちが集まって四阿屋山に男を捜しにいく仕度をしていると、いなくなった男がフラフラしながら山を下りてきました。村の人たちが駆け寄ってみると、男の顔は真っ青、着ていた服もボロボロになっていて、ひどく疲れている様子でした。しばらくして、やっと口を開いた男は、「知らないオババに連れていかれ、一晩中山の中を引き廻されていた」と話しました。

それを聞いた近所の人々は、「四阿屋山の山姥の仕業だんべえ」と口々に言いましたが、中には「あの男は日頃、山姥なんかいるはずがねえとか、クソババアなんか怖くはねえ」などと言っていたので、山姥が罰《ばち》を当てたに違いないとうわさする人もいたそうです。(4)

山の奥に入っていくことは危険を伴うものであり、特に夜の暗闇の中で山の中を歩き回ると遭難することもあります。そのため、山姥の話には、子どもたちが安易に山の奥に足を踏み入れないように、教訓として伝えられてきた一面もあります。

武甲山（羊山公園からの眺め）

鳥山石燕『画図百鬼夜行』より
「山姥」
（国立国会図書館蔵）

●山姫

『後撰和歌集』に「わたつみの神に手向くる山姫の幣《ぬさ》をぞ人は紅葉と言ひける」(1)、『千載和歌集』に「山姫に千重のにしきを手向けても散るもみぢ葉をいかでとどめむ」(2)と詠われているように、かつて「山姫」は山を守る女神と考えられていました。

一方、民話の中での山姫は、山の奥に棲み、美しい女の姿をした妖怪として伝えられていることが多く、出会った人に危害を加えることもあります。埼玉県内では、東松山市やときがわ町に山姫の話が伝わっています。まず、東松山市の山姫の話を紹介します。

東松山市大谷《おおや》にある雷電山では、年に一度、山姫様が舞《まい》をする祭りの日がありました。その日には、いつも霞んで見える雷電山が遠くからでもはっきりと眺められ、何とも不思議な音楽が遥か遠くまで響き渡るのでした。

村の若者たちの中には、この音楽を聞いて山姫様の舞を一目見たいと思う者もいましたが、老人たちは「山姫様が舞をなさる日には、雷電山に行ってはならねえ」と止めるのでした。そして、その理由を聞かれると、「山姫様は一本足だから、両足そろった者を御覧になると、その者を呪いなさるということだ」と言うのでした。また、「どうしても山姫様の舞を見たかったら一本足で山に登り、途中で大谷の二度栗を二十七拾って山姫様にお供えすれば、山姫様の舞が見られる」とも言うのでしたが、そんなことは誰にもできないと考えられていました。大谷の二度栗とは、雷電山にある一年に二回実がなる栗の木のことで、この二度栗を二十七お供えするのは、山姫様の歳が何年経っても変わらず二十七歳であるからだそうです。

ある年のこと、一人の若者が、ついにがまんできなくなり、ぴょんぴょんと片足跳びで雷電山に登っていきました。若者は挫けそうになりながらも二度栗を二十七個拾い、ついに山頂まで登っていったのでした。

しかし、若者は山に登ったまま夜になっても帰ってきませんでした。そして夜が明けても若者が帰ってこなかったので、村の人たちが集まって山に捜しに行くことになりました。ところが、ふと若者の家の屋根を見ると、山に登ったはずの若者が屋根の棟《むね》にしがみついて死んだように眠りこけていたのです。そして、村人が屋根に上がってみると、男の着物の裾《すそ》を一匹の大きな蟇蛙《ひきがえる》がくわえていたのでした。村人たちはようやくのことで屋根から若者を降ろしてやりましたが、若者は目を覚まさず、三日三晩眠り続けました。四日目になって、若者はようやく目を覚ましましたが、山姫のことについては口を閉ざしていました。そのまま数十年の歳月が経ったある年の山姫様の祭りの日、すっかり年老いていたその若者は、初めて山姫のことを絵に描きました。その絵の山姫は片足で、しかもその足は蟇蛙の足であったということです⑶。

この話の舞台となっている雷電山とは、五世紀に築造されたと推定されている雷電山古墳の墳丘であり、その頂上には大谷の鎮守である大雷《だいらい》神社が祀られています。韮塚一三郎は『ふるさと埼玉県の民話と伝説』の中で、山姫が片足であることについて、柳田國男の説に基づき、山の神を片目片脚とする古い信仰に基づくものとの見方を示しています⑷。こうしたことから考えると、雷電山にまつわる古い信仰や禁忌が山姫の話につながっているのかもしれません。

なお、ときがわ町日影にも雷電山があり、ここにも山姫の話が伝えられています。日影の雷電山は旧玉川村の中では最も高い山で、年に一度、その山頂から、楽《がく》の音が聞こえてきました。それは決まって秋のよく晴れた日で、この日は山姫様が舞をする日だから山に登ってはいけないとされていました。また、山姫様は一本足なので、両足のそろった者を見ると、その者を呪って一本足にしてしまうともいわれていました。

その昔、越生《おごせ》町堂山の男が近くの山で栗拾いをしている時、雷電山から楽の音が聞こえてきました。そこで、山姫様を一目見ようと片足で登っていきましたが、九合目で力尽き、両足をついてそこに倒れ、そのまま息を引き取りました。このことがあってから、楽の音はしなくなり、山姫の行方もわからなくなってしまったということです⑸。

どちらの話も雷電山が舞台になっていますが、どういう関係があるのかはわかりません。なお、東松山市の話では、山姫の歳を十七としているものもあります⑹が、ここでは筆者が確認した文献の中では刊行年が最も古い藤沢衛彦《ふじさわもりひこ》の『日本神話と伝説』に従って二十七としました。

●山男

秩父市の浦山には、かつて「山男」が棲んでいたといいます。昔、秩父大宮の町（秩父市の市街地）に、どこからともなく不思議な人間が現れました。それは、身に異様な木の蔓《つる》の衣をまとい、髪も髭もぼうぼうに生えた大男であったといいます。

何ともいえない恐ろしさであったので、里の人々はその姿が見えるとわれ先にと逃げ隠れました。しかし、ある武勇の者が、山男が帰る時に後をつけていき、武甲山の裏山（浦山）の谷間へ消えていくのを見定めました。そのあたりを調べてみると、こうした不思議な人間が住んでいることが確かめられたことから、秩父大宮の人たちは江戸時代の末頃まで「浦山の山男」と呼んでいたということです(1)。

これは藤沢衛彦の『日本伝説叢書 北武蔵の巻』に紹介されている話です。筆者がこれまで調べた限りでは、このほかには山男に関する話は県内には見当たりませんでした。この話からすると、山男はその姿が異様なだけで、人に危害を加えることはなかったようです。

山男は、江戸時代の『絵本百物語』にもみえ、当時既によく知られていた妖怪の一つであったことがうかがえます。『絵本百物語』には、山男について、遠州（現在の静岡県西部）秋葉の山奥などに棲み、山仕事をする人の重い荷物を人里近くまで持ってきてくれ、また山中に戻っていくことや、酒が好きなこと、言葉が通じないこと、背が高く六尺（約一・八m）より低い者はないこと、山気《さんき》が化して人の形になったものという説があることなどが記されています(2)。

山男についての伝承は、全国各地にみられます。たとえば柳田國男の『山の人生』では、山男に関するさまざまな話が取り上げられていますが、その中に『周遊奇談』という書物に記された豊前（福岡県東部・大分県北部）の山男の話があります。これによれば材木の運搬を山男に委託することが多く、その労賃として握り飯を渡していたそうです(3)。

こうした話からすれば、山男は妖怪とは言い切れないようにも思います。昔は、山に暮らし、人里に住む人々とは違った生活をしていた人を、「山男」として妖怪のように伝えただけであったのかもしれません。

●テンムサ

神社をこんもりと包むかのような、昼なお暗い鎮守の森。そんな風景が、かつてはよく見られたものです。近年では、鬱蒼とした境内林が伐採され、境内が公園のようにすっきりと整備された神社が多くなってきましたが、昔は暗くなると子どもは怖がって神社には近寄らなかったという話をよく聞いたものです。

鬱蒼とした鎮守の森に棲むと伝えられている妖怪に、「テンムサ」があります。テンムサは、坂戸市浅羽《あさば》野《の》にある土屋神社の神木の杉に棲んでいたとされ、「テンマサ」と呼ぶ人もあります。

土屋神社の境内は、かつては大小の木々が生い茂り、昼なお暗いところでした。とりわけ、社殿の後ろにある神木の杉は樹齢が千年を超え、高さ二八ｍ、幹まわり八・五ｍという巨木でした。今では太い幹といくつかの枝を残すだけになっていますが、鬱蒼と茂っていた頃には、ここにテンムサという化け物が棲んでいて、近くを通る人を脅かしたと伝えられています。そのため、地元の人たちはテンムサを恐れて、夕方から夜にかけては決して近寄らず、境内で遊んでいる子どもたちもテンムサが怖いので、夕方になると早く家に帰ったものでした(1)。

しかし、実際にテンムサを見たという人はなく、その姿形についてはわかっていませんが、昔、太陽が二つあり、その一つをテンムサが退治したという話が伝えられています。この時、退治された方の太陽は、ばらばらになって地上に落ち、残った部分が月になったそうです。また、落ちた太陽のかけらを祀ったところを入西《にっさい》（現在の坂戸市北西部のあたり。日祭の意か）、太陽を退治する相談をしたところを入東《にっとう》（現在の坂戸市南西部のあたり。日討の意か）と呼ぶようになったともいいます。この話から、テンムサは空を飛ぶと考えられていたようです(2)。

土屋神社は、七世紀初め頃のものと思われる円墳の上に鎮座しており、社名の「土屋」はその石室のことを表しているといわれています(3)。「テンムサ」という名前の由来は不明ですが、太陽を退治したとの話から「天武者」がなまったもののようにも感じられますし、天狗やムササビなどに由来するもののようにも思われます。

土屋神社の大杉（埼玉県神社庁提供）
現在は嵐で枝が折れて危険な状態になったため、上部は伐られて幹といくつかの枝を残すだけである

●ドウマンマナコ

熊谷市には、「ドウマンマナコ」という妖怪のことが伝えられています。ドウマンマナコは、村のはずれにあるドウマンという林の一帯に棲んでいる化け物で、夜にその近くを通りかかった人を化かしたといわれ、昭和の初め頃まで地元の人々に恐れられていたそうです(1)。

このドウマンマナコについても、どういう妖怪であったのか、具体的な姿形はわかっていません。ドウマンという林の名前についても由来がわかりませんが、平安時代の陰陽師《おんみょうじ》で安倍晴明《あべのせいめい》とも術を競ったといわれる蘆屋道満《あしやどうまん》を連想します。蘆屋道満は、歌舞伎の『芦屋道満大内鑑』では安倍晴明の名付け親として登場し、また晴明の母は葛の葉という名前の白狐であったという設定になっています。

ドウマンマナコは、その名前からは暗い林や森の中で眼《まなこ》が不気味に光っている情景が思い浮かびます。人を化かすということから、元からあった狐や狸の話が、歌舞伎などの影響を受けて、このような名で語られるようになったものかもしれません。

月岡芳年「新形三十六怪撰　葛の葉きつね童子にわかる＞の図」
（国立国会図書館蔵）

狐であるという正体を知られたため、童子丸（のちの安倍晴明）に別れを告げて信田の森に帰ろうとする葛の葉と、母にすがる童子丸を描いたもの。ドウマンマナコには、こうした歌舞伎の影響があったのかもしれない

●ダイダラボッチ

「ダイダラボッチ」は、「大太郎法師」の意味であるといわれ、(1)関東地方や中部地方を中心に日本各地に伝えられている伝説上の巨人です。運んできた土が山になったとか、その足跡が池や沼になったなど、地名の起源伝説として語られることが多く、埼玉県内にもさまざまな話が伝えられています。

まず、小川町に伝わる話です。昔、デイダンボウという大男が通りかかり、笠を取って一休みした時、笠を置いた山を笠山と呼ぶようになりました。また、途中で水を飲んだ時、口にふくんだ水をプーッと山に吹きかけると、白い霧が山を包んだことから、その山を大霧山といいます。この時、デイダンボウは、粥《かゆ》を煮て食べましたが、粥を煮たところを粥新田峠、使った箸を地面に突き刺すと箸から根が出て大きな杉の木になったのでそこを二本木峠、洗った釜を伏せて乾かしたところを釜伏《かまふせ》山と呼ぶようになったということです。(2)

次は、横瀬《よこぜ》町に伝わる話です。ある日、デエダンボウは、秩父に山を造ろうと、大きなモッコに土を盛り、天秤棒で担いでやってきました。ところが、今の芦ヶ久保あたりで窪地に足を取られ、モッコの土をポロリポロリとこぼしてしまいました。そのため、山頂が二つある山ができました。これが二子山です。また、デエダンボウが足を取られた窪地を足が窪（芦ヶ久保）と呼ぶようになりました。そして、前のモッコの土は武甲山に、後ろのモッコの土は二つに分かれて宝登山と簑山になりました。そして、投げ出された天秤棒は、尾田蒔《おだまき》の長尾根丘陵になったとのことです。(3)

これに似た話は、飯能市にもあります。昔、ダイジャラボッチャという巨人がおり、ある日、日和田《ひわだ》山と多《とう》峰主《のす》山を天秤棒の両端に吊してやってきました。ここまで歩いてきて疲れたので、ダイジャラボッチャが休憩しようと担いできた山を降ろしました。その時、天秤棒の前に吊した日和田山はそっと降ろしましたが、後ろに吊した多峰主山はどしんと降ろしたので、形がくずれてしまい、先がとがり、低くなったということです。(4)

羽生《はにゅう》市には、こんな話もあります。昔、富士山を造った大男がいて、余った土を海に捨てようとして投げたところ、途中で落ちて筑波山になりました。大男は残った土をモッコに入れ、担いで羽生市の常木《つねぎ》までやってきて、どこに山を造ろうかとあたりを見回した時、モッコから土がこぼれて小さな山が二つできてしまいました。それが加須《かぞ》市大越《おおごえ》の浅間様と羽生市下村君《しもむらきみ》の元の浅間様であるといわれています[5]。

ほかに、川越市下小坂《しもおさか》にはダイダラボッチが足に刺さったトゲを小畔《こあぜ》川に刺していったところに橋を架けたことから名が付いた棘《とげ》橋[6]があり、上里町の久保新田にはダイダラボッチが荒れ地に足をついたところが池になり、そこから清水が湧き出して、川の水源になった[7]などの話もあります。

埼玉県内には、この巨人を天狗とする話もあります。昔、ある時、天狗様が一本歯の下駄を履いて散歩に出かけ、群馬県の板倉まで来た時、もう一踏ん張りと片足を持ち上げ、利根川を一またぎにして足をついたところが羽生市上新郷の五十ヶ谷戸《いかがやと》です。そこで足を持ち上げたら下駄の一本歯に少し泥がついていたので、天狗様がその泥を指でつまんで西の方に投げたのが行《ぎょう》田《だ》市埼玉《さきたま》の浅間様の山になりました。一方、五十ヶ谷戸では下駄のあとに水がたまって池のようになりました。土地の人たちはそこを「デイダラボッチ」と呼び、子どもが水浴びなどをしたそうです[8]。

こうしたダイダラボッチなど巨人の足跡とされる窪地や池などについては、韮塚一三郎の『埼玉県伝説集成』に、所沢市北野・上里町五明《ごみょう》・狭山市柏原・鶴ヶ島市三ツ木・滑川《なめがわ》町上福田・嵐山《らんざん》町千手堂・小川町高見・鳩山町今宿・皆野町腰・小鹿野町上小鹿野・東秩父村など、多くの事例が掲載されています。そのうち滑川町上福田の話では、この巨人は天狗とされています[9]。

ところで、ダイダラボッチはどのくらいの大きさだったのでしょうか。さいたま市岩槻区黒谷《くろや》の薬師様の下にあった池は、ダイダラボッチの足跡といわれ、一〇〇㎡ほどの広さがあったそうです[10]。また、狭山市には、ダイダラボッチが狭山市の下奥富《しもおくどみ》と川越市の小《お》ヶ谷《がや》に足をついて小便をしたとの話がありますが、その間は約六㎞あるそうです[11]。もし歩幅が六㎞として計算すると、その身長は一二・三㎞ほど[12]ということになりますので、富士山に腰掛けたとしてもおかしくないといえます。

三　路傍・路上の妖怪

　次は、路傍（道端）に潜んでいて道行く人を襲ったり、道行く人に悪戯をしたりするような妖怪です。これらは、柳田國男のいう「行路」の妖怪にあたります。路傍や路上に出現する妖怪は、柳田も言っているように数が多く、さまざまなものがあります。

　まず、道行く人を驚かせるような妖怪です。これには、人のような形をしたものとして「見越《みこ》し入道」「大入道」「青坊主」「一つ目小僧」などがあります。さらには坂道に突然徳利《とっくり》が現れる「徳利坂」、笊《ざる》を引きずる音がする「笊坂」、薬缶《やかん》を転がすような音が鳴り響く「薬缶ころがし」、熊笹をかき分けて何かが近づいてくるような音を立てる「笹熊」、赤ん坊の泣き声がつきまとう「オブゴ」などの怪異も、このグループに入るものといえるでしょう。

　これらの妖怪は、突然姿を現したり、不気味な音を立てたりして人を驚かせますが、基本的には人に危害を加えるわけではありません。また、実は狐や狸が化けたものであったとする話もしばしばみられます。

　次に、道行く人に悪戯を仕掛けてくるような妖怪があります。これには、夜道を歩く人の背中に負ぶさってくる「ブッツァロベエ」、通行人の袖を引く「袖引き小僧」、通行人の頬《ほお》を撫《な》でる「フウナデ（頬撫）」、炎が道行く人に近づいてきてつきまとう「大蓮寺火《だいれんじび》」などがあります。これらも、道行く人にちょっかいを出したり驚かせる程度の悪戯をしたりしますが、危害を加えるようなことはありません。

　最も怖がられていたのは、人間に何らかの危害を加える妖怪たちです。これには、人を襲ってその血を吸い取る「チトリ」、一瞬にして人の身体に深い傷をつける「カマイタチ」、人をさらっていく「隠れ座頭《ざとう》」や「モウ」などがあります。特に子どもが狙われたので、昔の子どもたちは、これらの妖怪を怖れたものでした。

●見越し入道

「見越《みこ》し入道」は、道を通る人の前に現れ、見上げれば見上げるほど大きくなるという妖怪です。東北から九州まで幅広く伝承され、鳥山石燕の『画図百鬼夜行』にも「見越」として描かれているように江戸時代から知られており、見越し入道が現れた時には「見越し入道、見越した」と言えば消えてくれるなどと伝えられています。埼玉県内では夜道に現れる例が多く、狐や狸の仕業であるという話もあります。

　よく知られている見越し入道の話として、入間《いるま》市に伝わる話があります。昔、金子の木蓮寺の僧が夜遅く飯能の方から金子に帰ろうとして、坂道をトボトボと歩いていると、小さな女の子に行き会いました。女の子は僧に会釈して、小走りに通り過ぎていきました。

　すると、間もなく僧の後ろから小僧が来て、僧を追い越して先に行こうとします。そこで、「たった今、小さな女の子に会いませんでしたか」と僧が尋ねると、小僧は「会いましたよ、このくらいの女の子でしょう」と、手で示してみせました。僧が「いや、もっと大きい」と言うと、「このくらい……」とまた手で示します。「いや、もっと」と言うと、また「このくらい」と言いながらさらに大きくしていき、とうとう「では、このくらい……」と言ったかと思うと、急に見上げるほどの大入道になって、僧を見下ろしたといいます。この妖怪は、実は村に棲む狸であったそうです[1]。

　本庄市児玉町には、次のような話があります。夜道を歩いていると、大きな頭で一つ眼の怪物が、後ろから前の方へかがんでエヘヘヘと笑って、ポッと消えます。それでまた少し歩いて行くと、また前の方に現れます。これが見越し入道で、獣が化けたものだといいます[2]。

　なお、この本庄市の話では、見越し入道に家まで送られてきた時は、黙って家に入ってしまうと命を取られる場合があるので、家に入る時には「どうもご苦労様でございました」と言葉をかけて入ればよいとされていました。これは送り狼に送られてきた時の作法と同じですが、見越し入道の正体が獣であるとされてきたことと関係があるのかもしれません。

　また、寄居町には、こんな話があります。寄居の市街地から正喜《しょうき》橋を渡り、鉢形《はちがた》城跡を抜けて折原の上郷へ通じる道は、昔は昼間でも薄暗く、人々は見越し入道が出るといってその道を歩くのを恐がったものでした。見越し入道は頭がつるつるしていて、人を見越すほど大きく、夜道を歩いている人を見つけると、肩の上にのしかかってくるとされ、村人たちは「入道様」と呼んでいました。

ある夕暮れ時、村人が一人でそこを通りかかると、急に肩が重くなり、歩くのがつらくなってきました。その人は、話に聞いていた入道様に捕まってしまったなと思い、持っていた提灯《ちょうちん》に火を点けてみました。すると、「コーン!」と狐の声がして、体が急に軽くなって歩けるようになり、無事に家に帰ることができたということです。(3)

これらの話から、見越し入道は、多くは狐や狸が化けたものと考えられていたようです。入間市の話には、見越し入道に化けた狸は、その後小僧に化けて木蓮寺に住み込んでいましたが、風呂に入っている時につい尻尾を出したのを見られてしまい、寺を追い出されたとの後日譚もあります。

『和漢三才図会』に描かれた「見越し入道」
(国立国会図書館蔵)

「山都」という中国の妖怪を日本の見越し入道にあたるものとして描いている。本庄市の話はこのような場面を想像させる

鳥山石燕『画図百鬼夜行』より「見越」（国立国会図書館蔵）

●袖引き小僧

子どもの霊が妖怪となったものに、川島町《かわじま》の中山に伝えられている「袖引き小僧」があります。

昔、夕暮れに中山の上廓《かみぐるわ》のあたりを通ると、後ろから袖を引くものがありました。驚いて振り返ると、誰もいません。そこで再び歩き出すと、また後ろから袖を引かれます。これを、袖引き小僧の仕業であるといいました(1)。

袖引き小僧は、大正時代にまとめられた『中山郷土誌』や昭和初期にまとめられた『川越地方郷土研究』にも記録されており、その存在が古くより知られていたことがうかがえます。昭和十三年から翌年にかけて『民間伝承』に掲載された柳田國男の「妖怪名彙」には全国各地に伝承されてきた妖怪が列挙されていますが、袖引き小僧はその中にもみえ、埼玉県の妖怪としては知名度が高いといえます。

また、『川島のむかし話』には、袖引き小僧について次のような話が掲載されています。現在の東松山市にあった松山城（武州松山城）は、関東の要衝の一つとして室町時代から戦国時代にかけて激しい争奪戦が行われました。その頃の話です。

昔、一人の少年が戦に行った父の後を追い、中山にやってきました。しかし、軍勢は川越城から中山を通って松山城に向かった後なのか、父の行方は全くつかめませんでした。少年は、ようやく中山までやってきたものの、ここで力尽きて亡くなってしまいました。それから、往還を通る人がこのあたりにさしかかると、後ろから袖を引かれるようになりました。びっくりして後ろを振り向くと誰もいないので、歩き出すとまた袖を引かれます。これは、父を捜して尋ね歩き、ついに行き倒れになった少年の霊が、父の行方を求めて袖を引くのだろうといわれていました(2)。

袖引き小僧が出たとされるのは中山の農協支所から国道二五四号に向かう通りで、大正の初め頃までは大きな松の木が往還を覆うように茂る薄暗いところであったそうです(3)。なお、これに似たものとして、東松山市毛塚《けづか》の「袖引き坂」があります。この話は、毛塚の蓄財家であった利右ェ門という人がこの坂で殺されたため、ここを通るとその死霊が袖を引くというものです(4)。

●ブッツァロベエ

道を歩いていると、後ろから何者かが負ぶさってきて、重くて歩けなくなることがあります。これも、妖怪の仕業と考えられてきました。この種の話は柳田國男が「妖怪談義」の中で取り上げている新潟県の「バリヨン」をはじめ各地にあり、『まんが日本昔ばなし』でも東北地方の話が「おぶさりてい」のタイトルで昭和五十二年に放送されています。埼玉県内ではこれを「ブッツァロベエ」などと呼び、いくつかの話が伝えられています。その名称は、負ぶさることを「ブッツァル」と言う方言からきており、「ブッチャリテー」と言いながら出現したという話もあります。

県内での例として、まず川越市に伝わる話を紹介しましょう。川越市の寺尾は昭和の初め頃までは静かな農村で、村はずれにある鷹匠橋《たかじょう》の付近は蘆の繁った野原であり、夜になると人通りも少ないところでした。ここには、後ろから負ぶさるように抱きついてくるブッツァロベエという妖怪が出るといわれていました。(1)

昔、仕事で隣村に出かけていた若い大工の男が夜になって鷹匠橋あたりまで戻ってくると、どこからともなく何かが背中にドスンと飛びついてきました。気配から、どうも若い娘のようです。そして「私をお嫁さんにしてください」とささやくのでした。ところが、家の入口の戸の前までくると、急に背中が軽くなって娘の姿は消えてしまいました。

一か月ほどしたある夜、男がまた鷹匠橋のあたりにくると、再び背中に娘が負ぶさってきて「私をお嫁さんにしてください」と言うのでした。男は、この娘は貉《むじな》が化けたものに違いないと思い、捕まえてやろうと歩きながら娘の足を自分の腰に縄で結わえ付けておきましたが、やっぱり家の戸口までくると娘の姿は消えてしまうのでした。

こうしたことは度々あり、村の鎮守である日枝神社の祭りの晩に若い衆が集まって酒を飲んだ時には、ブッツァロベエの話で盛り上がったそうです。(2)なお、寺尾ではこれを「ブッツァルベエ」とも呼び、負ぶさってきたのは男のようだったという話もあります。(3)

一方、加須市《かぞ》（旧騎西町《きさい》）の上種足《かみたなだれ》には次のような話があります。榎戸の十字路から県道北根菖蒲線を東に進むと宝性院の墓地がありますが、このあたりにはかつて丸池と呼ばれる大きな池がありました。ここは昼間でも寂しいところでしたが、夜に池の端を通ると藪の中から「ブッチャリテー、ブッチャリテー」と不気味な叫び声が聞こえるようになりました。それが毎晩続くので、夜になるとこの池の端を通る人はなくなってしまいました。

この話を聞いた上種足の男が、その化け物を生け捕りにしてやろうと麻縄を持って丸池に向かいました。男が池のほとりに着くと、話に聞いたように「ブッチャリテー、ブッチャリテー」という気味の悪い声が聞こえてきました。そこで男が「ブッチャリたかったら出てこい。ブッてやるぞ」と言って声のする方に背中を向け、腰をかがめて待っていると、背中にずしんと何かが負ぶさってきました。そこで男は用意してきた麻縄を背中の化け物に巻き付け、大急ぎで家に帰って見てみたところ、それは大きな狢でした。

男は狢を背中から降ろし、これからは通行人を困らせることはしないようにと言い聞かせて放してやりました。狢は恐縮して森の中へと消えて行き、その後は丸池から「ブッチャリテー」という声は聞こえなくなったということです[4]。

ちなみに、新潟県の「バリヨン」は、夜中に通る人の背中に跳び乗って、頭をかじるというもので、これを避けるために夜の通行には金鉢《かなばち》をかぶるのが安全だといわれていました[5]。この話と比べると、埼玉県のブッツァロベエなどは人に悪戯するだけで危害を加えることはなかったようです。

宝性院の墓地の入口付近

丸池は区画整理で消滅して今はなく、明るい雰囲気になっている

●オブゴ

夜遅く歩いていると、生まれたての赤ん坊が泣いているような声が突然聞こえることがあります。足を運ぶにつれて、泣き声も一緒についてきますが、姿は見えません。そんな怪異が、本庄市児玉町に伝えられています。

これは「オブゴ」と呼ばれており、もし歩いていてオブゴに憑《つ》かれた場合は、着物の袂《たもと》や洋服のポケットの中にある糸くずなどでもよいから、「これを持って早くお帰り」と言って何か投げてやりさえすれば、ピタッと泣き声がやむのだということです。オブゴは、亡くなってしまった子どもの霊によるもので、男の人が歩いて通ると、冥土から母親に「お父さんが通るんだから、早く何かもらって来う」と言われて出てくるのだともいわれていたそうです[1]。

これと似たものが、水木しげるの『決定版 日本妖怪大全』や村上健司の『日本妖怪大事典』にある愛媛県の「ノツゴ」や群馬県の「オボ」という妖怪の話の中にみえます。ノツゴやオボは、成仏できずにさまよっている幼児の亡霊であるともいわれており、オブゴのように泣き声を立てるもののほかに、足にまとわりつくものもあるようです。

また、千葉幹夫の『全国妖怪事典』には、徳島県の「オギャアナキ」という妖怪が載っています。これは、夜道を歩いていると赤ん坊の泣き声が聞こえてきて、声のする方に行ってみると何もないという怪異で、本庄市のオブゴに似ていますが、時には「負うてくれ」と言って出てくることもあったそうです。

『全国妖怪事典』には、このほかにも高知県の「ノヅコ」という妖怪が記されています。これに出会った時は、草鞋《わらじ》の結び目か道端の草をちぎってチボ（乳首のこと）のようにしたものを投げてやれば退散するといい、何かを投げてやると離れていくという点でオブゴと似ています。

このように、夜道で赤ん坊の泣き声が聞こえてくる怪異は、全国各地にありました。昔は、乳幼児の死亡率が高く、生まれてすぐに亡くなる子どもが少なくなかったので、亡くなった子どもを哀れに思う気持ちから、こうした話が生まれたのかもしれません。

●チトリ

路傍に出現する妖怪の中には、通りかかった人に危害を加えるものもあります。その一つが、「チトリ」です。チトリとは、「血取り」の意味で、道端に潜み、通行人に襲いかかって血を取るといわれ、特に子どもたちに恐れられていました。チトリに関する話としては、次のようなものがあります。

朝霞市の朝霞第三小学校の後ろには、老樹深閑とした「ハケ」の山と呼ばれる森があり、ここにチトリが出るといわれていました。(1)

日高市では、チトリは刃物を持っていて、それで子どもを傷つけて血を取って歩くといわれていました。また、チトリはよく麦畑の中に隠れていたとも伝えられており、子どもがおとなしくしていないと、大人たちは「チトリが血を取りに来るぞ」と言って脅かしたものでした。(2)

一方、滑川《なめがわ》町では、春が来て新緑の時期になると、チトリというお婆さんがススキの影に隠れていて、子どもを捕まえ、その血を吸ってしまうと伝えられていました。(3)

さらに白岡市にも、チトリが出たという話があります。白岡市下野田の鎮守である鷲宮神社の境内のあたりは、かつては大きな杉が生い茂り、昼間でも暗いところでしたが、昔はここによくチトリが出たそうです。子どもたちの間では、学校から家に帰る頃になると、誰かが「今日はチトリが出る」と言い出します。それを聞いた子どもは怖くなって、とても一人では家に帰れなかったものだったそうです。チトリは、取った血で布を染めるのだともいわれていました。(4)

同じ「チトリ」の話でも、日高市の話のように子どもを傷つけて血を取るというものもあれば、滑川町の話のように血を吸うというものもあり、地域によって違いがみられます。しかし、チトリが襲うのは子どもという点は共通しているようです。

なお、全国的にみれば、血を吸う妖怪としては、他に熊本県の「山女《やまおんな》」や鹿児島県の「山姫」などがあります。熊本県の山女は出会った女の人を見てゲラゲラ笑い、笑う時にその血を吸ったとされ、鹿児島県の山姫は山中に入る男の血を吸い取るとされています。(5)

●カマイタチ

人を傷つける妖怪としてよく知られているものに、「カマイタチ」があります。カマイタチは、鳥山石燕の『画図百鬼夜行』にも描かれているように、江戸時代から知られていた妖怪です。いつの間にか鋭い刃物で切られたような傷ができていることがありますが、それはカマイタチの仕業とされ、その傷は痛みがないとか、深い傷なのに血が出ないなどの特徴があります。

朝霞市の陸上自衛隊朝霞駐屯地は、かつてゴルフ場があったところです。昭和七年に開設された朝霞のゴルフ場は、陸軍予科士官学校の建設に伴い昭和十五年に廃止されましたが、このゴルフ場で草むしりの仕事をしていた人がカマイタチにあちこち切られたという話が伝えられています。カマイタチに切られた傷は血が出ず、医者に行かなくても治ったそうです。

また、昭和十一、二年頃、当時五歳だった女の子が東上線の駅の構内で、転んでケガをするようなところは何もなかったのに、膝の下を切る傷ができて七針も縫ったことがあり、これもカマイタチの仕業だろうといわれていました(1)。

吉見町には、カマイタチにあったという話が多く伝えられています。その一つに、久米田に住む女の人が、農協主催の旅行で善光寺に行って本堂の階段を降りていた時、あと三段というところでなぜかよろけて転び、気がつくと膝の下が裂けて白い肉が見えていたとの話があります。しかし、血は出ず、特に痛くもなかったので、仲間に手当をしてもらって帰宅したそうです。

また、町内の御所の集落と観音の集落の間には「大曲がり」と呼ぶ人家のないところがあり、そこを自転車で通りかかった女の人が、なぜかよろけて自転車から落ち、気がつくと右膝の下の方が鎌形に裂けて白い肉が見えていましたが、血はほとんど出なかったそうです。このあたりでは、ほかにも同じようなことが起きており、地元では「あそこにはカマイタチがいるようだ」と話していたとのことです。

ほかにも吉見町には、子どもの頃小学校の校庭で遊んでいると急に大風が吹いてきて、気がつくと足にカマイタチの傷を受けていたなどの話が多く伝えられています(2)。

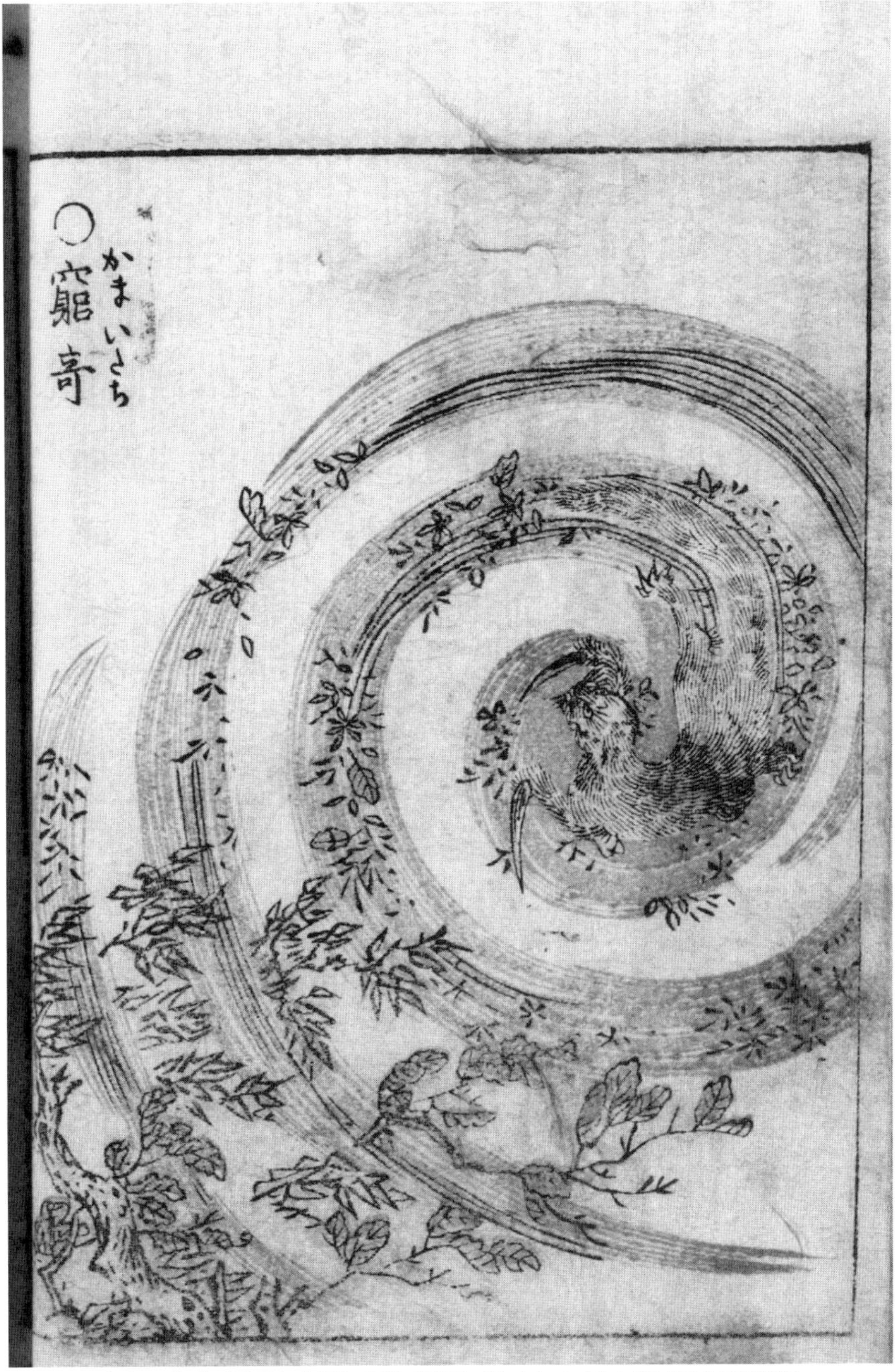

鳥山石燕『画図百鬼夜行』より「窮奇（かまいたち）」（国立国会図書館蔵）

●薬缶ころがし

小鹿野《おがの》町両神《りょうかみ》小森《こもり》の上大谷から西平に行く途中にあり、両地区の境になっている谷は西沢と呼ばれています。ここには二つの滝があり、かつては滝の近くに大きな岩が行く手をはばむように立ちふさがっていました。

滝の上の方には、駒立という山を切り開いた広い畑があったため、麓に住む人々はこの二つの滝を迂回して畑仕事に通わなければなりませんでしたが、滝の近くの大きな岩のところは、荷物を背負って通る時には、かがんで歩かなければ通れないほどの難所でした。しかも、ここは普段から薄暗くて気味が悪いところで、夕方から夜にかけて「小豆よなげ」が出るともいわれていました。

さらに、小豆よなげの出る滝の上の山には、「薬缶《やかん》ころがし」という化け物もいるといわれていました。薬缶ころがしは、滝の上の山から「カラカラン、コロン。カラカラン、コロン。ドドー――」という、身の毛がよだつような音を出す化け物で、小豆よなげや薬缶ころがしは土地の人たちから大変恐れられていました。そのため、夕方から夜にかけて、そこを通る人は、めったにいませんでした。

しかし、上水道の工事が行われた時、滝のそばの大岩は割って処分され、広い道がそこにできました。すると小豆よなげと薬缶ころがしは、急に棲みづらくなってどこかへ移っていったのか、そこに行っても何の音もしなくなったそうです[1]。

小豆よなげについては既に小豆婆のところで記したとおりですが、薬缶ころがしもこれと同じように、姿を見せずに不気味な音を立てる妖怪といえるでしょう。これと似たものに長野県の「薬缶まくり」があります。薬缶まくりも、ガランガランと薬缶を振る音がするというもので、薬缶そのものが現れることはありません[2]。

このほか、長崎県にもガランゴロンと薬缶を転がすような音を立てる「薬缶ころばし」の話が伝えられています。この薬缶ころばしは、「三吉狐《さんきちぎつね》」という狐の仕業とされ、薬缶ころばしの出る場所に魚や稲荷寿司などのお土産を置くようにしたところ、薬缶ころばしは出なくなったといいます[3]。

●徳利坂

一方、不気味な音がするという音の怪異ではなく、薬缶そのものが現れる怪異もあります。長野県には夜遅くに森の中を通ると木の上から薬缶がぶら下がってくる「薬缶づる」の話が伝えられていますし、東京でも杉並区上荻の「薬缶坂」は、雨の降る夜に坂の中程に薬缶が転がっているという怪異があったことからその名があるといいます。

このように薬缶の名が付く妖怪は各地にみられますが、薬缶が「野干《やかん》」（漢訳仏典に登場する野獣。日本では狐の異名としても使われる）に通じることから、これらを狐の仕業とする説もみられます(1)。

ところが、道に転がり出るものは、薬缶だけではありません。東松山市には、徳利が転がり出た「徳利坂」の話が伝えられています。

東松山市下岡にある光福寺のそばに、徳利坂といわれる坂があります。昔、この坂の北には本願寺という大きな寺があり、道の両側には何百年も経た大きな杉の木が鬱蒼と生い茂り、昼間でも薄暗くて寂しいところでした。

下岡に住むある人が松山の町へ買い物に行き、酒を飲んで夜遅くこの坂まで帰ってきました。すると後ろからゴロンゴロンと何かが転がり落ちてくる音が聞こえました。そこで足を止めると、音も止まり、また歩き出すと再びゴロンゴロンと転がる音がするので、何だろうと思って後ろを振り返って闇の中をすかして見ると、驚いたことに四斗樽ほどもある大きな徳利が転がっていたのです。その人は驚いて夢中で坂を駆け降り、町から買ってきたものも履いていた草履《ぞうり》も放り出して、家へ逃げ帰りました。それ以来、この坂を徳利坂と呼ぶようになったということです(2)。

また、昔は村の子どもたちが毎年一月二十五日に天神講の集まりをしていました。この時、子どもたちはお菓子を食べたり遊んだりして夜を明かしたものでしたが、遊びあきると度胸試しをする習わしがありました。その時、この徳利坂がいつも使われたものでした。当時の子どもたちは、老人から「あの坂に行ってみろ、でっかい徳利が転がってくるぞ」とよく言われており、夜は怖い場所だったそうです(3)。

●笊坂

東松山市の毛塚《けづか》から田木《たぎ》に行く途中、台地のはずれに「笊《ざる》坂」と呼ばれるところがあります。この坂を夜遅くに一人で通ると、後ろからゴソッゴソッという笊が転げ落ちてくるような音が聞こえてきます。後ろを振り返っても何もありません。そして再び歩き出すと、また後ろからゴソッゴソッと笊が転げ落ちてくる音が聞こえてくるのでした。そのため、この坂は笊坂と呼ばれるようになりましたが、それには次のようないわれがあります。

昔、稲刈りが終わった後で落穂を拾い集め、それを笊に入れて持ち帰ろうとしていた農婦がいました。ところが、途中で足を滑らせて、せっかく拾い集めた落穂をすっかりこぼしてしまいました。農婦がそれを拾っていると、普段はおとなしい夫がこの時はカッとなって農婦を足蹴《あしげ》にし、倒れた農婦は打ち所が悪くて死んでしまいました。笊坂で笊が転がる音がするのは、この農婦が落とした笊が転がってくるのだということです[1]。

笊坂（東松山市毛塚地内）

●フウナデ

道端には、さまざまな妖怪が出現しました。その一つに「フウナデ」があります。フウナデは、越生町《おごせ》の龍ヶ谷《たつがや》に伝えられている妖怪で、夜道を歩いていると頬《ほお》をスッと撫《な》でるといわれていました(1)。

フウナデの名は、「ホオナデ（頬撫）」がなまったものと思われ、越生町に伝わるフウナデの話は、今野圓輔《こんのえんすけ》の『日本怪談集　妖怪編』や水木しげるの『決定版日本妖怪大全』などに紹介されている山梨県のホオナデの話と似たものとなっています。山梨県のホオナデは、薄暗い道を歩いている人の顔を冷たい手で撫でる妖怪で、暗闇の中から白い手が現れて頬を撫でていったとされ、「カオナゼ（顔撫）」と呼ぶところもあります(2)。

これらの話は、暗い夜道を一人で歩く時の心細さを物語るものと思われます。いずれも夜露に濡れたススキの穂が顔に当たって撫でられたように感じたのだろうともいわれていますが、ホオナデが出たので刀で斬りつけたところ、ススキの茎から血が出ていたという話も伝えられています(3)。

●笹熊

飯能市には、「笹熊」という妖怪が伝えられています。これは、「小豆婆」や「薬缶ころがし」のように、姿を見せずに不気味な音を立てる妖怪の一種です。笹熊については、次のような話があります。

飯能市の小岩井に住むおばあさんが、ある日、町まで買い物に出た時のことです。秋は日が短いので、帰る頃にはもう薄暗くなっていました。おばあさんは、急いで帰ろうと近道をして、その途中で熊笹の生い茂る雑木林を通りかかりました。すると、どこからともなく「ガサッガサッ、ザー」という不思議な音が聞こえてきました。しかも、その音は次第におばあさんの方に近づいてくるように感じました。

おばあさんは、「話に聞いていた笹熊が出た――」と思いました。そのとたんに、背筋がゾッと寒くなり、転ぶように家まで逃げて帰ったということです(1)。

この話に登場する笹熊も、暗い夜道で聞こえてきた不気味な音を、妖怪の話として語り伝えたもののように思われます。

●隠れ座頭

滑川《なめがわ》町の羽尾《はねお》には、「隠れ座頭《ざとう》」という妖怪の話が伝えられています。隠れ座頭についての詳しいことはわかりませんが、子どもが暗いところで隠れん坊をしていると、大人から「隠れ座頭にさらわれる」と言われたものであったそうです。(1)

これと似たものとして、小川町には「白髪お婆」という妖怪が伝えられています。白髪お婆は夕方に三本辻や四つ辻で待ちかまえていて、帰宅が遅くなった子どもをさらっていくといわれていました。(2)

柳田國男は、『山の人生』の中で、秩父地方では子どもが行方不明になるのを隠れ座頭や夜道怪《やどうかい》に捕られたという話があることを取り上げており、隠れ座頭とは元は「隠れ里」の意味であったのが、人の信仰の変化によって恐ろしい妖怪のように語られるようになったとの見解を示しています。(3) こうした妖怪は、麦などが伸びてくると容易に子どもの姿を隠してしまい、その行方がわからなくなってしまうので、迷子にならないように注意を喚起したものであったようです。

●モウ・ゴーヘー

大正の初期、熊谷市の新川《しんかわ》の人々の間では、夕方になるとモウが出るとの噂があり、桑摘みなどに出た時は早く帰らないと危険であるとされていました。実際にモウの姿を見たという人はいませんが、モウは影のように飛んで動くといわれ、子どもが家に帰ってこない時に「またモウに引かれたな」と言って大騒ぎになったこともあったそうです。(1)

埼玉県内では、ほかに滑川町でも、化け物のようなものに襲われることを「モーが引く」と言ったそうです。(2)「モウ」は、柳田國男の「妖怪古意」の中で化け物の幼児語や、化け物の鳴き声として主に東日本に伝えられている言葉として紹介されており、「モウコ」「モウモウ」などという地域もあるとのことです。(3)

また、北本市には、子どもが遅くまで寝なかったりぐずっていたりすると、親たちは「ゴーヘーが来るぞ」と言って脅かしたという話が伝えられています。(4) この「ゴーヘー」も、「モウ」と同じように妖怪を意味する幼児語の一つであったのかもしれません。

●大入道

「入道」や「坊主」は僧を意味しますので、「大入道」や「大坊主」などと呼ばれる妖怪は、どれも僧のような姿をした妖怪ということになります。ただし、大きな黒い影として現れる場合もあるため、何となく坊主頭のように見えただけなのかもしれません。大入道に関する伝承は全国各地にあり、埼玉県内でもいくつかの話が伝えられています。

新座市の荒沢不動の近くに、昔「ゼントウイン」という寺がありました。その跡地とされるあたりには、いつも白い蓮華草が咲いたので、誰もが気味悪がって、そこを「おばけ田んぼ」と呼ぶようになっていました。

この「おばけ田んぼ」のあたりは、子どもたちの間では、よく大入道が出るといって怖がられていました。夕方、人がそのあたりを通ると、遠くから見たところでは何もいなくても、「おばけ田んぼ」のすぐ前にくると、青い大入道が出るというのです。子どもたちはこの「おばけ田んぼ」の近くの川でよく蛍を捕ったものですが、誰かが「大入道が出たあ」と言い出すと、みんな家に飛んで帰って風呂敷をかぶって震えていたものであったそうです。[1]

また、坂戸市には、赤尾の下を夜に通ると、農道の真ん中に大入道が出たという話があります。大入道は別に悪さはしませんが、皆驚いて逃げ出したものでした。[2]

坂戸市には、大入道について別の話も伝えられています。昔、四日市場の人が多和目《たわめ》の城山に枯れ枝を取りに出かけた時、ふと見ると木の枝の上に大きな目玉が見えました。よく見るとそれは坊主頭の大男だったので、その人は腰を抜かさんばかりに驚いて家に逃げ帰ったといいます。[3]

このように、埼玉県内の大入道は、人を驚かせますが、人を襲うということはなかったようです。しかし、全国的にみると、人を襲ったり、見た人を病気にさせたりすることもあり、その伝承はさまざまです。比較的時代の新しいものとしては、村上健司の『日本妖怪大事典』に、昭和十二年に東京の赤羽で赤紙(召集令状)を配りに行った人が、死んだ兵隊が化したという大入道に襲われた話が紹介されています。

●青坊主

「青坊主」は、鳥山石燕の『画図百鬼夜行』にも取り上げられていますが、一つ目の僧の姿で描かれているだけで説明がなく、どのような妖怪とされていたのかはわかりません。おそらく、体や衣服が青い色をしていることから、このように呼ばれるようになったものと思われます。

青坊主に関する話は、全国各地にあります。しかし、村上健司の『日本妖怪大事典』には空き家に出る妖怪として岡山県の例が、今野圓輔《こんのえんすけ》の『日本怪談集　妖怪篇』には麦畑の中に隠れていて日暮れに帰りが遅れた子どもを連れ去る妖怪として静岡県の例が、香川雅信・飯倉義之編『47都道府県・妖怪伝承百科』には人を首吊りに誘う妖怪として香川県の例が紹介されていると いったぐあいに、話の内容は地域によってさまざまです。また、地域によっては「青入道」と呼ぶところもあります。

埼玉県内でも、蕨市や毛呂山《もろやま》町に青坊主の話が伝えられており、蕨市では、八幡山と呼ばれるあたりに青坊主が出るとされていて、子どもたちは大人から「あそこに行くと食われてしまう」と聞かされたものであったそうです(1)。

一方、毛呂山町には、狸が青坊主に化けて若夫婦を脅かした話が伝えられています。

若い夫婦が鎌北境の山の小屋に仮住まいして働いていた時、夜ごとにその小屋の屋根で獣が爪をひく音が聞こえてくるのでした。ある日、夕飯の買い物に出た妻が日暮れ近くになって小屋の近くまで帰ってくると、妙な感じがします。そこで、頭を上げて見ると、小屋の前に仁王のような青坊主が立ちはだかっていました。

夫を呼ぶには遠すぎる。さあ、どうしようか……。しばらく妻と青坊主の睨み合いが続きましたが、ついに青坊主が襲いかかってこようとしたその時、下の家の飼い犬が吠え始めました。それに呼応して近所の犬たちも吠え始めたので、さすがの青坊主も姿を消してしまいました。そのあと、一匹の古狸が藪の中へ逃げ込んでいったということです(2)。

これは、狸が仲の良い若夫婦をうらやんで、悪戯をしたものではないかともいわれています。

鳥山石燕『画図百鬼夜行』より「青坊主」（国立国会図書館蔵）

●一つ目小僧・一つ目入道

「一つ目小僧」は、文字通り目が一つで坊主頭の子どもの姿をした妖怪で、「目一つ小僧」「目一つ坊」などとも呼ばれます。中には背が一丈（約三m）もある大きなものもあり、こうした大きなものを「一つ目入道」と呼ぶこともあります。

一つ目小僧は、江戸時代の文献にも登場し、全国的にも広く知られている妖怪の一つであり、柳田國男は「一目小僧」の中で、一つ目小僧は山の神が零落《れいらく》したものであるとの考えを示しています(1)。埼玉県内でも一つ目小僧の話は各地にみられ、狐や狸が化けたものとする話も少なくありません。また、十二月八日や二月八日の八日節供（事八日）の夜に、一つ目小僧が現れて家々を回るとの言い伝えもあります。

埼玉県内に伝わる一つ目小僧に関する伝承の代表的なものの一つに、小畔《こあぜ》川に現れた一つ目小僧の話があります。

昔、川越市の鯨井に善空《ぜんくう》という高僧がおり、村の人々からも大変慕われていました。ある日、隣村へ用事で出かけていた善空が、小畔川あたりまで帰ってきた時には、すっかり暗くなっていました。提灯を点けて善空が夜道を急いでいると、後ろの方から、「善空、善空」と呼ぶ薄気味悪い声がします。誰だろうと思って善空が振り返ってみると、誰もいません。そして、また歩き出すと、「善空、善空」と声がします。善空が再度振り向くと、そこには見上げるばかりの大きな一つ目小僧が大きな口を開け、真っ赤な舌を出して笑っていました。善空は、腰も抜かさんばかりに驚いて、一目散に寺へ逃げ帰りました。

気を取り直した善空は、一つ目小僧に出会ったくらいで逃げ出したことを恥じ、その正体を見届けてやろうと小畔川へ引き返してきました。土手でしばらく待っていると、大きな音がして一つ目小僧が現れました。善空は、あるだけの勇気を奮って一つ目小僧を睨みつけ、大きな声で説教を始めました。さすがの一つ目小僧も、善空の勢いに恐れをなし、川へ飛び込んで逃げ出してしまいました。

善空は、そこに水天宮を建てて一つ目小僧を祀り込みました。すると、それ以来、一つ目小僧は現れなくなったということです(2)。

また、さいたま市中央区（旧与野市）には、一つ目の大入道が上峰《うえみね》の諏訪神社の南下にある諏訪坂に現れ、荒川の羽根倉河岸から与野の町に荷物を運ぶ馬子《まご》を襲ったという話があります。

ある日、馬子が塩を馬の背に二俵くくりつけて諏訪坂にさしかかった時、見上げるような一つ目の大入道に襲われました。荷物の塩や馬を大入道に食べられてしまった馬子は、諏訪坂を一目散に駆け上がり、一軒の農家に逃げ込んで隠れていました。そこに、大入道が入ってきて馬子を捜していましたが、そのうち土間の大釜に入って寝てしまったので、馬子は大釜に蓋《ふた》をし、その上に大きな石を積み上げて大入道を閉じ込め、かまどに火をつけて大入道を退治してしまったということです(3)。

この話の後半は、「牛方山姥《うしかたやまんば》」という昔話を模したものになっています。諏訪坂は、昭和初期に道路改修が行われるまでは急坂で、舟運が盛んだった頃に河岸から町場へ荷物を運んでいた人々にとっては難所となっていたため、こうした話が生まれたのかもしれません。

北尾政美『夭怪着到牒』より
（国立国会図書館蔵）

一つ目小僧の右上に描かれているのは三面乳母（みつめんうば。正面と横に３つの顔がある）で、「みつめんうば　ひとつまなこのうばと見へてつきまとう」との説明が書かれている

●大蓮寺火

夜に墓場やもの寂しい場所などで燃える青白く妖しい火のことを、陰火《いんか》といいます。陰火にはさまざまなものが伝えられていますが、その一つに川越市に現れた「大蓮寺火《だいれんじび》」（単に「大蓮寺」と呼んでいるものもあります）があります。たとえば、斎藤鶴磯《さいとうかくき》が文政十年（一八二七）に著した地誌『続武蔵野話』（『武蔵野話』二篇）には、見開きの挿絵付きで次のような話が記されています。

川越の扇河岸から仙波に至る道は、左右とも田んぼばかりで人家がありませんでした。冬の小雨の降る夜にそこを通ると、遠くから火の玉が近づいてきます。そのまま構わなければ、火の玉は次第に遠ざかっていきます。炎を消そうとすれば近づいていきて笠や唐傘に取り付きますが、傘が燃えることはありませんでした。

この火の玉は、九月・十月頃から正月・二月頃までの間の、特に小雨の夜に多く見られます。何の仕業であるかわかりませんが、かつて川越の石原というところに大蓮寺という寺があり、この寺のあたりから最初に現れたことから「大蓮寺」と呼ぶようになったらしいということです[1]。

また、これより早い明和三年（一七六六）に川越藩の家臣・大陽寺盛胤《たいようじもりたね》が著した川越の地誌『多濃武の雁《たのむのかり》』にも「大蓮寺火」としてこの陰火のことが次のように記されていますが、『続武蔵野話』とは由来も、現れる場所や時期も異なっています。

古谷上《ふるやかみ》の二ノ関の田の中に塚があり、ここから毎年、夏から秋にかけて夜ごとに一尺（約三〇cm）ほどの火の玉が飛び出してきて、空中を飛び回ります。害をなすわけではないので、村人はさしてこれを恐れることはなく、明け方になると火の玉は元の塚に戻ってきます。これを大蓮寺火といい、この塚のところに大蓮寺という山伏が住んでいたことからその名があります。この山伏はどういうわけか他界してからもその魂が安住の地を見つけることができず、霊火となって夜な夜なさまようようになり、人里近くまでやってくるようになったのだそうです[2]。

さらに、『川越の伝説』には、次のような話が収録されています。ある秋の日、夜もふけた頃、男の人が古谷の方から砂へ帰ろうと小雨の中を急ぎ足で歩いていると、火の玉が飛び出し、男の体に近づいてきました。男は、あまりの怖さに後ろも振り返らず家へ逃げ帰りました。この話を聞いたおじいさんは、「それは、だいれんじだべえ、よくさからわずに帰ってきたな、あの火の玉をふりはらったりすると、火にとりつかれて、ひどいめにあうんだ。だまって知らんふりで通りすぎれば火の玉は小さく散っていき安心だべえ」と言ったということです(3)。

ちなみに、大蓮寺は現在の川越市の元町二丁目にあり、永禄十年（一五六七）の開創と伝える浄土宗の寺院です。同寺のホームページには「だいれんじ火」として、これらの話が紹介されています。しかし、大蓮寺の寺伝には、こうした話に通じるようなものはみえず、なぜこのような話が生まれたのかはわかりません。また、『多濃武の雁』にある山伏との関係もわかりません。

ちなみに、『和漢三才図会』では陰火について、草木を焼くことはなく、水を得るとよく燃えることなどが記されており、大蓮寺火が小雨の夜に多く見られたというのも、その特徴を現しているといえるでしょう。

川越市元町にある大蓮寺

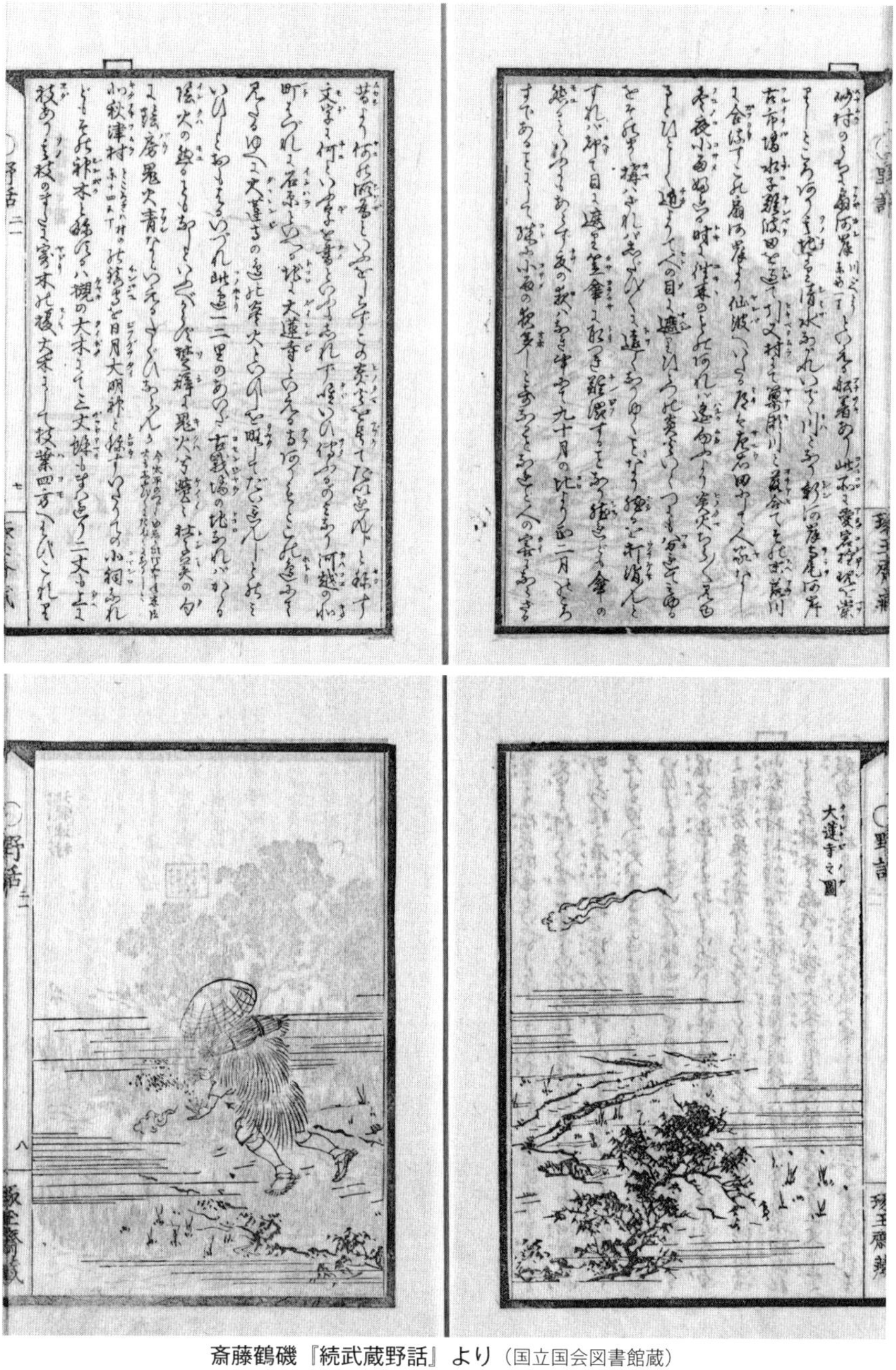

斎藤鶴磯『続武蔵野話』より（国立国会図書館蔵）
上は大蓮寺火について記した部分、下は挿絵「大蓮寺之図」

四　人里の妖怪

妖怪は、人気のないところに現れるものというイメージがありますが、人里や家の中に現れるものもあります。これにも、いくつかのタイプがあるように見受けられます。

まずは、人の姿をした妖怪です。これには、怪談としてもよく知られている「鬼婆」や「鬼女」をはじめ、人魚の肉を食べて八百年生きたとされる「八百比丘尼《やおびくに》」、雪の降る日に現れる「雪女」（埼玉県内の話では「雪女《ゆきじょ》郎《ろう》」や「雪娘」などと呼ばれています）、修行僧のような姿をして家々を訪れる「夜道怪《やどうかい》」などがあります。

夜道怪は、柳田國男も『山の人生』の中で秩父郡や比企郡小川町の例を取り上げているように、埼玉を代表する妖怪の一つです。子どもをさらっていくとして、かつては子どもたちに大変怖れられたものでした。

中には、妖怪の方から人間に近づいてくるものもあります。「鬼」はその一例ですし、ほかに夜に便所に行こうとした子どもをさらった「隠し婆」、毎年十二月八日や二月八日にやってくる「ネロハ」と呼ばれる妖怪がこのグループに入ります。

また、人里や屋敷に現れるものに「幽霊」や「人魂」があります。柳田國男は、出現する場所や時間、現れる人物との関係から幽霊は妖怪とは異なるものだとの考えを持っていましたが、例外的なケースもたくさんあるため、現在では幽霊も妖怪の一種として考えるようになってきています。ただし、幽霊は死者の霊魂が姿を現したもの、人魂は死者の魂が火の玉となって浮遊するもので、どちらも実在の人間に由来しています。そういう点では、他の妖怪と異なるものとみることができます。

このほか、人里近くに現れて不気味な声で鳴く怪鳥の「オクポ」や「ボーコー」、出産の際に産み落とされる妖怪の「血塊《けっかい》」などがあります。

●黒塚の鬼婆

人間の女性が宿業や怨念によって鬼と化したものが鬼女であるといわれますが、その中でも特に老婆の姿をしたものは「鬼婆」と呼ばれています。鬼女や鬼婆は人間を襲い、その肉を食うなど、凶暴な性格を持つとされています。

埼玉県内の話では、さいたま市大宮区の「黒塚の鬼婆」が有名です。この話は、足立ヶ原（大宮の氷川神社の東方一帯）の森に鬼婆が棲んでおり、親切なふりをして旅人を家に泊め、その旅人を殺して肉を食べていましたが、紀州（現在の和歌山県）の熊野からやってきた祐慶《ゆうけい》という阿闍梨《あじゃり》の法力によって石に化してしまったというものです。この石を埋めたのが黒塚で、この時に祐慶が設けた庵室を東光坊といい、それが後に東光寺となったと伝えられています。(1)

これは、よく知られている黒塚の鬼婆の話ですが、『大宮市史 第五巻 民俗・文化財編』には、さらに次のような話もあります。ある日、鬼女は一人の若くて美しい旅人を泊めました。酒肴でもてなした後、床についた旅人に、鬼女は「私が留守の間にこの押し入れを決して開けて見てはならぬ」と言い置いて出かけました。奇妙に思った旅人が押し入れを開けてみると、中には山のような人骨があり、それを見た旅人は肝をつぶして失神してしまいました。そこに鬼女の娘が帰ってきて旅人を介抱し、母親の所行を告げて、旅人を逃がしてやりました。

この旅人の口から黒塚に鬼女がいて人を食うという話が伝わり、それを耳にした祐慶がこの地に来て折伏《しゃくぶく》の祈願を行ったということです。また、鬼婆の娘が母親に殺された人々の霊を慰めるために尼になっているのを知った祐慶は、この尼を自分の弟子にして「大仙尼」と名付けたとの話もあり、尼は大仙坊という庵室に住んでいたといいます。(2)

「小倉百人一首」にも登場する平安時代中期の歌人・平兼盛《たいらのかねもり》に「みちのくの安達が原の黒塚に鬼こもれりと聞くはまことか」の歌があり、(3)能の『黒塚』や歌舞伎・浄瑠璃の『奥州安達原』などは、現在の福島県二本松市の「安達ヶ原」を舞台としたものとされています。

しかし、これを大宮の「足立ヶ原」の話とする説も江戸時代からあり、寛保年間（一七四一〜四四）に出版された菊岡米山《きくおかべいざん》の『諸国里人談《しょこくりじんだん》』には、「武蔵国足立郡大宮駅の森の中にあり、又奥州安達郡にもあり。しかれども東光坊悪鬼退散の地は、武蔵の足立郡を本所と云り」と記されています。また天保年間（一八三〇～四四）に刊行された『江戸名所図会』でも、大宮の黒塚については長谷川雪旦《はせがわせったん》の挿絵とともに、「往古東光坊阿闍梨祐慶悪鬼退治の地なり（中略）世俗奥州の安達ヶ原とするは誤なるべし」と記されています。

一方、文化・文政年間（一八〇四～三〇）に林述《はやしじゅつ》斎《さい》・間宮士信《まみやことのぶ》らによってまとめられた地誌の『新編武蔵風土記稿』では「今、按ずるに此の説いと浮いたる事なり。想ふに此所に黒塚と云ふ塚ある故に、彼の平兼盛が陸奥の安達ヶ原の鬼を詠じた歌に附会せしものならん」と大宮をこの話の舞台とすることには否定的な見解を示しています。

その後も、どちらが黒塚の舞台であるかとの論争は続きましたが、昭和初期に国文学者・民俗学者の西角《にしつの》井正慶《いまさよし》が野蛮な人肉喫食の鬼女の遺跡が大宮にあっても何の自慢にもならないので福島県の方に譲った方が勝ちであろうとの意見をしたことから、大宮を主張して盛り上がっていた人たちも沈黙してしまったということです。しかし、東京から近いこともあり、その後も歌舞伎の人たちの間では「黒塚」を上演する時には、大宮の黒塚に参詣する習わしがあったそうです。(4)

この黒塚は、現在の堀の内三丁目の大黒院から約一〇〇m東方の台地上にあったとのことですが、現在では既に宅地化され、その痕跡を見ることもできません。(5)また、阿闍梨祐慶が開いたという東光寺は、十七世紀に黒塚の地から、現在の宮町三丁目に移転しました。

一方、藤沢衛彦《ふじさわもりひこ》の『日本伝説叢書 北武蔵の巻』では、「黒塚の鬼婆」の話のほかに、平安時代中期の武将で足立郡箕田《みだ》郷（現在の鴻巣市）出身の渡辺綱《わたなべのつな》が、大宮の森に棲み、人を捕えて食べる恐ろしい鬼婆を退治したという話を紹介しています。この話では、家督を長子に譲って再び箕田郷で暮らしていた渡辺綱が、大宮の鬼婆の話を耳にしたことから姿を変えて鬼婆の様子を探り、その鬼婆のところに忍び込んで退治したとされています。(6)

月岡芳年「奥州安達がはらひとつ家の図」の一部（国立国会図書館蔵）
人形浄瑠璃の「奥州安達原」を題材にした縦二枚続の錦絵の一部

●鷹橋の鬼女

志木市の柳瀬川に架かる高橋は、元は「鷹《たか》橋」といい、将軍の鷹狩りに際し、鷹の餌にする鳥や兎を鷹匠が捕りに行くためにだけ架けられる仮設の橋でした。その橋は、普段は名主の家に保管されており、鷹匠がきた時だけ川に架けられていたのです。

ある日の昼下がり、立派な武士がやってきて、川向こうの村に急用があるので格別の配慮をもって橋を架けてもらえないかと頼むのでした。名主の家では返事に困りましたが、立派な姿の武士の頼みでしたので若い者に橋を架けさせることにしました。

武士が橋を渡り始めると、対岸から手ぬぐいを頭に乗せた若い女が渡ってきて、武士の手を取るのでした。武士が橋の中ほどまできた時、女がくるりと振り向きました。その形相は一変し、目尻はつり上がり、眼はぱっと開き、開いた口は生血を吸ったように真っ赤で耳まで裂けていました。女が噛みついてこようとしたところを、武士は握られた手を払いのけ、腰の刀を抜いて上段から斬り下ろしました。鬼女は後ろに身をかわしましたが、そこに武士がもう一太刀横に払うと、今度はみごと胴を切り裂き、鬼女はすさまじい声をあげて川に落ちて水の中に消えてしまいました。

このことがあって以来、橋は鷹匠がくる時のほかには決して使わなくなったといいます。その後、土橋が架けられ「鷹橋」とか「お鷹橋」と呼ばれていましたが、やがて木の橋になって「高橋」と名が改められ、さらに河川改修の後は道も舗装され、現在の強固な高橋が架けられました。(1)

この高橋には、もう一つ「姥袋《うばぶくろ》」という、これと似た話があります。昔、柏城主・大石家の家臣に小原左門という武士がいました。ある夜、左門が難波田《なんばた》城へ出かけた帰りに柳瀬川の土橋（今の高橋）を渡ろうとすると二十歳くらいの美女に道を尋ねられました。左門が案内してやろうと先に立って橋を渡り終えようとしたところ、女は白髪を振り乱し般若のような形相の老婆に変じて襲いかかってきました。左門が斬りつけると老婆は川に落ちて姿を消してしまいました。このようなことがあってから、このあたりを「姥袋」と呼ぶようになったということです。(2)

歌川広重・国貞「観音霊験記　秩父巡礼二拾五番 久那 岩谷山久昌寺　奥野の鬼女」
（国立国会図書館蔵）

奥野の里を追われた鬼女が久那の山中に身を潜め、女の子を産んで育てていたが、その子が 15 歳の時に死んでしまった。鬼女の娘は、母が宿業によって地獄に堕ちるのを救うために、旅の僧の助けで里人とともに堂を建て、僧の持っていた観音像を本尊として祀ったのが、この観音堂の始まりであるという。この話もまた埼玉における鬼女の話の一例といえる

●鬼

「鬼」は、平安時代から登場し、私たちにとってなじみの深い妖怪です。埼玉県内では、鬼に関する話はあまり多くはありませんが、嵐山《らんざん》町の川島にある鬼鎮《きじん》神社は、鬼を祀った珍しい神社として知られています。鬼鎮神社は、平安時代末期から鎌倉時代初期に活躍した武将・畠山重忠が、居館である菅谷館《すがややかた》の鬼門除けとして寿永元年（一一八二）に建立したとされる神社で、同社では節分の豆撒きの際に「福は内、鬼は内、悪魔外」と唱えています。この鬼鎮神社の起源を伝える話の一つに、刀を打った鬼の話があります。

昔、ある男が刀鍛冶の娘を嫁にもらう条件に、一夜で刀を百本打つことになりました。しかし、九十九本できたところで夜が明けてしまい、男は鬼の姿になって死んでいたのでした。そこで、刀鍛冶は亡くなった男をあわれに思い、神主を頼んで男の亡骸《なきがら》を庭の隅に埋め、そこにお宮を設けて祀ったのが、鬼鎮神社の始まりであるということです。(1)

これと同様の話は能登（石川県）の「鬼神大王波平《なみのひら》行安《ゆきやす》」のように全国各地に伝えられており、埼玉県内でも、越生《おごせ》町の龍ヶ谷《たつがや》に似た話が伝えられています。(2)

鬼に関する話としては、東秩父村にも坂本の八幡大神社別当の神力坊という修験者が鬼を追い払った話があります。

東秩父村坂本の八幡大神社では、かつて神力坊という修験者が祭祀を行っていましたが、しばしば秩父の山の鬼がやってきて酒をねだったり無理難題を言ったりするので困っていました。そこで、神力坊は、鬼に出す酒の肴として竹の根を輪切りにしたものと白い石を四角に切ったものを用意し、自分には筍と豆腐を用意して鬼を迎えました。鬼は出された肴を食べようとしましたが、硬くて全く歯が立ちません。ところが神力坊は平気で食べているのを見て、恐れをなして山に逃げ帰ってしまいました。それ以来、鬼が里にやってくることはなくなったといいます。(3)

これと似た話は鴻巣市の馬室《まむろ》にもあり、鴻巣市の話では恵慶という僧が天狗に筍だと言って竹の根を、豆だと言って石ころを食べさせたということになっています。こうした話は、人間は力では鬼や天狗にはかなわなくても、知恵では勝っていることを示したものと思われます。

また、坂戸市の塚越から石井に入るところを流れる谷治川《やじ》には、鬼橋という名の橋が架かっています。この橋は、昔は石橋で、秩父の方から鬼が大きな石を担いできてここに石を置いて一休みし、再び出かけようとしたところ石が埋まってしまい、どうにも持ち上げることができなかったので置いていったという話があり、後にその石を使って橋を架けたところから、「鬼橋」と名付けたと伝えられています。(4)

鬼鎮神社（嵐山町川島）
節分祭には多くの参詣者で賑わう

八幡大神社（東秩父村坂本）
神力坊の子孫が今も神職を務めている

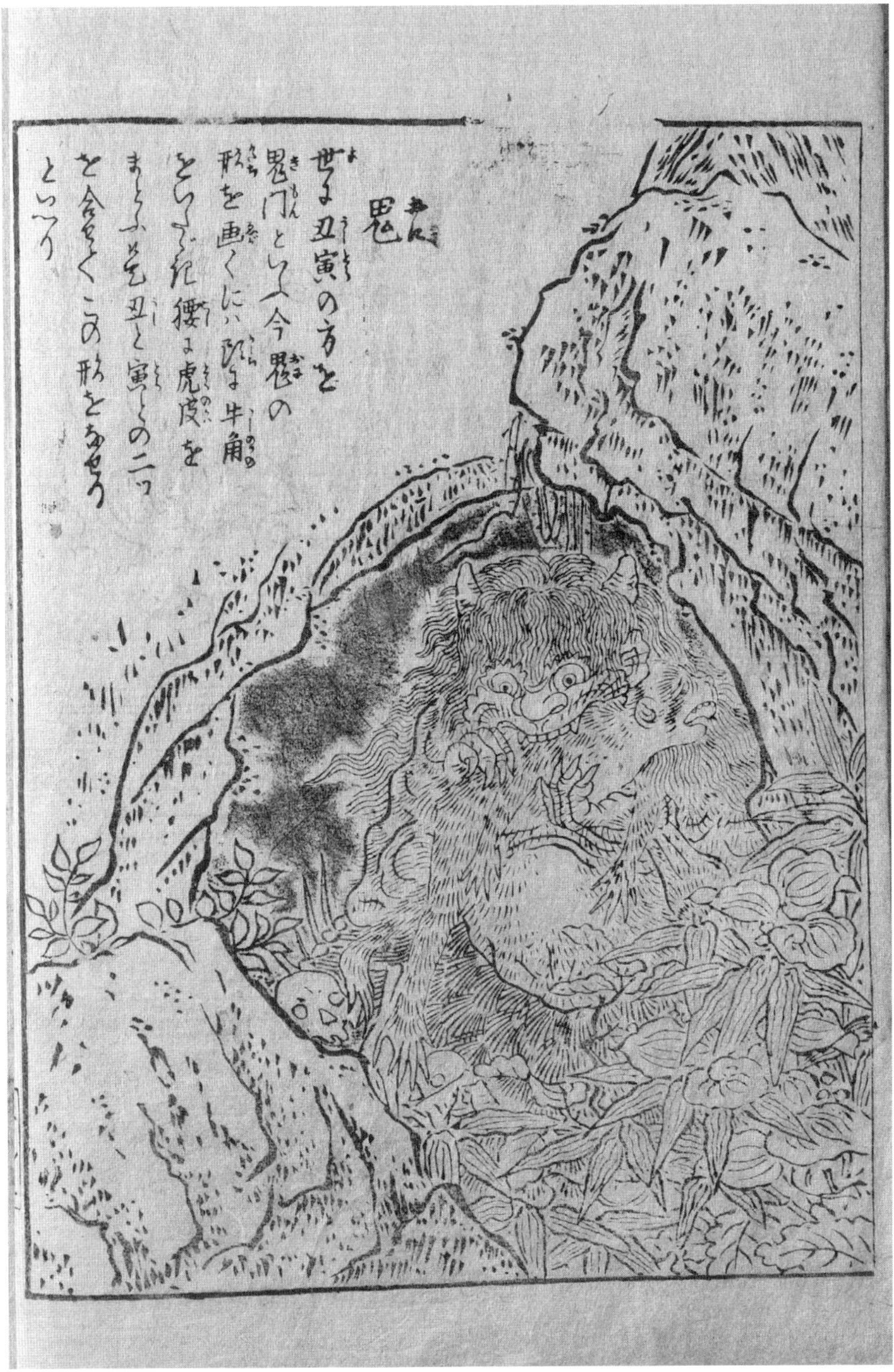

鳥山石燕『今昔画図続百鬼』より「鬼」（九州大学附属図書館蔵）

●夜道怪

「夜道怪《やどうかい》」は、子どもをさらっていく妖怪として恐れられていました。

埼玉県内には、夜道怪の話がいくつか伝えられています。日高市に伝わる話では、夜道怪は笈《おい》を背負い、髭をはやし、ボロボロの着物を身につけていて、泣く子どもを連れていってしまうとされ、夕方に人家の近くにきて「宿をかりたい、宿をかりたい」と大声でどなるのを聞いた人もあったそうです。夜道怪は高野山からきた修行僧で、経文を唱えながら托鉢《たくはつ》をして回り、信者から浄財を受けて寺院に泊まり歩いたものでしたが、子どもは「夜道怪」と聞いただけで文句なしに怖かったため、老人が子どもを叱る時には「いたずらしたり、悪いことをすると夜道怪にくれてしまうぞ」と言ったものでした(1)。

一方、入間《いるま》市では、夜道怪は、「棒を持ち、木で作ったはしごみたいなものの上に黒い布で包んだ四角なものをしょっていた」と伝えられ、昔、子どもがいつまでも泣いていると、「夜道怪が来て連れていかれる」と脅かしたものであったそうです。さらに小川町ではこれを「ヤドカイ」と呼び、白装束で行灯《あんどん》を背負い、白足袋に草履《ぞうり》を履いており、裏口などからスーッと家の中に入ってくるともいわれていました(2)。

柳田國男も『山の人生』の中でこの夜道怪を取り上げており、秩父地方では子どもが行方不明になると隠れ座頭《ざとう》に連れていかれたとか夜道怪に捕られたと言っていたことを紹介しています。また、小川町の話として、夜道怪は見た者はいないが、蓬髪弊衣《ほうはつへいい》の垢じみた人が大きな荷物を背負って歩いている姿を「まるで夜道怪のようだ」と言っていたことも記しています(3)。

『山の人生』の中で柳田も述べていますが、夜道怪の正体は、中世に各地を遊行した「高野聖《こうやひじり》」と呼ばれる高野山の下級僧で、中には悪行を働く者もあったために注意・警戒すべきものとされていたようです。時代が移ると、こうした人たちが実際にやってくることはなくなりましたが、これを子どもを怖がらせて言うことをきかせる手段の一つとして語り継いでいく中で、想像上の妖怪の一種のようになっていったものと考えられています。

十返舎一九『列国怪談聞書帖』より「ゑちごの国　じゐだうかの執念」（館林市立図書館蔵）

『列国怪談聞書帖』は勝川春英・勝川春章による妖怪画集『異魔話武可誌（いまはむかし）』の版木を流用し、その図版に十返舎一九の文を加えて再構成したもので、享和２年（1802）刊。同書には、数珠を商いながら民戸に立って宿や米・銭を乞う高野聖を「宿借（やどうか）」といい、道可という僧がこうしたことを始めたので高野聖を「野道可（やどうか）」と呼ぶ説もあることが記されている。

道可に倣って諸国を遍歴する越後国慈井の修行僧（慈井道可）は、その途中で快念という僧に首を斬られ金銭を奪われたが、快念も深手を負って死んだ。慈井道可の首と快念の死骸は一緒に葬られたが、その夜からこのことを恨んで慈井道可の首が往来する人の前に現れるようになった。ある時、善行という僧がこの首に回向（えこう）を行ったところ、慈井道可は善行の体を借りて快念の遺骸を断ち切り、遺恨を果たした。そして、次の夜からは慈井道可の首が現れることはなくなったという。

こうした怪談も、妖怪・夜道怪が生まれる下地になったのかもしれない

●オクポ

「オクポ」は、天候や人の死を予知して知らせるという怪鳥で、日高市に現れたとされています。オクポは暗い大木に寝泊まりしており、夕暮れになると鳴いたそうですが、声を聞いたというだけで、その姿については伝えられていません。そして、オクポが聖天《しょうでん》院で鳴くと人が死ぬといい、向山で鳴くと晴れになり、良いことがあるといわれていました。子どもは、日暮れに聞こえるオクポの鳴き声がとても怖く、よく泣く子は「オクポが来る」と大人に脅かされたものでした[1]。

鳥の妖怪として有名なものに、「鵺《ぬえ》」がありますが、その正体は、トラツグミという鳥であったそうです。それでは、オクポとは何でしょうか。実は、梟《ふくろう》のことなのです。この地域では、昔は梟のことを「オクッポウ」と呼んでおり、その頃の子どもたちは、「おくっぽ、てくっぽ、明日てんきになアれ」などと歌ったものだったそうです[2]。おそらくは、次第に梟を「オクッポウ」と呼ぶ人がいなくなったことから、正体が不明になってしまったものと思われます。

●ボーコー

子どもたちが恐れていた怪鳥の話の一つに、戸田市に伝えられている「ボーコー」があります。

夏の初めの夕方、時々ボーコーという鳥の鳴き声が聞こえてきました。ボーコーとは、その鳴き方から付けられた名前でしたが、どんな鳥なのか、その正体ははっきりしませんでした。

そのため、ボーコーは子どもたちに恐れられており、子どもたちはその鳥だけではなく、怖いものをすべて「ボーコー」と呼び、遊んでいても「ボーコーが鳴くから帰ろう」と言ったり、夜遅くまで起きていると大人から「ボーコーが来るから早く寝ろ」と言われたりしたものでした。このボーコーの正体は、カッコウであったということです[1]。

「ボーコー」という言葉は、カッコウの鳴き声に由来するようですが、話の内容からは化け物を意味する幼児語の「モウコ」がなまったもの、もしくは鳥山石燕の『今昔百鬼拾遺』にも描かれている「彭侯《ほうこう》」という妖怪に由来するものかもしれません。

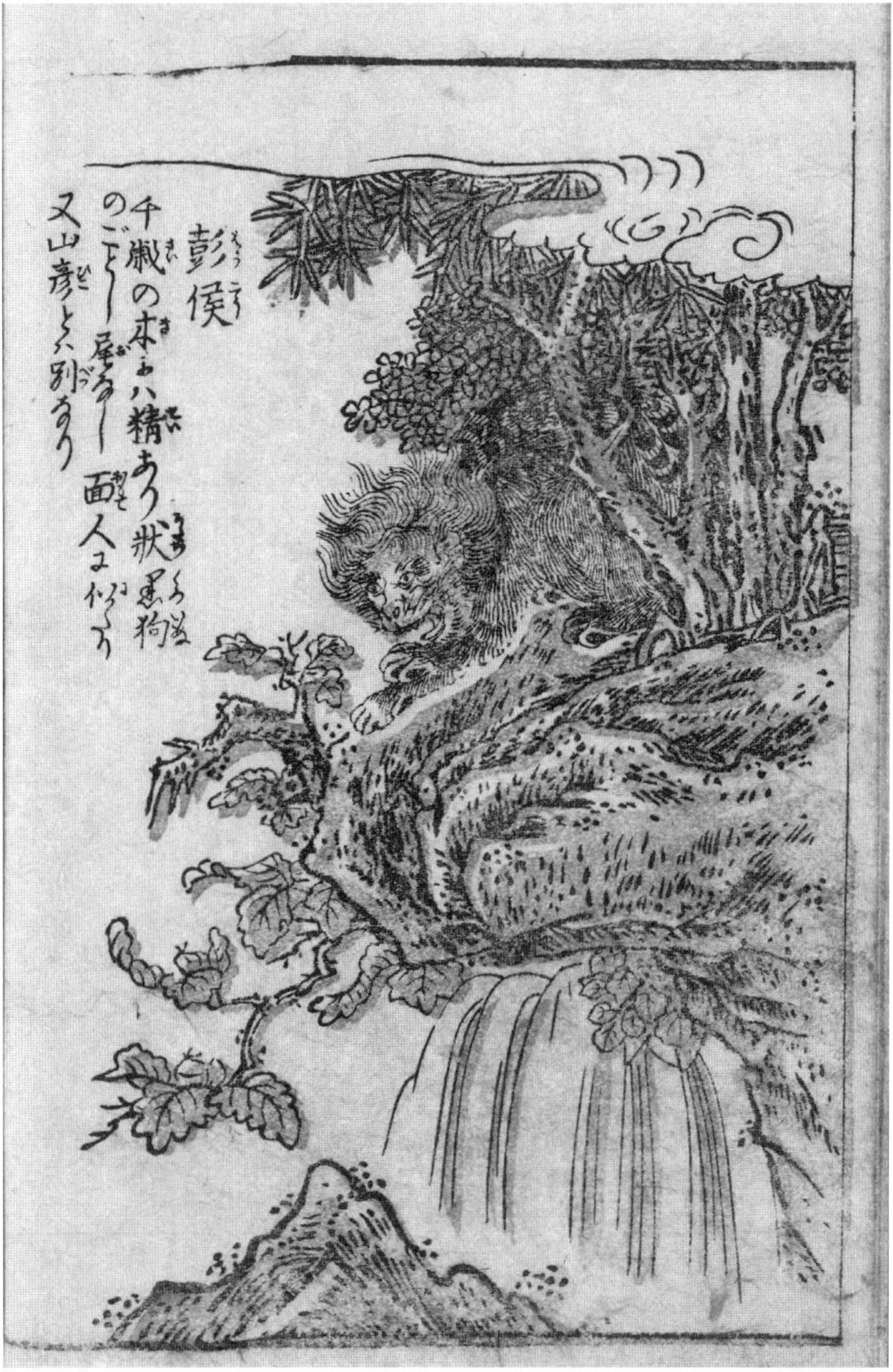

鳥山石燕『今昔百鬼拾遺』より「彭侯」（国立国会図書館蔵）

●ネロハ

　埼玉県内では、「八日節供《ようかせっく》」といって二月八日と十二月八日に竹竿の先に目籠《めかご》（ミケエ、メカイなどという。目の粗い籠）をかぶせて軒先に立てておく風習があり、かつては県内で広く行われていました。

　これは一種の魔除けで、この両日の夜には一つ目小僧（一つ目の鬼ともいう）がやってくるのですが、目籠を立てておくと「この家には目がたくさんある怪物がいる」と思って逃げていくからだといわれています。熊谷市（旧江南町）では、これをオニガトブバン（鬼が飛ぶ晩）とかデエモンガエシなどとも呼び(1)、東松山市では「鬼の婿入り」や「鬼の追い出し」などとも呼びました(2)。

　また蕨市では、この日の夜に家の外に履物や洗濯物を出しっぱなしにしておくことがないようにしていました。それは、夜の間に鬼が来て履物や洗濯物にハンコを押していくためで、鬼にハンコを押された家では家族が病気になるともいわれていました(3)。

　埼玉県北東部の主に利根川に近い地域では、この夜には「ネロハ」という魔物が来るとされていました。ネロハは目籠を恐れるところや、久喜市ではこの日には「ヒトツマナコ（一つ目小僧）やネハローネハローという魔物が来る」と言われているところから(4)、一つ目の鬼をこのように呼んだものと思われます。また、ネロハと呼ぶ地域では、この日は夜なべ仕事をしないで早く寝る習慣があることから、ネロハとは「寝ろ、早く」という意味だとして、次のような話も伝えられています。

　昔の農家の嫁は、朝早くから夜遅くまで寝る間もないほど働き通しでした。そのため、農家に娘を嫁にやった母親は、娘のことを大層心配したものです。秋も深まったある晩、農家に嫁にやった娘が心配でたまらない母親が嫁ぎ先に様子を見に行くと、娘は寒くて暗い板の間で夜なべ仕事をしていました。

　母親は、これでは娘がかわいそうなので、一晩だけでも早く寝かせてやろうと思いました。そこで、師走八日の晩に、髪の毛をふりほどき、額に二本のカツオ節を角のように結び付け、着物も帯を締めずに羽織った鬼のような扮装で、「ネロハー、ネロハー」と叫びながら恐ろしい顔をして娘の嫁ぎ先の戸をドンドン叩きました。

その様子を見た嫁ぎ先の姑は驚いて、「嫁ご、早く寝ろ」と言って、その晩は嫁を早く寝かせました。それからというもの、十二月八日と二月八日の晩は、「早く寝ないと鬼が婿に来る」などと言って、かわりごと（変わったご飯）をつくり、早く寝るようになったということです(5)。

これは、加須《かぞ》市の騎西《きさい》地区に伝わる話ですが、羽生《はにゅう》市などにも同じような話があり、羽生市の話では母親が娘の嫁ぎ先に行き、「ネロハー、ネロハー」と悲しそうな、哀れそうな声を出しながらその家の回りを回ったとされています。また、羽生市では、幼い子どもたちはネロハをお化けや人さらいだと思っており、とても怖がったものだったそうです(6)。

ちなみに、小松和彦監修『日本怪異妖怪大事典』には、「ネロハ」は記載されていませんが、同様のものとして「大眼《だいまなく》」という妖怪が記載されています。これは栃木県の中央部に伝えられている妖怪で、目籠を立ててこれを追い払う習わしがあることも埼玉県のネロハと同じです。

小林永濯『温故年中行事 初編』より「事ノ納　二月八日ナリ」
（国立国会図書館蔵）
魔除けとして目籠を立てている場面が描かれている

●人食い仁王・人食い阿弥陀

仁王は、仏教の守護神の一つである金剛力士のことで、これを具現化した仁王像は大変恐ろしい形相をしています。その形相の恐ろしさを表したものでしょうか、子どもを食べてしまったという話が、ときがわ町の慈光寺《じこう》や鴻巣市の勝願寺に伝えられています。

まず、ときがわ町にある天台宗の古刹・慈光寺に伝わる話です。昔、慈光寺の仁王門の仁王像は、人間が嘘をつくのを嫌っていました。一方、仁王門の近くにある農家の母親は、子どもが泣くといつも「泣くと仁王様に食われてしまうぞ」と言って子どもを脅かしていたのでした。

ある日の夕方、母親は泣き続ける子どもをいつものように脅かしましたが、子どもは泣き止みません。母親は、子どもをそのままにして台所仕事をしていましたが、気がつくと子どもの泣き声が全く聞こえず、いくら捜しても見つかりません。その時、仁王像のことが母親の頭をよぎりました。そこで、もしやと思って仁王像のところに行ってみると、仁王像の口元から我が子の紐がぶら下がっていました。

母親は自分の言葉を後悔して、「あれは嘘です。わが子を返してください」と頼みましたが、仁王は聞き入れてくれません。腹を立てた母親は、仁王像を谷底に突き落としてしまいました。仁王像はそのまま都幾《とき》川まで転がり落ち、川を流れていきましたが、川下の人が拾い上げて元のところに祀ったということです。しかし、昭和六十年、放火による火災で、釈迦堂や鐘楼などとともに仁王像も焼失してしまいました。(1)

次は、鴻巣市に伝わる話です。鴻巣市本町の勝願寺は、元は同市内の登戸《のぼりと》に浄土宗の寺院として室町時代に創建されました。しかし、その後衰退し、宗派も真言宗に変わっていたことから、天正年間（一五七三〜九二）に鴻巣宿に浄土宗の寺院として再興されました。この時、登戸から鴻巣宿に移されたという仁王像は、鎌倉時代の運慶の作と伝えられ、大層恐ろしい風貌であったことから「子食い仁王」として恐れられ、次のような話が伝えられていました。

ある日、門前で遊んでいた子どもの姿が急に見えなくなりました。母親は付近を捜し回りましたが、どうしても見つかりません。そこで、もしやと思って仁王門の前まで来ると、仁王様の口から、わが子の着物の端が垂れ下がっていました。

　勝願寺の仁王様が子どもを食ったという話は人から人に伝わり、ついには人が通れば捕って食うという噂が立ってしまいました。この話を聞いた良誉定慧《りょうよじょうえ》という僧は、仁王像の首を切り落とし、その首（頭部）を山門の楼上に納め、以後ここを開けることを禁じ、仏師に命じて新しい首に作り替えました。それからは、仁王が人々を驚かすことはなくなったそうです。

　勝願寺は、明治十五年に火災に遭い、この仁王像も仁王門とともに焼失してしまいました。現在の仁王門は大正九年に再建されたもので、秩父の三峰神社から贈られた仁王像が安置されています(2)。

　さらに川島町《かわじま》には、阿弥陀如来が人を食ったという話があります。ある年の秋、広徳寺の大御堂の近くに住む老婆が孫娘の子守りをしていましたが、夕方になったので孫娘を一人で遊ばせておいて夕食の仕度を始めました。日が暮れ、気がつくと遊んでいた孫娘の姿がなく、仕事を終えて帰ってきた息子や嫁と一緒に捜し回りましたが、どれだけ捜しても孫娘は見つかりませんでした。

　老婆がうなだれて下を見ると、そこには大きな足跡がありました。そこで足跡をたどっていくと、足跡は大御堂の前で消え、堂の扉が開いていました。老婆が提灯《ちょうちん》を上げて堂の中を見ると、中の阿弥陀像は手には孫の着物を持ち、口には孫の頭髪をくわえ、唇を血で赤く染めており、老婆の顔を見てニタリと笑ったのでした。驚いた老婆が、和尚を連れてくると、阿弥陀像は何事もなかったかのような顔をして、普段のように座っていました。

　その後、和尚は大勢の人たちと相談し、阿弥陀像の首を切ってしまいました。こうして、大御堂の阿弥陀像は、首無しの阿弥陀となってしまい、その後、新しい首をつけたのが今の像であるということです(3)。

　この話の舞台となっている広徳寺の大御堂は、十三世紀の初めに北条政子によって建立されたものと伝えられ、阿弥陀如来はその本尊です。現在の建物は室町時代の後期頃に再建されたもので、重要文化財に指定されています。

●八百比丘尼

「八百比丘尼《やおびくに》」は、若狭国（現在の福井県）の娘が人魚の肉を食べたことで不老不死になり、全国各地を行脚したという伝説上の尼僧です。

埼玉県内にも、八百比丘尼に関する話は多くあり、たとえば川口市の東貝塚には、「八百比丘尼の船繋《ふなつなぎの》松《まつ》」と呼ぶ周囲一丈（約三m）余りの松がありました。昔はこのあたりまで海であり、地名の貝塚は八百歳まで生きた比丘尼が長い間に食べた貝殻が積もってできた山であるといわれています。(1)

さいたま市にも、八百比丘尼に由来する祠《ほこら》や石碑などがあります。北区の植竹町にある「八百姫大明神」の祠もその一つで、祠の中には「八百姫大明神」と刻まれた石碑があります。石碑の側面の文字は見えませんが、『大宮市史　第五巻 民俗・文化財編』によれば「嘉永七甲寅年五月再興　八百比丘尼栽古跡」と刻まれているとのことです。この碑文が示すように、かつてこの場所には八百比丘尼が植えた「ビャクニンマツ」という松の木があったとのことです。

同じく北区の櫛引観音堂の境内には八百比丘尼が植えたという槻《つき》（欅《けやき》）の大木があり、平田篤胤《ひらたあつたね》の門人・平正彦が詠んだ「八百姫の植えし二本も限りあれば名ごり朽さぬ石ぶみぞこれ」の歌を刻んだ碑が建てられています。ただし、この槻の木も既にありません。

北区では、日進町の農研機構の敷地内にも八百比丘尼の遺跡と伝えられる塚があり、見沼区染谷の安養寺《あんようじ》は、ここで八百比丘尼が安養したことからその名が付いたとのことです。さらに『新編武蔵風土記稿』によれば、西区水判土《みずはた》の慈眼寺で秘仏とされている黄金仏は、八百比丘尼の守護仏であるとのことです。(2)

また、緑区の大牧にある多宝寺には八百比丘尼がいたと伝えられ、桜区大久保領家の日枝神社の社頭にある大欅は八百比丘尼が植えたものであるといいます。(3)

このほかにも県内各地に八百比丘尼の話が伝えられており、韮塚一三郎の『埼玉県伝説集成 中巻 歴史編』には、二十二もの話が収録されています。

さいたま市岩槻区の黒谷《くろや》には、次のような話も伝えられています。昔、黒谷の台地の周辺は海で、船宿もありました。この船宿の主人が若狭国から来た漁師との賭に負けて、娘を嫁にやることになりました。若狭の漁師の家では、関東から美人の嫁をもらったということで、盛大に披露宴を催しました。この時、娘が食べた料理は、人魚の肉だったのです。

　そのため、娘は八百年経っても十七の頃と変わらない姿で再び黒谷の里に帰ってきました。その後、娘は出家して比丘尼となり、百間《もんま》（現在の宮代町）で没したということです。この話に出てくる船宿の子孫という家には、比丘尼の好きだった椿の老樹があり、「玉椿」と題した比丘尼の肖像画や比丘尼自詠の軸も残されているそうです。また、黒谷の貝塚は、比丘尼が食べた貝を捨てたところだといわれています[4]。

　この話との関連はわかりませんが、宮代町には八百比丘尼を祀ったお堂があったという話があります。昔、若狭国から一人の比丘尼が宮代町の天沼にやってきました。比丘尼は魚を食物とし、一年中着物を着ていませんでした。比丘尼の顔は美しく、髪はいつになっても真っ黒で、八百年生きたから八百比丘尼といい、町内の天沼にお堂が祀ってありましたが、このお堂は現在は跡形もないということです[5]。

さいたま市北区植竹町にある八百姫大明神の祠（左）と中の石碑（右）

●雪女郎・雪娘

「雪女」といえば、雪深い東北地方の話というイメージがありますが、小泉八雲の『怪談』に収録されている「雪女」は、武蔵国の話となっています。それほど雪の多くない埼玉県ではありますが、雪女に関連した話は県内にいくつか伝えられています。

　東松山市では雪女を「雪女郎《ゆきじょろう》」と呼び、次のような目撃談があります。三月の終わり頃のことです。その日は朝から雪が降り続き、夕方には風も強く、吹雪のようになりました。その晩、話者と両親の一家三人が寝床に入ろうとしていた時、「今晩は、今晩は」と若い娘の声が聞こえました。母親が表の戸を開けてやると、頭から雪をかぶり、白い着物を着た若くてきれいな娘が吹雪のような雪と一緒に入ってきて、「少しあたらせてください」と言うのでした。そこで「さあ、どうぞ」と炉のそばに招いてやると、両手を火にかざしてあたっていました。どこから来たのか尋ねても、娘は「遠い北の国」と答えるだけでした。

　しばらく火にあたって人心地ついた娘は礼を言い、「もうすぐ春になったら、私たちは北の国に帰らなければなりません」と言ったかと思うと、戸を開けて雪の中に出ていきました。父親も母親もしばらく呆然としていましたが、父親が「あれは雪女郎だ。話には聞いていたが見るのは初めてだ」と言い、酔いがさめてしまったからとコップで酒を一杯飲んで、そのまま親子三人とも寝てしまったということです[1]。

　一方、さいたま市の浦和区にはこんな話があります。その日は雨が日暮れ頃から雪になり、夜には何年ぶりかの大雪となりました。老爺と孫息子が夕飯の粥の仕度をしていると、戸を叩く音がします。そこで戸を開けてやると、若くて色の白い娘が入ってきて、道に迷ったからと一夜の宿を乞うのでした。ところが、娘は囲《い》炉裏《ろり》端には近づこうとせず、布団を勧めても「ここでよい」と板の間の隅に横になるので、孫息子は寒かろうと思い、眠った娘に布団をかけてやりました。

　翌朝、娘を起こそうと孫息子が布団をめくってみると、娘の姿はなく、溶けかかった雪が一握り残っているだけでした。二人は、「あれが話に聞く雪娘であったか」と顔を見合わせたということです[2]。

鳥山石燕『画図百鬼夜行』より「雪女」（国立国会図書館蔵）

●隠し婆

道端に現れ、子どもを連れ去っていく妖怪として「隠れ座頭《ざとう》」や「白髪お婆」がありました。小鹿野《おがの》町には、人里でもこれと同じような「隠し婆」という妖怪が現れたといいます。

小鹿野町の上飯田の話です。柳井戸というところに住む十歳くらいの女の子が、夕方に菓子を懐に入れて便所に出ていきました。当時の家では、家の外に便所があったのです。ところが、いつまでたっても女の子は家に戻ってきません。家の人が心配して近所を捜しましたが、女の子は見つかりませんでした。

翌朝になって、いなくなった女の子が近くの沢のほとりにポカンと放心状態でいるのが見つかりました。あとで話を聞くと、おっかないお婆さんの懐に入れられて村内を三回まわったということでした。それで、女の子は「隠し婆」にさらわれたのだといわれました。そして、老人たちは「夜、菓子を持って外へ出ると隠し婆にさらわれるから、菓子を持って外へ出るでないぞ」と子どもたちに言い聞かせたということです(1)。

●血塊

「血塊《けっかい》」は出産時に現れるという妖怪で、「ケッケ」「ケブ」などとも呼び、出産時に注意しなければこうした妖怪が産まれてしまうという「産怪」の一種として伝えられているものです。

戸田市では、血塊は、口や鼻が牛に似ていたり、毛むくじゃらの姿をしており、産まれるとすぐに縁の下に駆け込むといわれていました。実際に血塊が産まれたという話は聞いたことがないという人もありますが、ある家では昭和の初めに血塊が産まれたことがあったので、その次の出産の時には家の人が用心のために見張っていたという話もあります(1)。

血塊の話や、これに類する話は全国各地にあります。出産にはさまざまな危険が伴うため、こうした話には、妊婦や家族に注意を促す意味もあったのでしょう。なお、日野巌は『動物妖怪譚』の中で、幼い頃に大学病院で産み落とされたという血塊を見世物で見たことがあり、その正体は夜猿（オマキザル科の動物）であったことを記しています(2)。

●幽霊

柳田國男は、妖怪と幽霊は別のものだと考え、その理由として妖怪と幽霊では出現する場所や相手、時間が異なっていることを挙げています。妖怪は、出現する場所がだいたい決まっていて、誰であれ、そこを通った人の前に現れます。その時間は、特に夕暮れが多く、白昼に現れることもあります。これに対して幽霊は、出現する場所は決まっていませんが、特定の人の前に現れ、その時間も深夜の丑三つ時（午前二時）の頃に限られます。こうした点から、妖怪と幽霊は区別できると言いました[1]。民俗学からの妖怪研究は、長くこの柳田の考えに基づいていましたが、例外も少なくないことから、近年では幽霊も妖怪の一部と考えられるようになってきています。

今でも、夏になると幽霊が出現する場所が「心霊スポット」として話題になるように、科学技術が進んだ現代にあっても幽霊を見たという話は絶えません。埼玉県内にもさまざまな幽霊の目撃談がありますが、ここでは、古くから知られているものとして、行田《ぎょうだ》市の「お菊稲荷」の話を紹介します。

松平忠明が忍《おし》城主であった頃、家老の山田家にお菊という小間使いがいました。いつしかお菊は家老の寵愛を受けるようになりました。ある日の朝、お菊のこお菊のことを嫉む女性たちは、家老が召し上がる味噌汁の中に縫針を入れ、そうとは知らないお菊はその味噌汁を家老に出してしまいました。怒った家老に、お菊を嫉む女たちは「これはお菊の仕業でございます」とまことしやかに言うので、家老もお菊が何者かにそそのかされてやったことと思い込み、側近の者に命じてお菊に自白を迫りました。

しかし、無実のお菊は自白のしようがないため何も言いません。そのため、ついには「虫責め」といい、蛇や蝮《まむし》、百足《むかで》などがたくさん入った大きな長持（衣装や寝具を収納する箱）にお菊を閉じ込めてしまいました。それは気の狂いそうな恐ろしさでしたが、お菊は何も言わず、ついに「七代祟る」と言って息絶えてしまいました。

それからというもの、お菊の亡霊が山田家に現れるようになりました。これを恐れて山田家では菊の花を避けるようになり、また屋敷には「お菊の間」という仏間を、邸内には「お菊稲荷」という祠《ほこら》を設けてお菊を供養したということです。ちなみに、この話は怪談として有名な「播州皿屋敷」のモデルになったともいわれています。(2)

さらに、本庄市児玉町の下浅見には「おあちゃ稲荷」の話があります。下浅見を「朝日の殿様」が領していた時のことです。ある年の暮れ、朝日の殿様は新年の晴れ着を仕立てるために、おあちゃという娘を召しかかえました。殿様はこの娘を大層気に入り、局《つぼね》にしようとしましたが、おあちゃは耳を傾けようとしませんでした。おあちゃをよく思わない奥方や腰元たちは、おあちゃを追い出そうと悪い噂を流し、殿様も次第におあちゃを憎く思うようになりました。

二月初午の日、腰元のたくらみで、おあちゃが仕立てた着物の襟元に針が差し込まれました。そしてそれをおあちゃの仕業であると殿様に告げ口したことから、怒った殿様は、おあちゃを手打ちにしてしまい、その死体は家臣によって古井戸に沈められました。

それから二十一日目の夜から、殿様は毎晩のように悪夢にうなされるようになり、ついには夜となく昼となくおあちゃの亡霊に悩まされるようになりました。そこに通りがかりの六部（修行僧）が屋敷を訪れ、娘の死霊を祀って翌年の初午から毎年供養するようにと告げていきました。そこでお告げの通り、おあちゃの死体を井戸から引き上げて丁寧に葬り、そのそばに祠を設けて供養を行ったところ、平穏が戻ってきたということです。(3)

一方、川越市には、幽霊と碁を打った和尚の話があります。川越市にあった孝顕寺の住職の唯一和尚は大の碁好きで、田村栄次という藩士とよく碁を打っていました。その田村が重病に罹ってしまい、病床で「最後にもう一度和尚と碁が打ちたい」と言っていましたが、病状は回復せず、ついに危篤に陥りました。

その頃、別の藩士が寺を訪れたところ、先ほど田村が来て和尚と碁を打っていると聞きました。そんなはずはないと不思議に思って田村の家に行ってみると、田村は亡くなったということでした。それで、田村は臨終の際に幽霊となって和尚の元に現れ、碁を打ったのだろうといわれるようになりました。(4)

月岡芳年「新形三十六怪撰　皿やしきお菊の霊」（国立国会図書館蔵）

●人魂

人間の霊魂が肉体から抜け出し、青白い火の玉となって現れる「人魂」は、各地で目撃されています。中には目撃談で終わらず、ある死者の霊魂であったことを示す話もあります。

小鹿野町（旧両神村）には、次のような不思議な話が伝えられています。ある年の夏の夜、農家の男が病気で息を引き取りました。ちょうどその頃、男の家から少し離れた田んぼの畦道で、子どもたちが蛍を取りながら遊んでいましたが、たくさんの蛍の中にひときわ強い光の玉を見つけました。そこで、子どもたちはそれを捕まえようと、われ先にと棒切れなどを持って後を追いかけていきました。

しばらくして、子どもたちは光の玉を捕まえることができました。それは火の玉で、人魂といわれるものでした。子どもたちは、初めは珍しそうに見ているだけでしたが、時間が経つにつれて面白半分に叩いたり、棒で突いたりと乱暴に扱うようになりました。すると人魂は、子どもたちの前からスッと消えてなくなってしまったので、子どもたちはびっくりして、それぞれの家へ一目散に逃げて帰っていきました。

この火の玉が子どもたちの前から消えてしまった頃、どういうわけか亡くなったはずの男が、息を吹き返したのでした。生き返った男は、やがて口を開き、「前の田んぼで、子どもたちにひどい目に遭わされた」とつぶやいたということです[1]。

また、さいたま市の大宮区では、人魂が道案内をした話が伝えられています。昭和の初期、自動車販売の会社に勤める鈴木さんという人が大宮に住んでいました。しかし、召集令状が来て、兵隊に行き、昭和十五年頃中国で戦死してしまいました。

鈴木さんの上司であった内田さんは、その報せを受けて、夜に鈴木さんの家に弔問に出掛けました。ところが、鈴木さんの家を訪ねるのは初めてであったため、場所がよくわからず、周辺も暗かったので道に迷ってしまいました。すると、そこに青い光の尾を引いた人魂が現れました。内田さんは、これは鈴木さんの人魂に違いないと思い、その人魂に導かれてしばらく行くと、ある家の前で人魂が消え、そこが鈴木さんの家だったそうです[2]。

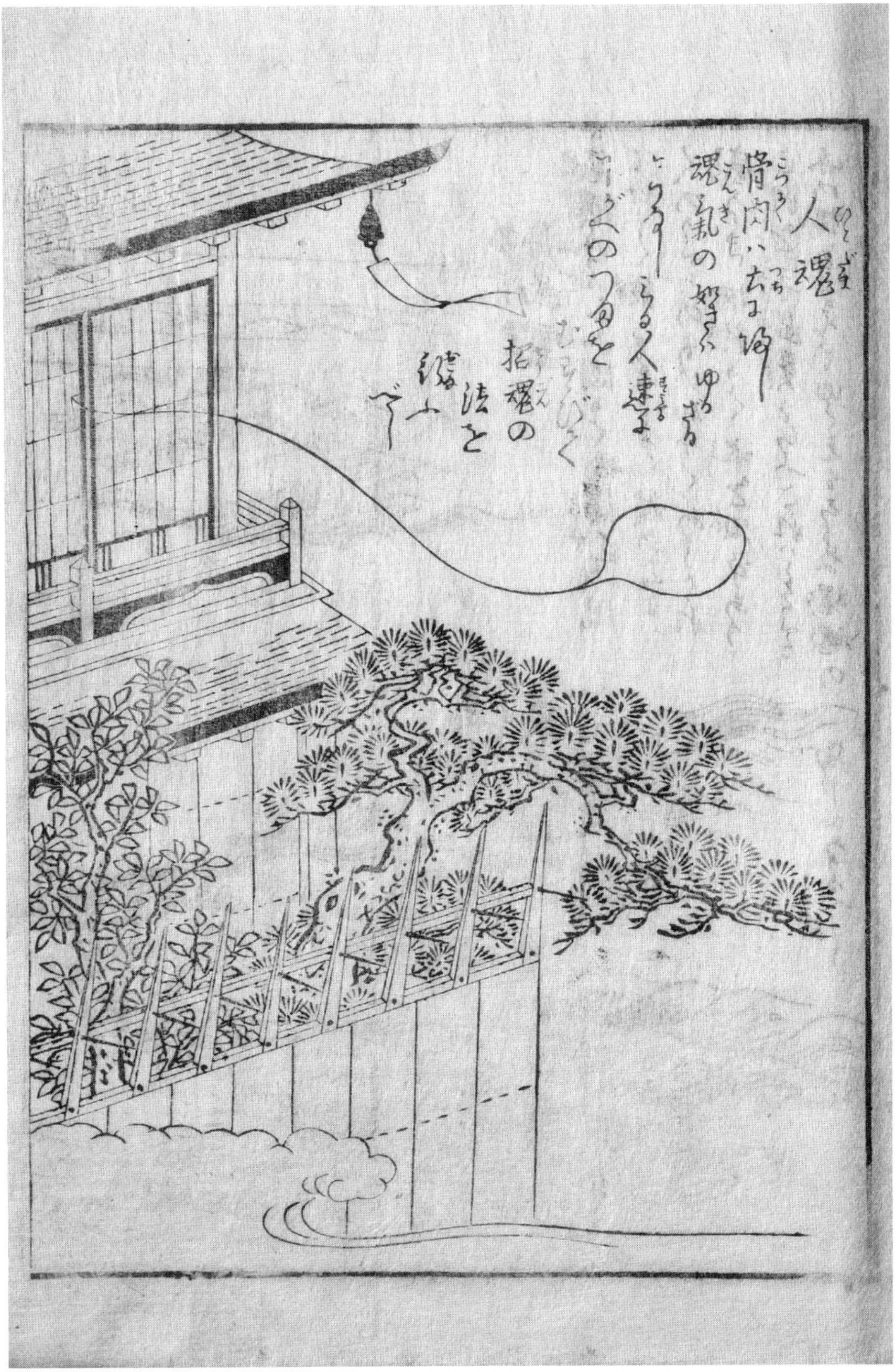

鳥山石燕『今昔画図続百鬼』より「人魂」（九州大学附属図書館蔵）

五　生物・器物などの怪異

ここでは、実際にいる動物や昆虫、植物などに由来する怪異や器物に関する怪異をまとめてみました。

狐・狸・狢《むじな》といった動物が人を化かす話は、県内全域に広く伝えられています。これには、こうした動物に化かされて同じ所をぐるぐるまわったとか、土産や酒を盗られたといった類の話などが数多くあります。本書では、こうした単に狐・狸・狢などに化かされたというだけの話は省略し、狐や狸が汽車に化けた「偽《にせ》汽車」、猫が寺を繁栄させる「猫檀家」、狼が山から家までついてくる「送り狼」、狐がたくさんの灯りを見せる「狐火」、獺《かわうそ》が人間に化けて娘のところに通ってきた話など、動物の怪異に関する特徴的な話をいくつか取り上げました。これらの話の中には、人と獣の交流を伝えるような話もあります。

また、怪談めいたものとして、蜘蛛《くも》が人に糸をかけて水中に引きずり込もうとした話があります。これは特に秩父市・皆野町・東秩父村など秩父地域に伝えられている話です。

樹木の怪異としては、木を伐ろうとすると幹から血が出てきた話や、木の精霊が女性の姿で現れた話などがあります。また、器物の怪異としては、持ち主だった娘に思いを寄せ、毎晩のようにその嫁ぎ先に姿を現した人形の話などがあります。

一方、実在の生き物が化けたものではなく、実際には存在しない獣の話として、雷とともに地上に落ちてくる「雷獣《らいじゅう》」の話や、入間《いるま》の地名の起源を伝える伝説に登場する「三本足の烏《からす》（もしくは白鳥）」の話、憑《つ》きものとして忌まれている「オーサキ」や「ネブッチョウ」の話などがあります。

このように、この項目には、身近な存在である生物や器物に関する話と、架空の生き物の話があり、その中には昔話化しているものもみられます。

●偽汽車

「偽汽車」は、汽車を走らせていると反対側から別の汽車が向かってくるので、衝突を避けるために急停車すると相手の汽車は消えてしまうという怪異です。その多くは狐・狸・狢といった動物の仕業であるとされ、衝突を覚悟して汽車を走らせていくと、相手の汽車が消えた後に動物の死体が転がっていたとする話も少なくありません。こうした話は全国にみられ、小松和彦監修『日本怪異妖怪大事典』によれば、東日本では狐が汽車に化けることが多く、西日本では狸が汽車に化ける傾向があるといいます。

まず、熊谷市に伝わる話を紹介します。玉井用水が高崎線と交差するあたりには、狸や狢がよくいたそうです。その頃の高崎線は単線で、汽車が一日に何本も走っていませんでしたが、上りの汽車がそのあたりを通ると下りの汽車が、逆に下りの汽車が通ると上りの汽車が向かってくるのでした。そして、機関士がびっくりして汽車を止めると、いつの間にか目の前に向かってきていた汽車は消えているのでした。これは何かの動物のせいだろうから今度は止まらないで行ってみろということになり、次の日には反対側から汽車がきてもかまわずに進んだところ、そこには狸だか狢だかが轢かれて転がっていたということです(1)。

次は、草加市に伝わる話です。鉄道が敷かれて間もない明治四十年頃のことです。草加駅を出発した下り列車が草加一丁目の某家の近くにさしかかると、くるはずのない上り列車が向かってきます。当時は単線でしたので、このままでは衝突してしまうと機関士はバックで草加駅に戻り、向かってくる列車を待ち合わせました。ところが、いくら待っても上り列車は到着しません。下り列車が再び出発すると、また某家のあたりにさしかかると列車が向かってくるので、再び草加駅までバックで戻りましたが上り列車はやってきません。

こんなことを何回か繰り返した末、今度はかまわず次の蒲生《がもう》の駅まで行けという駅長の命令を受けた機関士は、上り列車が向かってきても汽車を止めずに行ったところ、突然ガタンという大きな音がしました。そこで機関士が列車を止めて降りてみると、線路端に子牛ほどもある大きな狐が死んでいました。この狐は、某家の裏山に棲んでいた古狐で、反対方向から汽車が向かってきたのは狐の悪戯であったということになりました(2)。

このように鉄道が開通した頃、狐や狸が蒸気機関車に化けて列車を止めたという話は、蕨市にも伝えられています(3)。また、これと似たものとして、川越市には、狐が美人に化けて汽車を止めたという話があります。

川越市大塚新田の稲荷神社には塚があり、そのそばを西武新宿線が通っています。この塚には穴があって、そこに狐が棲んでいたことから狐塚と呼ばれていましたが、明治二十六年、西武鉄道の敷設によって塚の半分が崩されてしまいました。そして、鉄道は開通したものの、汽車がこの塚のあたりに差しかかると、美しい女が線路上に立っていて、汽笛を鳴らしても動こうとしません。そこで機関士が汽車を止めて女のところに行ってみると、女の姿は消えてしまっているのでした。

こんなことが度々あったので、「これは稲荷様のお腹立ちだ」という噂が広がりました。ほかにも稲荷様の祟りといわれることが起こったので、信徒らが塚の上に稲荷眷属社《けんぞくしゃ》を建立し、狐の穴には鮨や油揚げなどを供えるようになったそうです(4)。

ほかにも、加須《かぞ》市には利根川の土手にあった三吉《さんきち》稲荷社の狐が東武鉄道の列車を止めたという話がありま す。かつて利根川の土手には三吉稲荷社という神社があり、その付近は雑木が茂り、狐が多く棲んでいたといいます。しかし、東武鉄道の敷設の際にこの土手の土を崩したことから、鉄道の開通式の時に狐が線路に立ちはだかり、列車を止めてしまったそうです。それ以来、東武鉄道では狐の霊威を恐れて稲荷社を大切に祀るようになったということです(5)。

これらの話は、いずれも鉄道が開通した頃の話として伝えられているところに特徴があります。一方、寄居町には昭和後期に東武東上線の電車に起きたこととして、次のような話が伝えられています。

夜に東上線の電車が急ブレーキをかけて男衾《おぶすま》駅と鉢形《はちがた》駅の間で止まったことがありました。このあたりの東上線は単線なので、反対側からくる電車とは必ず駅ですれ違うようになっているため、途中で反対方向から電車が向かってくることはありません。ところが、その夜は、駅を出た電車がしばらく走ると、前から同じようにライトを点けた電車が近づいてくるのでした。そして、不思議なことにその電車は音を立てずに走ってきます。運転士は、驚いて急ブレーキをかけて電車を止めました。すると、こちらに向かってきていた電車は消えてしまっていたというのです(6)。

また、動物の絡んだ鉄道の怪異として、羽生《はにゅう》市には次のような話もあります。

館林止まりの東武線の終電車が羽生駅を過ぎ、利根川の鉄橋にさしかかる少し手前にある千手院の脇を通ると、いつ乗ったのか、最後尾の車両に決まって一人の美女が座っていました。ところが、鉄橋を渡り切って茂林寺駅の近くまでくると、いつの間にか美女の姿は消え去っているのでした。

こんなことが幾晩か続き、車掌も気味悪くなったので、上司に訳を話して乗務する車掌を二人にしてもらいました。この話は、太平洋戦争もまさに終わろうとしていた頃、羽生の町で評判になったもので、千手院で殺された狢の片割れが茂林寺まで行くのではないかと噂になったそうです(7)。

歌川重清「従東京上野至武州熊ヶ谷蒸気車往復繁栄之図」（部分）（さいたま文学館蔵）
現在の JR 高崎線は、日本鉄道の最初の路線として明治 16 年に上野～熊谷間が開業したことに始まる。この図は上野から熊谷に向かう列車を描いた部分

●猫

　猫については、歳を経ると「猫又」という妖怪になるとか、猫が死人の上を飛び越えると死人が起き上がるなどといわれ、また「化け猫」のように怪談話の題材にもなっています。そうした猫に関する話の一つとして、貧乏な荒れ寺に和尚と暮らす猫が有力者の家の葬式で棺桶を宙に浮かせ、和尚にその棺桶を下ろさせることで寺を再興するという「猫檀家」の話があります。この話は全国各地にみられるものですが、埼玉県内では特に深谷市、寄居町、秩父市など県北部に伝承されています。

　深谷市人見の昌福寺は、深谷城主の上杉房憲《ふさのり》が開いた禅宗の名刹ですが、その昔、一時大変さびれてしまったことがあり、寺には年老いた和尚と一匹の虎猫がいるだけになってしまいました。ある日、和尚が猫に胸中を語ったところ、猫は、しばらく考えてから「長い間お世話になったお礼に、再びお寺が繁昌するようにしましょう」と言い、「近々長在家《ながざいけ》の長者が亡くなりますが、その葬式の時に自分が棺《ひつぎ》を空中に吊り上げるので、頃合いをみて『南無南無トラヤヤ』と唱えてください」と、和尚に告げるのでした。

　すると、虎猫が言ったとおり、長者がポックリ亡くなり、盛大な葬式が行われたのですが、昌福寺の和尚は招かれませんでした。ところが、葬列が墓地に向かっていくと急に豪雨が降り出し、人々は棺を道端に置いて退散してしまいました。雨が上がり、人々が棺のところに戻ってくると、不思議なことに長者の亡骸《なきがら》を入れた棺が舞い上がり、空中に宙吊りになってしまいました。居並ぶ僧たちが次々に読経や祈祷をしても、棺は降りてきません。

　そこで誰かが昌福寺の和尚のことを思い出し、迎えにいきました。やってきた和尚は、経を読みながら猫の言葉を思い出し、頃合いをみて「南無南無トラヤヤ」と声をかけました。すると棺は地面に降りてきて、昌福寺の墓地に飛んでいきました。このことがあってから、長者の家は昌福寺の檀家に戻り、寺は再び繁昌するようになりました。寺の猫も有名になり、長在家の昌福寺の檀家は「猫檀中」と呼ばれるようになったということです[1]。

　これと似た話は、寄居町末野《すえの》の少林寺にも伝わっています。少林寺の和尚が飼っていた猫が、毎晩のように茶釜を持って踊って遊んでいたのが和尚にばれて、寺を追い出されることになりました。猫は、今まで飼ってもらったお礼にと、近々鉢形城の城主が亡くなることと、その葬式の時に棺を空中に吊り上げるが、「万年山少林寺住職ここにあり」と唱えれば棺が降りてくることを告げて出ていきました。そして、和尚が猫の言うとおりにしたところ、寺の評判が高まったという話になっています(2)。

　また、秩父市大滝に伝わる話では、亡くなるのは村の大尽で、和尚の読経によって棺が地上に降りてきたことになっており、呪文については特に伝わっていません(3)。このように、細かいところでは話によって違いはありますが、猫の不思議な力によって寺を栄えさせるというところは共通しています。

　死体を持ち去ってしまう「火車《かしゃ》」という妖怪がありますが、文献によっては猫に似た姿の図を「火車」として載せているものがあります。猫が棺を空中に吊り上げるという話は、この「火車」を意識したものなのかもしれません。

昌福寺

昌福寺は、深谷上杉氏第５代で深谷城の初代城主である上杉房憲が父祖の冥福を祈るために開いた曹洞宗の寺院で、深谷上杉氏累代の墓所がある次は、猫又の話です。吉田兼好の随筆『徒然草』に『奥山に、猫またといふものありて、人を食ふなる』と人のいひけるに」云々とあるように、猫又は鎌倉時代には文献に現れます。それが江戸時代には、猫が歳を経ると猫又になり、尾が二つに分かれて三味線を弾いたり踊ったりするといわれるようになりました。

埼玉県内にも、猫又の話があります。たとえば鳩山町須江《すえ》の戸隠山にある岩屋は「猫又の岩屋」と呼ばれ、昔、この岩屋に古猫がたくさん集まって笛を吹いたり舞を舞ったりしたといいます。(4)

また、明治二十年代に志木市の長勝院の近くの家々で干してあった手ぬぐいがなくなる事件が続きました。そしてある日、村人が柳瀬川の近くの森で手ぬぐいをかぶった何十匹もの猫が踊ったり、跳ねたり、酒を飲んだりの大宴会をしているところを目撃し、手ぬぐいがなくなるのはそのためだとわかったとの話もあります。(5)この話では「猫又」という言葉は使われていませんが、同様の話として取り上げました。

このように猫が踊る話が多いのは、三味線に猫の皮が張られていたため、三味線を弾く芸妓を江戸時代にネコと呼んだことによるともいわれています。一方、化け猫は猫が妖怪化したもので、人間に化けたり、人間に危害を加えたりします。

埼玉県内での化け猫の話に、所沢市の「勘七猫塚」があります。昔、所沢の勘七という侠客《きょうかく》の女房・およしが、子どもにいじめられていた猫を助けてやったところ、その猫が病死したおよしに化けて勘七の世話をするようになりました。しかし、勘七の子分の常次郎に正体を見られ、勘七に事実を知られてしまいます。猫は、仕返しに常次郎の喉を食い切って殺し、自分も舌を噛んで命を絶ちました。勘七は猫に祟られては困ると、塚を築いて手厚く供養したそうです。(6)

さいたま市大宮区には、こんな話があります。昔、お爺さんが台所の手ぬぐいが何度も濡れているのを不審に思っていましたが、ある日熊谷で、手ぬぐいをかぶって踊っている猫の群れの中に家の三毛猫がいるのを目撃しました。怒ったお爺さんがその猫を絞め殺したところ、夜になると座敷の隅に口から血を流した猫が化けて出るようになりました。そこで、塚を設けて懇《ねんご》ろに供養すると、猫の姿は現れなくなりました。(7)

鳥山石燕『画図百鬼夜行』より「猫また」（国立国会図書館蔵）

三匹の猫が描かれており、中央で手ぬぐいをかぶって踊っているのが猫又である。左側の障子から顔を出しているのは普通の猫、右側の手ぬぐいをかぶって縁に前足をかけているのは猫又になるには年季が足りない猫と思われる。猫又の尾は二つに分かれている

●送り狼

山道を歩いていると、いつの間にか狼が後をつけてくることがあります。これを「送り狼」といい、何もしなければ狼が家まで送り届けてくれるのですが、途中で転ぶと狼がたちどころに襲いかかってくるという話が埼玉県内でも山間部を中心に伝えられています。

狼（ニホンオオカミ）は二十世紀になって絶滅したとされていますが、かつては全国各地に棲息し、山犬とも呼ばれていました。埼玉県の秩父地域ではこれを「お犬様」と呼んで神獣として祀る信仰や、秩父を訪れた日本武尊《やまとたけるのみこと》を先導したとの伝説があります。三峰神社や寶登山《ほどさん》神社などでは、お犬様を眷属《けんぞく》（神の使い）としており、盗賊除けなどの御利益があるとして多くの人に信仰されています。また、三峰神社のお使いの狼は白毛であるともいわれています。(1)

本庄市の児玉町では、送り狼は次のように伝えられています。送り狼は山の犬で、それが家まで送ってくれることがあります。これは、その人に危険がないように守ってくれているのです。そのため、送り狼が守ってくれている時には他の動物から危害を加えられることはありません。しかし、途中で石や何かにつまづいて転んだ時には、必ず「どっこいしょ」と言葉をかけて起き上がらなければいけないといわれています。それは、狼は石をぶつけられると、そこから身体が腐るので石をぶつけられる前に跳びかかってくるからで、狼に食いつかれて命を落とすこともあるそうです。そのため、送り狼に憑《つ》かれた時、もし転んでしまった場合は、石を拾ったのと間違われないように、必ず「どっこいしょ」と言葉をかけて起き上がらなければいけません。そして、送り狼に送られて家に帰り着いたら、家の門口を入る時に「ご苦労様でございました」と礼を言えば、狼は帰ってくれるといいます。(2)

北本市には、寶登山神社にお参りした人を、眷属の狼が送ってくれた話が伝えられています。ある年、幸之助というおじいさんが秩父の寶登山神社に参詣した時のことです。当時はどこに行くのも歩きで、寶登山神社でお札をいただいて帰ろうとすると、神主さんが「これからでは遅くなります。お供をつけましょう」と言ってくれました。おじいさんは、お供をつけてもらうことにして待っていましたが、いつまで待っても誰も現れません。それで、おじいさんは一人で帰ることにしましたが、途中まで帰ると暗くなってきました。

足を速めてしばらく行くと、遠くの方で狼がこちらをうかがっているのに気がつき、おじいさんは驚いて大急ぎで歩き出しました。おじいさんが足を速めると狼も足早に、おじいさんがゆっくり歩くと狼もゆっくり歩きます。おじいさんは恐ろしくて、生きた心地がしませんでした。そんなことを繰り返しているうちに、おじいさんは気持ちが落ち着いてきて、「あの神主さんの言っていた『お供』というのは、狼のことだったのではないか」と思うようになりました。

松山や吉見を過ぎ、荒川を渡りました。そこで、幸之助おじいさんは、くるりと振り向き、狼に「家も近くなりました。ありがとうございました」とお礼を言うと、それきり狼の姿は見えなくなったということです(3)。

三峰神社のある秩父市の大滝でも、送り狼の話が伝えられています。これは、人間が夜道を歩いていると、後ろから狼がついてきて、転ぶと飛びかかってきて食いつくのだというものです。転ばなければ何もされることはありませんが、もし転ぶと後ろから狼が人間の頭を飛び越して食いつくのだといいます。しかし、人が頭に何か挿していると狼は飛び越えないので、夜道を歩く時には女はかんざし、男は楊子を頭に挿して行くようにしていました。また、狼は火が嫌いなので、もし後をつけられた時は煙草を吸い、火のついた吸い殻を道に転々と落としていけば、狼は火が消えるまで追ってこられないから大丈夫だとも言ったそうです(4)。

また、飯能市の名栗には、お婆さんが峠の上で、食べた獣の骨がのどにつかえて苦しんでいる狼に出会い、気の毒に思って口から手を差し込んで骨を取ってやったところ、その翌朝に雨戸を開けてみると縁先に鹿が一頭置いてあり、昨日助けた狼がお礼に持ってきたのだろうということになったとの話もあります(5)。

ここで紹介したもののほかにも、送り狼の話は秩父や奥武蔵の山間部に多く伝えられています。それは、これらの地域にかつて狼が生息していたことの名残でしょう。転んではいけないとか、狼は火や煙を嫌うといった言い伝えは、人間と野生動物が共存するための智恵であったようにも思えます。

上：三峰神社の眷属像（お犬様）
左：寶登山神社の神札
（いずれも埼玉県神社庁提供）

寶登山神社の神札では、日本武尊の足下に尊を道案内したという狼の姿が描かれている。こうした神獣としての狼は、大口真神（おおくちのまかみ）として神格化されている

●狐火（狐の嫁入り）

狐は全国各地に広く生息し、その姿を目にする機会も多かったことから、狐に関する話はたくさんあります。狐は狸とともに人間に姿を変えたり、人を化かしたりする不思議な力を持っているとされ、酒を飲んで家に帰る途中に狐に化かされて土産を取られたとか、道に迷わされたなどの話が県内全域にわたって数多く伝えられています。

狐は、「狐火」と呼ばれる怪火も引き起こし、埼玉県内ではこれを「トオカッピ（稲荷火）」や「狐の嫁入り」などと呼ぶこともあります。これは、山や丘陵などにたくさんの明かりが提灯《ちょうちん》行列のように連なって見えるもので、県内各地に目撃談が残っています。

北本市内では、昭和の初め頃までは、そこここでオトカ（狐のこと）に化かされた、取り憑《つ》かれたという話や、狐の嫁入りの話を聞いたものであったといいます。ある人は、初午の宵待ちには、北本市高尾の家から狐の嫁入りが見えたそうです。それは、湿田の靄《もや》の向こうの雑木林の中で、橙色の提灯の明かりのようなものがポ、ポと点いたり消えたりして、右に左に行き交っていたということです(1)。

川越市下小坂《しもおさか》の前耕地付近では、夏になるとよく真っ暗な中に火の玉が連なって現れ、地元の人たちはこれを「狐（オトカ）の嫁入り」と呼んでいたそうです。初めてそれを見る人は恐ろしさに腰を抜かしたり、寝込んでしまったりすることがあったそうですが、土地改良や河川改修を何度も行ったので、大正六年を境に「狐の嫁入り」は見られなくなったということです(2)。

戸田市では、大正の初め頃まで、雨が降った後や雨が降りそうな晩には、狐火がよく見られたそうです。狐火は、荒川の堤防や稲荷耕地の近くで、いくつもの灯りが点いたり消えたりしながら移動していくというもので、「狐の嫁入り」「狐の提灯」「トウカッピ」「提灯化け物」などと呼んでいたといいます(3)。

さらに、ふじみ野市（旧大井町）に住むある人は、雨上がりの夕方、富士見市勝瀬のオトウカ山から、一列になった火の玉が何十個と飛ぶのを見て、あれが狐の嫁入りなのだと思ったといいます。また、別の人の話では、夜に富士見市の東大久保を通っていたら、荒川の治水橋のあたりから川越市の古谷の方に向かって、何人かが提灯を点けて歩いていたそうです。そして、一番前の提灯から順々に消えていったので、あれが狐の嫁入りだったのだろうと思ったということです。(4)

このように、地域によってさまざまな話がありますが、不思議な火がたくさん見えるというところは共通しています。狐火というと恐ろしいもののようなイメージもありますが、狐火を眺めていると心がほのぼのとするような温かい感じがしたという話もあります。(5)

なお、埼玉県内では狐のことを「オトウカ」とも呼びますが、「トウカ」は「稲荷」の音読みで、狐が稲荷神の眷属（神の使い）であることによったものと思われます。江戸時代の錦絵にも描かれているように、江戸の王子稲荷は狐火の名所で、大晦日には特によく狐火が見られ、付近の農民たちはその火の数で翌年の収穫を占ったともいわれますので、稲荷信仰とのつながりも感じられます。

余談になりますが、狐の話には神社と関連したものが少なくないことに対して、狸の話は寺の小僧に化けたり和尚に悪戯をしたりと、寺に関連したものが多いように見受けられます。

歌川広景「江戸名所道戯尽　十六　王子狐火」（部分）（国立国会図書館蔵）

歌川広重「名所江戸百景　王子装束ゑの木 大晦日の狐火」（国立国会図書館蔵）

東京北区の王子稲荷は、かつては狐火の名所とされ、大晦日になると「装束榎」と呼ばれる大きな榎の木の下に関八州（関東全域）の狐たちが集まって装束を整え、王子稲荷へ参殿したという。付近の農民は、その時に見られる狐火の数で翌年の豊凶を占ったと伝えられている

●獺

獺《かわうそ》は姿や仕草に愛嬌があり、現在では大変人気がある動物です。しかし、鳥山石燕の『画図百鬼夜行』にも描かれているように、江戸時代には妖怪の一種とも考えられていました。

　獺が美男・美女に化ける話は、全国各地に伝えられており、柳田國男も「妖怪談義」の中で能登（現在の石川県）の話を取り上げて「能登でも河獺は二十歳前後の娘や、碁盤縞の着物を着た子供に化けて来る」と記しています(1)。また、岡本綺堂《おかもときどう》は『風俗江戸物語』で、雨の降る日に虎ノ門の堀端に子どもに化けて現れた獺のことを記しています(2)。埼玉県でも、小鹿野《おがの》町（旧両《りょう》神《かみ》村）に次のような話が伝えられています。

　昔、両神薄《りょうかみすすき》村の須川《すっかわ》に、若くて美しい娘が住んでいました。この娘は、毎日機織《はたおり》の仕事をしていましたが、そこに毎晩訪ねて来る若い男がありました。やがて娘は、男がどこに住んでいるのか知りたくなって、男に居所を尋ねましたが、男は教えてくれません。そこで娘は、男にはわからないように、その着物の裾に機織に使う糸を結んでおきました。男は何も気づかずに帰っていき、朝になってから娘がその糸を頼りに男の後を追ってみると、糸は大平から柏沢を通って四阿屋《あずまや》山の方に伸びていました。

　娘は恐ろしくなって、このことを近くに住む猟師に話しました。不審に思った猟師が、糸をたどって四阿屋山の方に登っていくと、糸は「おおとがり」の岩穴の中に伸びていたのでした。

　そこで、猟師は、岩穴の間に薪《たきぎ》を積み上げ、火をつけていぶしたところ、穴の中から見たこともないほどの大きな獺が飛び出してきました。猟師がその獺を捕まえてみると、娘が結んでおいた絹糸が付いていました。そして、四阿屋山の大獺は、娘をたぶらかして、さらって行こうとしていたのだろうということになったそうです(3)。

　このように、男の着物に糸を付け、それをたどって居所を突きとめる話は、『古事記』の三輪山伝説にもみられるように、古くからある伝説のモチーフの一つです。また、戸田市には獺が女に化けて現れて男を誘い、最後は荒川に飛び込んだという話が伝えられています(4)。

鳥山石燕『画図百鬼夜行』より「獺」（国立国会図書館蔵）

●蜘蛛

蜘蛛《くも》については、平安時代中期の武将・源頼光《みなもとのよりみつ》が「土蜘蛛《つち》」という怪物を退治した話を描いた中世の絵巻物である『土蜘蛛草紙』にもみられるように、古くからこれを妖怪化して伝える話があります。埼玉県内では、蜘蛛に関する怪異として、蜘蛛が人間に糸をかけて川の淵や滝壺に引き込もうとした話が秩父地域に伝えられています。

まず、秩父市の荒川日野に伝わる話です。安谷《あんや》川の上流八㎞ほどのところに、老樹が鬱蒼と茂って昼なお暗い、廻淵《まわりぶち》という深い淵があります。地元では、この淵を「まるっ淵」とも呼んでいます。ある時、一人の木こりの男が山での仕事を終え、木の根っこに腰をかけて淵を眺めながら休んでいると、どこからともなく小さな蜘蛛が現れ、木こりの体に銀色の糸を巻き付け、淵の中に姿を消していきました。

男は何か悪い予感がしたので、その糸を外して腰かけていた木の根っこに巻き付け、帰ろうとして立ち上がりました。すると、木の根っこに巻き付けた蜘蛛の糸が太い針金のようになり、あっという間に大きな木の根っこは淵の中に引き込まれてしまいました。(1)

皆野町の日野沢にも、同じような話が伝わっています。ある暑い夏の日、一人の木こりの男が畑仕事を終えて空滝《そらだき》の滝壺のほとりの岩に腰かけて弁当を食い、それから草の上に横になっていました。すると体の上を一匹の蜘蛛がはい回っているのに気がつきました。蜘蛛は足先の方へとはっていき、親指のところまでくると、歩みを止めて糸をかけ始めたのでした。そして蜘蛛はそのまま糸を引きながら滝壺の方へはっていき、水の中にポチャンと入ってしまいました。

不審に思った男は、足先の糸をほぐし、そばにあった切り株に巻き付けておき、あらためて一眠りしようとしました。その時、滝壺の底から「ヨイショ」と大きなかけ声が聞こえ、蜘蛛の糸を巻き付けた切り株がメリメリッと音を立てて地面から抜け出し、岩の上をすべり、高い水しぶきを上げて滝壺の中に引き込まれてしまったということです。(2)

こうした怪異は、水辺だけでなく山の上でもありました。昔、小鹿野町（旧両神村）の大平に住む市蔵という働き者の男が、四阿屋山のそばの「おおとがり」

というところに畑仕事をしに出かけた時のことです。仕事がはかどり、見晴らしの良い大岩の上に座って一服していると、四阿屋山の方から風に乗って一匹の大きな蜘蛛が飛んできました。蜘蛛は市蔵の膝に止まって、巣をつくり始めました。市蔵はその糸を岩になすりつけておき、仕事に取りかかろうとした、その時です。突然、ガラガラという大きな音がしました。

市蔵が驚いて振り返ると、先ほどまで座って休んでいた大岩は跡形もなく消えてしまっていました。恐ろしくなった市蔵は村に逃げ帰り、危ないところで命拾いしたと、その話をしたのでした。それを聞いた近所の人々は、四阿屋山の魔物が蜘蛛に化けて市蔵をさらっていこうとしたのに違いないと、口々に言ったということです(3)。

このほか、蜘蛛に関するものとして、県内には松山城が落城した時、家来の者と逃げ延びた城主の一の姫が上沼の少女の家にかくまわれた際、家来ともども蜘蛛の姿になって追っ手から逃れたという話が東松山市に伝えられています(4)。

鳥山石燕『画図百鬼夜行』より「絡新婦（じょろうぐも）」
（国立国会図書館蔵）

絡新婦は美しい女の姿に化けることができる蜘蛛の妖怪。この図では火を吹く子蜘蛛を操る姿が描かれている

●樹木

古い木には精霊が宿るという言い伝えがあり、これを「木霊《こだま》（木魂、谺とも書く）」といいます。木霊の存在は古くから信じられており、『源氏物語』の「手習」の帖で宇治の院の森で気を失っている浮舟を見つけた僧の「狐、木霊やうの物の、欺きて取りもて来たるにこそはべらめ」という言葉にみられるように、人を神隠しするなど不思議な力を持つものと考えられていたようです。また、山や谷で声が反響して聞こえる山彦も木霊の仕業とされていました。

埼玉県内に伝えられる木霊の話としては、さいたま市岩槻区の「浄安寺のちご桜」があります。かつて岩槻城下の浄安寺の境内には大きなしだれ桜があり、その花が咲く頃はたとえようもないほどの美しさでした。桜のかたわらには寺の鐘撞き堂があり、浄念という十八、九歳の若い僧が毎日鐘を撞いていました。ある日、鐘を撞き終えた浄念が鐘撞き堂から降りてくると、桜の花の下に美しい少女が立っていました。少女の名は妙《たえ》といい、次の日も、また次の日も、桜の下に立って浄念に微笑み、二人は次第に親しくなっていきました。

この頃、岩槻藩に仕えていた儒学者の児玉南柯《こだまなんか》は、『漂客紀事』という本を書き上げて殿様に見せたところ、殿様は良い本なので出版するようにと南柯に言いました。南柯が版木になる桜の木がなくて困っていることを殿様に申し上げると、殿様は浄安寺のしだれ桜を使うように言いました。浄安寺の住職もこの話を聞いて、南柯先生のお役に立ててほしいと、しだれ桜の木を提供しようと申し出ました。

いよいよ木を伐り倒す日が来て、大きなノコギリでその根元を伐り始めると、驚いたことに真っ赤なおがくずが血潮のようにあふれ出すのです。そして桜は、ノコギリを動かすたびに泣き叫ぶような恐ろしい響きを立てながら伐られてしまいました。

その夜、息苦しくてなかなか寝つけないでいた浄念がふと障子を見ると、妙の姿が幻のように障子に映っていました。妙は、「実は、私は桜の精なのです。南柯先生の版木になるために伐られましたので、この世から消えなければなりません。お名残おしゅうございますが、これでお別れいたします」と言い残して消えてしまいました。浄念は驚きのあまり気を失い、やがて妙の幻を追うかのように寺を出ていき、どこかへ姿を消してしまったのでした。その後、浄安寺では、真夜中になると誰もいないのに鐘楼の鐘が悲しい響きを立てて鳴るようになったということです(1)。

伐ろうとした木から血が流れ出したという話はほかにもみえ、嵐山町《らんざん》の鎌形では、万右衛門という名主の家で庭の榎の木を伐ろうとしたところ、真っ赤な血が流れ出し、見る見るうちにそのあたりが血だらけになったので、伐るのを止めたという話が伝えられています(2)。また、行田市《ぎょうだ》では、明治維新になって忍城《おしじょう》が廃された時、城中の樹木はすべて伐採されることになりました。そこで城の鎮守であった諏訪神社の杉の大木を伐ろうとしたところ、木から生血が流れ出してあたりが真っ赤になったので、伐採は中止されたといいます(3)。

一方、木の精が姿を現した話として、本庄市の児玉町に次のような話があります。江戸時代、児玉に三省庵紫玉という俳句の宗匠《そうしょう》の弟子に勘三という人がいました。ある年の暮れ、勘三が紫玉のところから大雪が降る中を七本木《しちほんぎ》にある自分の家に帰る途中、「美女木」と呼ばれる大木の下で一休みしていると、「もしもし」と呼びかける声が聞こえてきました。初めは空耳かと思っていましたが、やがて枝に積もっていた雪がばたばたと落ち、勘三が驚いてその方向に目をやると、頭から足の先まで真っ白な女が立っていました。

その女は、この美女木の精で、遠い昔に北国の母のところに行こうと川越からここまで歩いてきたものの、具合を悪くして息絶え、この場所に埋められたのだと身の上を語り出しました。女の話では、その時に突いてきた杖を挿したのがこの美女木となり、自分は杖の芽となって世の中にまた出てきたということでした。そして、雪解けの日に自分が死ぬ間際に埋めておいたお金を掘り出して役に立ててほしいと言うのでした。

勘三は、雪道を家に飛んで帰りました。明けて正月の五日、勘三が妻と二人で白い女に言われた通りに美女木の下の雪折れ枝のところを掘ってみると、古い銭がぎっしりと詰まった甕《かめ》が出てきました。そこで、勘三は師匠の紫玉に相談し、女の霊の供養として居合わせた人々にその銭を何枚ずつか分け、残りは持ち帰って家宝にしたということです(4)。

●人形

古くは、道具などの器物も百年といった長い年月を経ると霊魂が宿って妖怪化し、人をたぶらかすことがあると考えられていました。こうしたものを付喪神《つくもがみ》といい、中世の『付喪神絵巻』や『百鬼夜行絵巻』などの絵画には、身の回りの道具や楽器などに手足が生えて妖怪化したものの姿が描かれています。

身の回りにはさまざまな器物がありますが、しばしばその怪異が語られるものとして人形があります。人形は人の姿を写したものであることや、古代から呪詛《じゅそ》や祈願にも用いられてきたことなどから、魂が宿ると考えられてきたのでしょう。古くなったり壊れたりしても、人形を捨てることに抵抗を感じるのは、こうした人形に魂が宿るという心意が現代でも人の心の奥底に残っているからかもしれません。

人形に関する怪異として、人形の髪が伸びるとか人形が涙を流すなどの話を耳にすることがあります。最近では県内の事例を聞きませんが、昭和五十八、九年頃には小鹿野町飯田の観音院（秩父札所三十一番）に納められた岩槻人形の髪の右側だけが伸びて止まらないと話題になったそうです[1]。

県内の民話の中には、人形が嫁に行った娘の嫁ぎ先の家に夜な夜な現れたという話が志木の方であったこととして蕨市に伝えられています。それは、次のような話です。

昔、器量も気立ても良い娘がいて、やがて見合いをして嫁ぎました。その後、嫁ぎ先では毎晩夜中になると気味の悪い足音がして「どうして俺のことを残して、一人で嫁にいっちゃったんだよ」という若い男の声がするようになりました。

この話を聞いた娘の婿は、狐か狸の仕業だろうと思い、よく研いだ鉈《なた》を用意して夜中に待ちかまえていました。そして、不気味な足音や声が聞こえてきたところで、恐ろしさに震えながら持っていた鉈を声のする方に力いっぱい投げつけました。すると手応えがあったので、大声で叫んで家の者を起こしたのでした。

家の者たちが手燭《てしょく》や提灯を点けて手応えのあったあたりを探してみると、床に血がべったりと付いていて、そこから点々と血が垂れていました。そこで、その血をたどって行くと、娘の実家に続いており、家の奥座敷に飾ってある人形のところで消えていました。その人形は右肩から胸にかけてざっくり切られ、血が噴き出した跡がありました。娘の婿をはじめ家中の者はそれを見るや腰を抜かして座り込んでしまいました。

この人形は男の子の姿をしていて、娘が幼い時から遊び相手にしていたもので、人間そっくりによくできていました。それで、娘がこの人形に取り憑《つ》かれてしまったのだろうということになり、それから間もなくしてどこかの寺に納められたのだということです[2]。

人形には愛着がわきやすいものですが、この話は逆に人形が持ち主の人間に愛情を抱くというものとなっています。

人形とは少し違いますが、秩父市の下郷には、石の大黒像が祟った話があります。昔、道普請をした時、廃寺にあった石の大黒像を橋の土台に使ったところ、人や車がその橋のところまで来ると、倒れたり目まいがして歩けなくなったりしました。そこで、大黒像を掘り出して近くの宗福寺に納めて供養を行ったところ、以後は誰も何事もなく橋を渡れるようになったそうです[3]。

岩槻城址公園にある人形塚（さいたま市岩槻区）

岩槻は「人形の町」として知られており、毎年 11 月３日には人形塚の前で古い人形や使わなくなった人形を供養する人形供養祭が行われる

●雷獣

「雷獣《らいじゅう》」は、雷と一緒に天から降りてくるとされている動物です。江戸時代には各地で目撃例があり、随筆・地誌などの書物にも記されています。埼玉県内でも、その目撃談が伝えられているのです。

たとえば、所沢市では、子どもは雷様の中には雷獣がいると大人から聞かされており、雷が落ちたあとで木が裂けていたりすると、それは雷獣が空に昇っていった爪の跡だといったものでした(1)。

草加市では明治の初め頃、某家の物置で若い衆二人が石臼で麦を挽いている時に雷が落ち、雷獣が大暴れしたことがあったそうです。その時の雷獣の悪戯はすさまじく、固い土間を爪でひっかいて穴を掘ったり、そこに置いてあった角材を木っ端みじんに引き裂いたりしました。さらには真っ黒な固まりが迎えに来て空に帰る時には、柿の木を引き裂いて上がっていったので、その木は真っ二つに割れてしまったといいます。臼で麦を挽いていた若い衆は、雷がひどく大きく鳴ったので、あわてて家に駆け込み、蚊帳の中に避難していたので無事であり、物置も幸い火事にならずにすんだということです。

草加市には、この話のほかに、大きな木に雷が落ちたのを見に行くと、その木には必ず爪の跡があり、それは雷獣が再び空に昇っていく時につけた跡だとの話もあります(2)。

また、山岡浚明《やまおかまつあけ》が江戸時代中期に著した地誌『武蔵志料』には、宝暦五年（一七五五）五月十六日に出現したという雷獣について、絵を添えて次のようなことを記しています。

埼玉郡幸手領の袋新田花田村（現在の越谷市花田のことと思われる。幸手領は誤りか）に雷が落ちた時のことです。空が晴れ渡ってから雷が落ちたところに行ってみると、そこに怪しい獣が一匹うごめいていました。この不思議な獣の身体は中くらいの犬ほどの大きさで、毛は長さ六寸（一寸は約三㎝）ほどで灰色をしており、耳は巾着のようで、鼻は法螺《ほら》貝のように突き出ていて、爪の長さは三寸ほど、尾の長さは五寸ほどでした。前足は身体にじかに付いていて長さ六寸ほどで、土竜《もぐらもち》の形に似ていました。この獣は翌日まで生きていましたが、何も食べないで死んでしまったということです[3]。

雷獣は、大宮の近郊にも出現しています。さいたま市北区吉野町二丁目（昔の吉野原村鈴木）にある南方《なんぽう》神社は、昔は諏訪社と称していましたが、ここに吉野原村内の雷電社・八雲社・稲荷社を合わせて、南方神社になったと伝えられています。

この南方神社の宝物に、「雷獣の貝殻」というものがあるそうです。これは、天保五年（一八三四）の夏、この近辺に激しい雷雨があり、雷電社の御神木に落雷があった時、雷と一緒に天から降ってきた雷獣が入っていたものだといわれています。雷獣は貝殻を残して再び天に昇っていったようです。この貝殻は、シャコのような二枚貝で、大変大きく堅牢で重いものだそうです[4]。

このように、埼玉県内でも各地で目撃されたという雷獣ですが、その姿形はさまざまであったようです。風神雷神図などの絵画にも描かれているように、かつては雷は連鼓を持った雷神の仕業と考えられていましたので、雷獣はその使いのようなものとして伝えられていたのかもしれません。

山岡浚明『武蔵志料』に記録されている
「幸手領袋新田花田村」に現れた雷獣の図
（国立国会図書館蔵）

記事にあるように土竜（モグラ）のような姿をしている。江戸時代の随筆や紀行には、しばしば雷獣が登場するが、その姿はさまざまである

●三本足の烏

入間《いるま》の地名は「射る魔」の意味で、太陽に化けた魔物を弓の名手が射落としたことによるという伝説があります。それは、次のような話です。

昔、天に二つの太陽が昇り、昼も夜も照り続けたために、草木は枯れ、川や池は干上がり、人々は困り果てていました。都の天子も心配し、「太陽が二つあるはずはない。一つは魔物に違いない」と、弓矢の名人に退治を命じました。太陽を追いかけて武蔵国にやってきた弓矢の名人は、入間川に近い小高い丘から矢を放ちました。

一本目の矢は、打ち損じて落ちてしまいましたので、この矢の落ちたところを「矢颪《やおろし》」（飯能市の矢颪）といい、矢が前の方へと貫いていったところを「前ヶ貫《まえがぬき》」（飯能市の前ヶ貫）と呼ぶようになったそうです。続いて射た矢は、みごとに魔物が化けた太陽に命中しました。それで、この矢を射たところを「日討《にっとう》」（川越市の日東）といいます。

太陽に化けていた魔物の正体は「三本足の烏《からす》」で、丘の上に落ちてきました。その落ちたところを「天道山」（天倒山とも。狭山市の入間川東小学校の中庭あたり）、射落とされた太陽を祀ったところを「日祭《にっさい》」（坂戸市の入西）といい、魔物を祀った神社が「日落射大明神」（毛呂山《もろやま》町の飛来《ひらい》大明神。現在の出雲伊波比《いずもいわい》神社のこととされる）であるといいます。

さらに三本足の烏の血が流れ出したところは川となり、これを「しるたれ川」と言うようになりました。また、その川は他の川と流れる方向が逆なので「さかさ川」とも呼ばれるようになったそうです。

そして、魔物を射止めたことから、このあたり一帯を「射る魔」（入間）と呼ぶようになったということです。さらに、魔物を退治した弓矢の名人は「入間宿禰《いるまのすくね》」という名を賜ったという話や、橘諸兄《たちばなのもろえ》の二男の諸方《もろかた》であったとする話もあります。[1]

この話は、『まんが日本昔ばなし』でも「三本足のからす」として昭和六十二年に放送されました。では、この話で魔物として語られている三本足の烏とは何なのでしょうか。もしかすると、それは中国の神話に登場する三足烏《さんそくう》ではないでしょうか。三足烏は、太陽の中に棲み、また太陽の象徴ともされ、その出現はめでたいことの前兆とされる霊鳥で、日本の神話に登場する八咫烏《やたがらす》が三本足の姿で描かれるようになったのも三足烏の影響とみられています。(2)

このように三足烏そのものは決して魔物ではありませんが、太陽の中に棲むところからこれを太陽に化けた魔物とし、地名と結び付けて語ったものがこの話のように思われます。さらに中国の神話には、空に十の太陽が現れて地上が灼熱地獄のようになった時、天帝の命を受けて弓矢で九の太陽を射落とした羿《げい》という弓の名手の話もあります。(3)「射る魔」の伝承は、こうした中国の神話が元になって生まれたもののように思いますが、これはあくまでも私見です。

一方、韮塚一三郎の『埼玉の伝説』にも同様な話が収録されていますが、ここでは太陽に化けた魔物は三本足の白鳥となっています。また、新井清寿の『飯能の伝説』や市川栄一の『奥武蔵の民話』に収録されている話でも三本足の白鳥となっていますので、魔物の正体を鳥と伝えている地域と白鳥と伝えている地域があったとも考えられます。(4)

提灯に描かれた八咫烏（川越市連雀町・熊野神社）

八咫烏は熊野神社の神使とされ、３本の足は天・地・人を表しているという。神話では神武東征の際に神武天皇を熊野国から大和国への道案内をしたことから導きの神としての信仰がある。八咫烏は日本サッカー協会のシンボルマークにもなっているが、これにはボールをゴールに導く意味があるという

●オーサキ

妖怪の一種に憑《つ》きものがあります。狐が人間に取り憑く「狐つき」は全国に広くみられますが、埼玉県内では「オーサキ」という憑きものが知られています。オーサキは埼玉県や東京都・群馬県など関東地方に伝わる憑きもので、九尾の狐の尾の一つが飛んで生まれた小さい狐のような架空の動物とされていますが、その正体はイタチやオコジョなどであるともいわれます。

また、オーサキに憑かれた人や家のことを「オーサキ持ち」とも言いますが、その家筋の者と婚姻すると、自分たちもオーサキに憑かれるので、オーサキ持ちとの婚姻は避けるものとされてきました。

埼玉県内では、オーサキは「オサキ」「オサキ狐」「オーサキドウカ」などとも呼ばれ、各地に伝承されています。飯能市上名栗の白岩に住む人の話では、雌のオーサキを「お花」、雄のオーサキを「権助」と呼び、大きさは鼠と猫の間ぐらいで、毛色は赤っぽいものや斑《まだら》のものなどいろいろだったそうです。一方、上名栗の名郷に住む人の話では、オーサキはイタチより少し小さく、冬には色が黒く変わり、尾が二つに分かれていることから「オーサキ」というのは「尾裂狐《おさきぎつね》」の意味ではないかということです(1)。

オーサキは人に憑く場合と家に憑く場合があり、人に憑く場合は「オーサキ憑き」や「オーサキッタカリ」などといい、憑かれた人は日に日に痩せていって死んでしまうとか、狐憑きのように奇行を起こすなどといわれます。オーサキは狐のように賢くないので、一度人間に取り憑くとなかなか離れようとせず、憑き物を落とす祈祷をしてもらっても、狐と違って祈祷の意味がわからないので、追い出すことが難しいそうです(2)。

本庄市児玉町の下浅見では、昔、十八歳の美しい娘が年老いたオーサキに憑かれ、老人のように腰の曲がった姿で歩くようになりましたが、油揚げを持って三本辻まで送っていって、追い払ったという話があります。また、どうしてもオーサキが離れない時は、秩父の三峰神社や栃木県の古峯神社から眷属のお犬様を借りてきて追い払うこともあったそうです(3)。

一方、オーサキが家に憑くと、家の人が欲しい物をどこからか持ってくるといいます。こうしたオーサキの伝承の一つに、さいたま市岩槻区尾ヶ崎のオーサキの話があります。尾ヶ崎のある家では、オーサキの姿がかわいらしいので何気なしに飼っていましたが、オーサキがどこからともなく種々の物を持ってくるので、いつの間にか家の物が増えていきました。逆に近所の家では物がだんだんとなくなるので不審に思っていました。

そして、養蚕の時期になると大きく育てた蚕《かいこ》が方々でいなくなるようになりました。そこで皆は相談して、蚕に紅で印を付けておくことにしました。ところが、いつの間にかその紅を付けた蚕がいなくなってしまいました。すると、オーサキ持ちの家で近頃大層蚕が殖えたという話を聞き、調べてみると紅の付いた蚕がたくさん飼われていました。

こんなことがあったため、オーサキ持ちの家は、それから村の人たちから非常に憎まれたので、よその村に行ってしまいましたが、尾ヶ崎の村はオーサキ持ちの本元がいたところであると言い伝えられるようになったということです。[4] この話は、先に「尾ヶ崎」という地名があったので、これに「オーサキ」を引っかけてつくられた話と思われますが、このようなオーサキに関する話は県内各地に伝えられています。

たとえば、小鹿野町（旧両神村）には、次のような話があります。黒海土《くろかいど》と大塩野の間に音明山《おんみょうざん》という山があり、そこに延命寺という寺があります。この寺の周辺には多くの獣が棲んでおり、その中にオーサキもいました。オーサキの体の色は鼠色に近く、顔は狐のようで、大きさは鼠よりも一回り大きいといいます。また、オーサキには移動する時は数匹で行動する習性があり、前の者の尻尾をくわえ、ぞろぞろと貨物列車のように連なって移動していたそうです。

この黒海土は、養蚕が盛んなところでした。ある年、繭かき（繭の収穫）をする頃になると、オーサキが深夜に現れて、繭をくわえて持っていくことが続きました。そのため、多くの農家ではオーサキの被害で繭の収穫は予想を下回ったのですが、一軒だけ予想以上に収穫の良い家がありました。その家の人は優しい人で、普段から動物にも優しかったので、村の人たちは、「あそこん家は、オーサキを手なずけたに違えねえ」と噂したということです。[5]

●ネブッチョウ

秩父地域に特有の憑きものとして、「ネブッチョウ」があります。ネブッチョウは、江戸時代の『遊歴雑記』に記されているもので、小さい蛇のようなものだと伝えられています。ネブッチョウは昔から家に憑くとされ、息子や娘が他の家に縁付けば、ネブッチョウもついて行くので、だんだんとその類族が殖えていくといわれていました。そして、ネブッチョウが憑いた家と他の家との間にいさかいや恨みに思うことがあると、ネブッチョウが相手の家に行って身上を衰えさせたり、取り殺したりすると伝えられています。そのため、縁組みをする時には、ネブッチョウの憑いた家を避けるように、よくよく家筋を調べたということです[1]。

また、水木しげるは『決定版 日本妖怪大全』でネブッチョウを取り上げ、「山神はしばしば蛇の姿で出現し、また山神は農耕神でもあり、死霊でもあるとする、太古の考え方があったのだろう。それが複雑に展開すると、このネブッチョウのような考え方になるのかもしれない」との見解を示しています[2]。

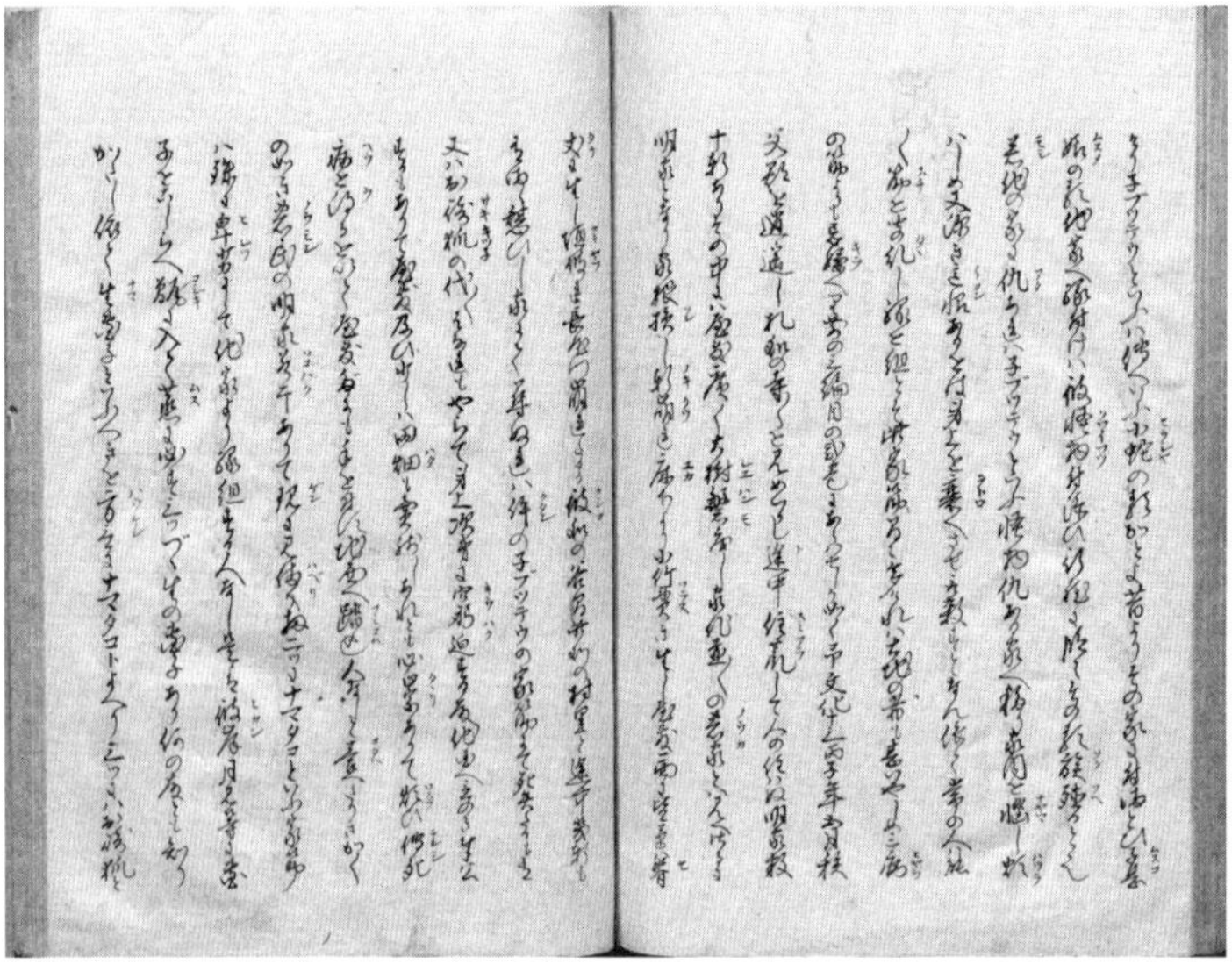

十方庵敬順『遊歴雑記』四編 巻之上「秩父郡の三害お崎狐なまだこ」（国立公文書館蔵）

秩父郡で忌まれる「お崎（オーサキ）」「なまだこ（生団子）」「ネブッチョウ」について記したもの。写真はネブッチョウ（文中では「子ブツテウ」と表記）に関する記述の部分

注

・巻末の参考文献一覧に記載のあるものについては、個人の著作には編・著者名と書名を、公共機関、刊行委員会などが編集した書籍には書名のみを記した。

・ウェブサイトのURLは、いずれも令和四年九月一日現在閲覧可能なものである。

第一部　妖怪をめぐって

一　妖怪とは何か

(1)小松和彦「妖怪とは何か」(小松和彦編著『妖怪学の基礎知識』所収)による。

(2)小松和彦『知識ゼロからの妖怪入門』五八頁。

(3)本居宣長『古事記伝 三之巻』国立国会図書館デジタルコレクションの版本による。

(4)本来流星のことを言った「天狗」が、なぜその後山の神のようなイメージで伝えられるようになったのか。伊藤信博は「天狗のイメージ生成について」(『言語文化論集』第二九巻第一号(二〇〇七年)所収)の中で、中国の『山海経』の中にある「天愚」という山の神が古代の天狗の性格形成に影響を与えた可能性を指摘している。

(5)本居宣長は前掲書の中で、木霊は今でいう天狗のことだと述べている。

(6)水木しげる『水木しげる妖怪大百科』一七三頁。

(7)たとえば小松和彦「よみがえる草双紙の化物たち」(アダム・カバット『江戸化物草紙』所収)。

(8)柳田國男「妖怪談義」(『妖怪談義』所収)一二三頁。

(9)水木、前掲書　一七頁。

(10)右に同じ。

(11)右に同じ。

二　埼玉の妖怪を考える

(1)『川越地方郷土研究 第一巻第四冊』所収「小豆婆々と六天」による。

(2)『埼玉の神社 北足立・児玉・南埼玉』から「岩槻1 秋葉神社」参照。

(3)『埼玉の神社 入間・北埼玉・秩父』から「加須25 通殿神社」参照。

(4)『埼玉の神社 入間・北埼玉・秩父』から「所沢3 熊野神社」参照。

(5)『埼玉の神社 入間・北埼玉・秩父』から「鶴ヶ島3 白鬚神社」参照。

(6)「埼玉県ご当地キャラクター軍団 ゆる玉応援団」による。
https://chocotabi-saitama.jp/yurutama/

第二部　妖怪ゆかりの地を訪ねる

（1）宮田登『妖怪の民俗学』二四一頁。

第三部　埼玉の妖怪百態

一　水辺・水中の妖怪

河童㈠　名前を持った河童

（1）『吉川市史 民俗編』所収「沼小僧」による。
（2）『川越地方郷土研究 第一巻第四冊』所収「袈裟坊」による。
（3）『毛呂山民俗誌 一』所収「越辺川の河童」による。
（4）所沢市立所沢図書館ウェブサイトの「持明院の河童」による。
https://www.tokorozawa-library.jp/contents/history/history_jimyoin.html
（5）『川越地方郷土研究 第一巻第四冊』『名細郷土誌』『坂戸市史 民俗史料編一』など所収の「河童の伊勢参り」による。
（6）『おごせの昔話と伝説』所収「越辺の平四郎」による。
（7）『吉見の昔ばなし』所収「戸平さまと河童（治郎坊）」による。
（8）赤松宗旦『利根川図志 巻二』の「物産」による。
（9）利根町ウェブサイトの「ねねこ河童」による。
http://www.town.tone.ibaraki.jp/page/page000172.html
（10）田村治子・堀越美恵子『羽生昔がたり 一八』所収「利根川に河童がいなくなったわけ」による。

河童㈡　河童の詫証文

（1）『川越地方郷土研究 第一巻第四冊』所収「曼荼羅の河童」、『所沢市史 民俗』所収「河童のわび証文」による。
（2）『川越地方郷土研究 第一巻第四冊』所収「曼荼羅の河童」による。
（3）田村宗順『東松山の伝説と夜話 下』所収「河童の詫証文」による。
（4）『小鹿野の言い伝え・昔ばなし』所収「河童の証文水」による。
（5）田島三郎『児玉の民話と伝説 上』所収「身馴川のカッパと逆桜」による。

河童㈢　河童のお礼

（1）『熊谷市史 後編』所収「河童の妙薬」による。
（2）石島年男『川島のむかし話』所収「道場のカッパ膏薬」による。
（3）『熊谷市史 別編一 民俗』所収「河童の皿」による。
（4）市川栄一『中山道の民話』所収「河童の徳利」による。

（5）『埼玉《ふるさと》の民話と伝説』所収「河童のつぼ」による。
（6）『秩父の伝説』所収「洞玄淵の河童」による。

河童㈣　河童の習性

（1）『志木市史 民俗資料編一』所収「宝幢寺の地蔵さんとカッパの話」による。
（2）『志木市史　民俗資料編一』所収「河童から相撲を仕掛けられた話」「河童を相撲で負かした話」による。
（3）韮塚一三郎『埼玉の伝説』所収「河童伝説」による。
（4）岸伝平『川越閑話』所収「下河又左衛門と河童の手」による。
（5）田村治子・堀越美恵子『羽生昔がたり 二』所収「河童の甲羅」による。

小豆婆

（1）『名細郷土誌』所収「小豆婆の話」による。
（2）『北本のむかしばなし』所収「あずきとぎばばあ」による。
（3）『おごせの昔話と伝説』所収「菊屋の小豆洗い」による。
（4）『こどものための寄居町民話集』所収「あずきばばあ」による。
（5）『志木市史　民俗資料編一』所収「地獄谷の小豆婆」による。
（6）『りょうかみ双書四　昔がたり』所収「小豆よなげと薬缶ころがし」による。
（7）『東松山市史　資料編第五巻　民俗編』所収「ざきっこ婆さん」による。

川天狗

（1）『埼玉県史民俗調査報告書　山地地帯民俗調査』所収「秩父郡両神村出原地区」による。
（2）堀口喜太郎『秩父路物語』所収「妖怪天狗の話」による。
（3）井上円了『おばけの正体』所収「川天狗」による。
（4）『おごせの昔話と伝説』所収「川天狗」による。

おいてけ堀

（1）『川越地方郷土研究　第一巻第四冊』及び『名細郷土誌』所収「おいてけ堀」による。
（2）『郷土研究資料　第二輯』及び『宮代町史　民俗編』所収「身代神社の池」による。なお、『新みやしろ郷土かるた』でも「おいてけと　池から声する　身代池」としてこの話が取り上げられている。
（3）『越谷市の史蹟と伝説』所収「内池」（大相模地区）による。

沢女

（1）高野邦雄『伝説の秩父』所収「小豆投げ」及び韮塚一三郎『ふるさと埼玉県の民話と伝説』所収「瀬女」による。
（2）村上健司『日本妖怪大事典』の「瀬女」による。
（3）韮塚前掲書の「瀬女」の解説による。高野前掲書では「小豆投げ」の中に「瀬女」と同様の話が「次も谷川にほど近い山峡に起つた話です」として併せて収録されているが、女の名については何も記されていない。

(4)日本児童文学者協会編『埼玉県の民話』所収「沢女」(再話・権頭和夫)による。再話であるため、亡き父の話は創作されたものであるかもしれない。引用部分(「 」内)は原文のまま。

竜(一) 見沼の竜神

(1)『大宮市史 第五巻 民俗・文化財編』所収「見沼の笛」による。

(2)『大宮市史 第五巻 民俗・文化財編』『浦和市史 民俗編』所収「見沼の竜神」による。

(3)『浦和市史 民俗編』所収「見沼の竜神オタケ様」による。

(4)『大宮市史 第五巻 民俗・文化財編』所収「見沼の竜神」による。

(5)右に同じ。

(6)根津富夫『埼玉県の民話と伝説 北足立編』所収「見沼のおたけさま」による。

(7)『浦和市史 民俗編』所収「竜神祭り」、『埼玉の神社 北足立・児玉・南埼玉』より「浦和51 氷川女体神社」による。

(8)さいたま竜神まつり会『見沼と竜神ものがたり』による。

竜(二) 左甚五郎の竜

(1)『秩父の伝説』所収「水飲みの竜」による。『郷土研究資料 第二輯』所収「秩父神社の水呑龍」では、鉄の鎖でつながれた竜が鉄のさびをなめて死んだので、鎖を取っても出てこなくなったとの話になっている。

(2)『浦和市史 民俗編』所収「愛宕社の竜」による。

(3)『浦和市史 民俗編』所収「国昌寺山門の竜」による。

(4)『桶川市史 第六巻 民俗編』所収「泉福寺の竜」による。

【補足】 さいたま竜神まつり会『見沼と竜神ものがたり』所収の「さいたま市竜伝説マップ」には十七の伝説が紹介されており、その概要を知ることができる。

竜(三) 龍穏寺の竜と龍泉寺の竜

(1)韮崎一三郎『埼玉の伝説』所収「竜穏寺の竜」による。

(2)『川越地方郷土研究 第一巻第四冊』所収「龍恩《ママ》寺の池」による。

(3)栗原仲道ほか『埼玉県の民話と伝説 入間編』所収「竜ヶ谷の竜と高山不動さま」による。

竜(四) 穴沢の竜神

(1)韮崎一三郎『埼玉の伝説』及び神山弘『ものがたり奥武蔵』所収「穴沢の竜神」による。

(2)『名栗の歴史 下』(飯能市教育委員会、二〇一〇年)による。

(3)関東ふれあいの道解説板「天目指峠の伝説」(環境省・埼玉県)による。

大蛇㈠ かしらなしと小次郎

（1）『新座市史 第四巻 民俗編』所収「かしらなし」による。
（2）『志木市史 民俗資料編 一』所収「かしらなし（頭無し）」による。
（3）『新座市史 第四巻 民俗編』所収「かしらなし」による。
（4）右に同じ。
（5）『鴻巣市史 民俗編』所収「七モッコ八タル」による。
（6）『坂戸市史 民俗史料編 一』所収「紺屋の小次郎」による。
（7）『名細郷土誌』所収「小畦川の小次郎」による。

大蛇㈡ 見沼の大蛇

（1）『川口市史 民俗編』所収「見沼の主」による。
（2）右に同じ。
（3）右に同じ。

緋鯉

（1）『秩父の伝説と方言』所収「緋鯉の主」による。
（2）飯野頼治『高校生が聞いた秩父今昔ばなし』所収「浦山の怪魚」による。この話では、主の緋鯉が殺されたため二つの沼は枯れてしまったとされている。

ヤナ

（1）十方庵敬順『遊歴雑記 三編 巻之下』所収「川越城内みよしの丶天神」による。
（2）十方庵敬順『遊歴雑記 初編 巻之下』所収「みよしのの里の風色よな川の由来」による。
（3）『川越の伝説』所収「霧吹きの井戸」による。また川越城七不思議の中の「人身御供」「よな川の小石供養」も「ヤナ」と関わりがあるように感じられる。

二 山や森の妖怪

天狗㈠ 天狗の悪戯

（1）新井清寿『飯能の伝説』所収「いたずら天狗」による。ただし神山弘『ものがたり奥武蔵』に同様の話がみえるため、これを元にしているかもしれない。
（2）『毛呂山民俗誌 一』所収「天狗」による。
（3）神山弘『ものがたり奥武蔵』所収「奥武蔵天狗譚」による。
（4）『都幾川村誌 民俗編』所収「天狗のいたずら」による。
（5）『都幾川村誌 民俗編』所収「慈光山の天狗」による。
（6）草加史談会『草加の伝承と昔ばなし』所収「天狗の祟り」による。

【補足】高橋成は「伝説に見る埼玉の天狗像」の中で県内の天狗伝説を整理し、話の性格や意味から「いたずら」「脅し・警告」「協力」「祟り」「騙される」の五種に分類して、この順に伝説の数が多いとしている。また、伝説の中の天狗の姿・容姿については「山伏型」「仙人型」「巨人型」の三種があることを述べている。

天狗㈡ 火伏せの天狗

（1）『埼玉の神社 北足立・児玉・南埼玉』所収「春日部2 秋葉神社」による。併せて石倉慶子『粕壁・豊春地区の伝説』所収「火事よけ天狗」も参考にした。
（2）『埼玉の神社 入間・北埼玉・秩父』所収「小鹿野4 木魂神社」による。
（3）堀口喜太郎『秩父路物語』所収「津谷木の火伏せ天狗」による。
（4）川越史料調査研究会『川越の伝説 第二輯』所収「天狗の羽団扇」による。
（5）堀口喜太郎『秩父路物語』所収「上京の火伏せ天狗と霊水疣水」による。

天狗㈢ 天狗の神通力

（1）『都幾川村誌 民俗編』所収「天狗の印形」による。
（2）韮塚一三郎『埼玉の伝説』所収「大戸の第六天」による。
（3）『岩槻市史 民俗史料編』所収「天狗が昼寝をした杉」による。
（4）『小川町の歴史 別編 民俗』所収「天狗の腰掛け松」による。
（5）『川越地方郷土研究 第一巻第四冊』所収「小豆婆々と六天」による。
（6）飯野頼治『高校生が聞いた秩父今昔ばなし』所収「天狗の落とした岩」による。
（7）『小鹿野の言い伝え・昔ばなし』所収「天狗の石」による。
（8）『小鹿野の言い伝え・昔ばなし』所収「大男の足あと」による。
（9）新井清寿『飯能の伝説』所収「力を授けた天狗」による。
（10）『埼玉の神社 入間・北埼玉・秩父』所収「日高6 金刀比羅神社」による。
（11）『坂戸市史 民俗資料編一』所収「吉田耕地の天狗杉」による。

天狗㈣ 天狗隠し

（1）『狭山市史』所収「天狗にさらわれた話 青柳」による。
（2）『狭山市史』所収「てんごにさらわれた話 東三ツ木」による。
（3）『児玉郡・本庄市のむかしばなし』所収「天狗と武市」による。また飯野頼治『高校生が聞いた秩父今昔ばなし』所収の「天狗の妙薬」は武市の親戚の家に伝わる話で、『児玉郡・本庄市のむかしばなし』所収のものとは異なるところがある。ちなみに、この話に出てくる仙人のような姿の天狗の話は、韮塚一三郎『埼玉県伝説集成 下巻 信仰編』に、小鹿野町の「天狗隠し（その二）」と大滝村（当時）の「神隠し（その一）」の二例が収録されている。
（4）『北川辺の民俗（一）』所収「大天狗の碑」による。なお、『埼玉の民俗』所収の話では、天狗にさらわれたのは家の主人となっている。

(5)岸伝平『川越閑話』所収「天狗の神隠しか」による。

山姥

(1)『秩父の伝説』所収「卜雲寺と山姥の話」による。
(2)藤沢衛彦『日本伝説叢書 北武蔵の巻』所収「武甲山」、高野邦雄『伝説の秩父』所収「武甲山に松と藤のない伝説」、『秩父の伝説と方言』所収「松と藤のない武甲山」、韮塚一三郎『ふるさと埼玉県の民話と伝説』所収「山姥のはなし二話」、池原昭治『日本の民話３００』所収「武甲山の山姥」など。
(3)『横瀬町の文化財』所収「札所六番の紙本着色荻野堂縁起絵巻」による。
(4)『りょうかみ双書四 昔がたり』所収「四阿屋山のヤマンバ」による。

山姫

(1)『後撰和歌集 巻七(秋下)』より、よみ人しらずの歌。
(2)『千載和歌集 巻五(秋下)』より、左京大夫顕輔の歌。
(3)藤沢衛彦『日本神話と伝説』所収「山姫の舞」、『東松山市史 資料編第五巻 民俗』所収「雷電山の山姫さま」による。
(4)韮塚一三郎『ふるさと埼玉県の民話と伝説』の「雷電山の山姫」解説による。出典は記されていないが、柳田國男『妖怪談義』所収「一眼一足の怪」を踏まえたものと思われる。
(5)韮塚一三郎『埼玉県伝説集成 下巻 信仰編』所収「雷電山の山姫(その二)」による。
(6)この話の文献上の初出と思われる藤沢衛彦『日本神話と伝説』(一九三四年刊)では「二十七」であり、韮塚一三郎もこれに従っている。一方、「十七」とするものでは、筆者が確認した中では田村宗順『東松山市の伝説と夜話』(一九七二年刊)が最も古かった。しかし、同書で田村は藤沢の前掲書を話の出典として記しているため、なぜ山姫の歳を変えたのかはわからない。収録の際に「二」を書き落とした、あるいは「二十七」では「姫」というには年齢的に難があると考えて改変したものかもしれない。

山男

(1)藤沢衛彦『日本伝説叢書 北武蔵の巻』所収「浦山の山男」による。
(2)桃山人『絵本百物語』所収「山男」による。
(3)柳田國男『山の人生』の「二四 骨折り仕事に山男を傭いしこと」による。

テンムサ

(1)『埼玉の神社 入間・北埼玉・秩父』所収「坂戸14 土屋神社」による。

(2)『坂戸市史 民俗史料編一』所収「テンマサ」による。
(3)『埼玉の神社 入間・北埼玉・秩父』所収「坂戸14 土屋神社」による。

ドウマンマナコ

(1)『熊谷市史 別編一 民俗』所収「ドウマンマナコ」による。

ダイダラボッチ

(1)柳田國男『一目小僧その他』所収「ダイダラ坊の足跡」による。
(2)『小川町の歴史 別編 民俗』所収「デイダンボウ」による。
(3)『秩父の伝説』所収「デエダンボウ」、池原昭治『日本の民話300』所収「だいだらぼっちとあしがくぼ」などによる。
(4)新井清寿『飯能の伝説』所収「ダイジャラボッチャ」による。
(5)田村治子・堀越美恵子『羽生昔がたり 一三』所収「デイダラボッチ」による。
(6)『川越地方郷土研究 第一巻第四冊』所収「ダイダラボッチの足跡」、『名細郷土誌』所収「棘橋とダイダラボッチ」による。
(7)『児玉郡・本庄市のむかしばなし』所収「デェダラボッチ」による。
(8)田村治子・堀越美恵子『羽生昔がたり 一三』所収「デイダラボッチ」による。
(9)韮塚一三郎『埼玉県伝説集成 上巻 自然編』による。
(10)『岩槻市史 民俗史料編』所収「黒谷の七島」による。
(11)『狭山市史 民俗編』所収「ダイダラボッチ」による
(12)「身長×〇・四五＝歩幅」として算出した場合。

三 路傍・路上の妖怪

見越し入道

(1)韮塚一三郎『埼玉の伝説』所収「見越し入道」による。
(2)山崎泰彦「児玉町で聞いた妖怪譚三話」（『埼玉民俗』第七号所収）による。
(3)よりい民話研究会『こどものための寄居町民話集』所収「見越し入道」による。

袖引き小僧

(1)『川越地方郷土研究 第一巻第四冊』所収「袖引小僧」による。
(2)石島年男『川島のむかし話』所収「袖引き小僧」による。
(3)『川島郷土誌』所収「袖引き小僧」による。
(4)田村宗順『東松山市の伝説と夜話』所収「袖引き坂」による。

ブッツァロベエ

（1）『埼玉の神社 入間・北埼玉・秩父』所収「川越67 日枝神社」による。
（2）『高階のむかし話』所収「おんぶおばけブッツァロベエ」による。
（3）『高階のむかし話』所収「妖怪ブッツァルベエ」による。
（4）『騎西町史 民俗編』所収「ブッチャリテー」による。
（5）外山暦郎『越後三条南郷談』（『日本民俗誌大系 第七巻』）所収「ばりよんの怪」による。

オブゴ

（1）山崎泰彦「児玉町で聞いた妖怪譚三話」（『埼玉民俗』第七号所収）による。

チトリ

（1）『朝霞市史 民俗編』所収「チトリ」による。
（2）『日高町史 民俗編』所収「チトリ」による。
（3）『滑川村史 民俗編』所収「チトリ」による。
（4）『白岡町史 民俗編』所収「チトリ」による。
（5）千葉幹夫『全国妖怪事典』による。

カマイタチ

（1）いずれも『朝霞市史 民俗編』所収「カマイタチ」による。
（2）いずれも『吉見のむかし話』所収「カマイタチ」による。

薬缶ころがし

（1）『りょうかみ双書四 昔がたり』所収「西沢の小豆よなげと薬罐ころがし」による。
（2）村上健司『日本妖怪大事典』の「ヤカンマクリ」による。
（3）「香焼の昔ばなしホームページ」内「尾ノ上の昔ばなし」の中の「三吉山のやかんころばし」による。https://lib.city.nagasaki.nagasaki.jp/itiran/kouyagi/mukashi/on/on03001.htm

徳利坂

（1）村上健司『日本妖怪大事典』の「ヤカンヅル」「ヤカンマクリ」による。
（2）『東松山市史 資料編第五巻 民俗』所収「徳利坂」による。
（3）右に同じ。

笊坂

（1）『東松山市史 資料編第五巻 民俗』所収「ざる坂のいわれ」による。

フウナデ（頬撫）

（1）『おこせの昔話と伝説』所収「フウナデ」による。
（2）村上健司『日本妖怪大事典』の「ホオナデ」による。
（3）野村純一・松谷みよ子『いまに語りつぐ日本民話集 第二集 一三 妖怪がいっぱい』所収「ほおなでの化け物」「頬

なぜ」による。

笹熊

（1）新井清寿『飯能の伝説』所収「笹熊」による。

隠れ座頭

（1）『滑川村史 民俗編』所収「カクレザトウ」による。

（2）韮塚一三郎『埼玉県伝説集成 下巻 信仰編』所収「しらがお婆」による。

（3）柳田國男『山の人生』の「七町にも不思議なる迷子ありしこと」による。

モウ・ゴーヘー

（1）『熊谷市史 別編一 民俗』所収「蒙が引く」による。

（2）『滑川村史 民俗編』所収「モー」による。

（3）柳田國男『妖怪談義』所収「妖怪古意」による。

（4）『北本市史 第六巻 民俗編』所収「ゴーヘー」による。

大入道

（1）『新座市史 第四巻 民俗編』所収「おばけ田んぼ」による。

（2）『坂戸市史 民俗史料編一』所収「大入道」による。

（3）右に同じ。

青坊主

（1）『新修蕨市史 民俗編』所収「青坊主」による。

（2）『毛呂山民俗誌 一』所収「青坊主」による。

一つ目小僧・一つ目入道

（1）柳田國男「一目小僧その他」所収「一目小僧」による。

（2）『川越地方郷土研究 第一巻第四冊』及び『名細郷土誌』所収「小畔川の一つ目小僧」による。

（3）『与野市史 民俗編』所収「諏訪坂の一つ目大入道」による。

大蓮寺火

（1）斎藤鶴磯『続武蔵野話 巻一』による。

（2）大陽寺盛胤『多濃武の雁』所収「大蓮寺火」による。

（3）『川越の伝説』所収「だいれんじ火」による。引用部分（「」内）は原文のまま。

【補足】この他、こうした陰火の例として、さいたま市岩槻区の加倉に出現したものがある（田中午太郎『新岩槻史譚』所収「加倉の怪火」）。

四　人里の妖怪

黒塚の鬼婆

（1）藤沢衛彦『日本伝説叢書 北武蔵の巻』及び『大宮市史 第五巻 民俗・文化財編』所収「黒塚の鬼婆」による。

(2)『大宮市史 第五巻 民俗・文化財編』所収「黒塚の鬼婆」による。

(3)この平兼盛の歌は『拾遺和歌集 巻九（雑下）』や『大和物語』に収録されている。

(4)秋山喜久夫『まぼろしの寺 大宮雑記帳2』所収「黒塚物語」による。

(5)『大宮市史 第五巻 民俗・文化財編』には黒塚の写真も掲載されており、同書が刊行された昭和四十四年頃にはまだ塚が存在していたことがわかる。

(6)藤沢衛彦『日本伝説叢書 北武蔵の巻』所収「綱と鬼女」による。

鷹橋の鬼女

(1)『志木市史 民俗資料編一』所収「鷹橋と魔女」による。

(2)『志木市史 民俗資料編一』所収「姥袋」による。また、栗原仲道ほか『埼玉県の民話と伝説 入間編』所収「高橋に現れた鬼女」にもこれと同様の話が載っている。

鬼

(1)『嵐山町史』所収「鬼鎮様」による。

(2)『おごせの昔話と伝説』所収「鬼神丸」。

(3)鈴木棠三『川越地方昔話集』及び柳田國男『日本の昔話』所収「鬼と神力坊」による。

(4)『川越地方郷土研究 第一巻第四冊』所収「鬼ヶ橋の石」、田中一郎『坂戸むかしばなし』所収「鬼橋」、坂戸市立図書館『図書館だより』第一九八号（二〇二〇年四月）所収「昔の橋は今も生きている 市内探訪」による。

【補足】「鬼橋」の話について、『川越地方郷土研究 第一巻第四冊』では橋のある川を飯盛川、橋の名を「鬼ヶ橋」としている。また、『坂戸むかしばなし』では、鬼が川を飛び越えようとしたところ担いでいた石が川に落ちたとしている。本書では「図書館だより」掲載の話を元にした。

夜道怪

(1)『日高町史 民俗編』所収「ヤドウカイ」による。

(2)『入間市史 民俗・文化財編』所収「ヤドウカイ」による。

(3)柳田國男『山の人生』の「七町にも不思議なる迷子ありしこと」による。また、韮塚一三郎『埼玉県伝説集成 下巻』所収「ヤドウカイ」に関連記事がある。

【補足】ちなみに、夜道怪は、テレビアニメ『ゲゲゲの鬼太郎』（第五期）の第五十二話「恐怖！夜道怪」（平成二十年四月六日放送）に、闇を操る力を持ち、子どもを闇に閉じ込めてしまう妖怪として登場しており、後には妖怪四十七士の埼玉県代表として鬼太郎を助けている。

オクポ

(1)『日高町史 民俗編』所収「オクポ」による。

(2)高萩読書会『日高の民話と民俗』の「郷土の言葉」「童謡」による。

ボーコー

(1)『新曽・上戸田の民俗（戸田市史調査報告書 第一二集）』所収「ボーコー」による。

ネロハ

(1)『江南町史 資料編五 民俗』所収「オニガトブバン」による。
(2)『東松山市史 資料編第五巻 民俗』所収「コト八日」による。
(3)『新修蕨市史 民俗編』所収「八日節供」による。
(4)『久喜市史 民俗編』所収「こと八日」による。ほかに『大利根町史 民俗編』『幸手市史 民俗編』なども参考にした。
(5)『騎西町史 民俗編』所収「ネロハ」による。
(6)田村治子・堀越美恵子『羽生昔がたり 一』所収「ネロハ」による。
【補足】「八日節供」「コト八日」の事例は巻末の参考文献一覧に掲げた多くの市町村史で報告されている。また、『埼玉の民俗 写真集』では、高麗本郷の事例の写真が掲載されている。

人食い仁王・人食い阿弥陀

(1)『都幾川村史 民俗編』所収「子喰い仁王」による。後日譚的な部分は慈光寺ホームページ「都幾山 慈光寺の伝説」より「仁王奇行」(https://www.temple.or.jp/legend)を参考にした。
(2)根津富夫『埼玉県の民話と伝説 北足立編』所収「子喰い仁王」、文麿市陰「埼玉郷土物語（第三回）」（『埼玉史談』第六巻第二号）の中の「児喰仁王」、蘆田伊人校訂『新編武蔵風土記稿 第八巻』（雄山閣、一九九六年）の「勝願寺」による。
(3)『川越地方郷土研究 第一巻第四冊』所収「子供を喰った阿弥陀様」、石島年男『川島のむかし話』所収「大御堂の人喰い阿弥陀」による。

八百比丘尼

(1)『川口市史 民俗編』所収「八百比丘尼」による。
(2)『大宮市史 第五巻 民俗・文化財編』所収「八百比丘尼」による。
(3)『浦和市史 民俗編』所収「八百比丘尼」による。
(4)『岩槻の伝説』所収「八百比丘尼」による。
(5)『宮代町史 民俗編』所収「八百比丘尼を祀ったお堂」による。
【補足】このほかにも『東松山市史 資料編第五巻 民俗』や『八潮のむかしばなし』などにも八百比丘尼に関する話が収録されており、その伝承の範囲は広い。なお、「八百」の読みについては、『浦和市史 民俗編』では「やお」、韮塚一三郎の『埼玉の伝説』では「はっぴゃく」のふりがなが付されている。地域や話者によって異なるのかもしれないが、ここでは『歴史人物怪異談事典』に従い「やお」とした。

雪女郎・雪娘

（1）『東松山市史 資料編第五巻 民俗』所収「雪女郎」による。
（2）小沢重雄『語り書き埼玉のむかしばなし』所収「雪むすめ」による。

隠し婆

（1）『小鹿野の言い伝え・昔ばなし』所収「かくしばばあ」による。

血塊

（1）『新曽・上戸田の民俗（戸田市史調査報告書 第一二集）』所収「ケッカイの話（一）」「ケッカイの話（二）」「ケブを生んだ話」による。
（2）日野巌『動物妖怪譚』所収「血塊」による。

幽霊

（1）柳田國男『妖怪談義』所収「妖怪談義」による。
（2）森尾津一『行田史譚』所収「お菊稲荷」による。
（3）田島三郎『児玉の民話と伝説 中』所収「おあちゃ稲荷」による。
（4）岸伝平『川越閑話』所収「幽霊と碁を打った唯一和尚」による。

人魂

（1）『りょうかみ双書四 昔がたり』所収「子供たちがつかまえた人魂」による。
（2）秋山喜久夫『巷談 大宮雑記帳7』所収「道案内をする人魂」による。

五　生物・器物などの怪異

偽汽車

（1）『熊谷市史 別編一 民俗』所収「偽汽車」による。
（2）『草加市史 民俗編』所収「汽車を止めた狐」による。
（3）『新修蕨市史 民俗編』所収「汽車を止めた狐」による。
（4）『埼玉の神社 入間・北埼玉・秩父』所収「川越10 稲荷神社」による。
（5）『埼玉の神社 入間・北埼玉・秩父』所収「加須24 千方神社」による。
（6）『こどものための寄居町民話集』所収「音を立てずに走る電車」による。
（7）田村治子・堀越美恵子『羽生昔がたり』所収「終電車の怪」による。

猫

（1）韮塚一三郎『ふるさと埼玉県の民話と伝説』所収「猫檀中」による。

（2）韮塚一三郎『埼玉の伝説』所収「猫塚」及びよりい民話研究会『こどものための寄居町民話集』所収「ねこ寺」による。

（3）『秩父の伝説』所収「猫の恩返し」による。

（4）『川越地方郷土研究 第一巻第四冊』所収「猫又の岩屋」による。

（5）神山健吉『埼玉の伝説を歩く 志木・朝霞・新座・和光編』所収「紛失した手拭いの行方と猫の大宴会」による。

（6）韮塚一三郎『埼玉の伝説』及び『所沢市史 民俗』所収「勘七猫塚」による。

（7）『武蔵むかし話』所収「化けネコ伝説」による。

送り狼

（1）藤沢衛彦『日本伝説叢書 北武蔵の巻』所収「守護狼」による。

（2）山崎泰彦「児玉町で聞いた妖怪譚三話」（『埼玉民俗』第七号所収）による。

（3）『北本のむかしばなし』所収「送りオオカミ」による。

（4）韮塚一三郎『埼玉の伝説』所収「送り狼の話」による。

（5）神山弘『ものがたり奥武蔵』「狼」による。

狐火（狐の嫁入り）

（1）『北本市史 第六巻 民俗編』所収「オトカの嫁入り」による。

（2）新井博『埼玉県の民話と伝説（川越編）』所収「狐の嫁入り」による。

（3）『戸田市史 民俗編』所収「狐火」による。

（4）『大井町史 民俗編』所収「狐の嫁入り」による。

（5）坂本時次『秩父の民話と伝説 上』所収「キツネ火」による。

【補足】このほか、『久喜市史 民俗編』には、狐火を「イナリダマ」と呼ぶ事例が記載されている。

獺

（1）柳田國男『妖怪談義』所収「妖怪談義」による。

（2）岡本綺堂『風俗江戸物語（河出文庫）』（河出書房新社、一九八六年）による。

（3）『りょうかみ双書四 昔がたり』所収「四阿屋山の大カワウソ」による。

（4）『新曽・上戸田の民俗（戸田市史調査報告書 第一二集）』所収「カワウソ」による。

蜘蛛

（1）『荒川村の民話と伝説』所収「廻淵の蜘蛛」による。

（2）『日野澤村誌 第一輯』所収「空滝の蜘蛛」による。

（3）『りょうかみ双書四 昔がたり』所収「市蔵と四阿屋山のまもの」による。

(4)韮塚一三郎『埼玉の伝説』所収「蜘蛛になった姫君」による。

【補足】 関口児玉之輔「秩父槻川村の口碑伝説」(『埼玉史談』第十一巻第一号)の中の「河童になった蜘蛛」も、荒川村や皆野町の話と同様のものである。話の大筋は同じであるが、ここでは糸をかけられた男が手に持っていた鎌でそれを切って難を逃れるという話になっている。いずれにしても、こうした蜘蛛の話は、埼玉県内では秩父地域に集中してみられることが特徴である。

樹木

(1)田中午太郎『新岩槻史譚』所収「浄安寺の稚子《ママ》桜」、『岩槻の伝説』所収「浄安寺のちご桜」による。

(2)『嵐山町史』所収「血の出る榎」による。

(3)森尾津一『行田史譚』所収「立木から生血が流れる」による。

(4)田島三郎『児玉の民話と伝説 中』所収「雪女」による。

【補足】 註4の話のタイトルは「雪女」であるが、内容的に木の精とした話の方が適当と思われたのでここで取り上げた。

人形

(1)『月刊武州路』一三二号(昭和五十九年八月号)所収「髪の毛の伸びる人形を訪ねて(現地ルポ)」による。

(2)『新修蕨市史 民俗編』所収「人形に取り憑かれた話」による。

(3)高野邦雄『伝説の秩父』所収「大黒像にまつわる伝説」による。

雷獣

(1)『所沢市史 民俗』所収「雷獣」による。

(2)いずれも『草加市史 民俗編』所収「雷獣」による。

(3)山岡浚明『武蔵志料 巻七』の「雷獣」による。

(4)『大宮市史 第五巻 民俗・文化財編』所収「雷様の貝殻」及び秋山喜久夫『巷談 大宮雑記帳7』所収「雷獣」による。

三本足の烏

(1)池原昭治『狭山の絵本』(その一)所収「射留魔の地名伝説」、韮塚一三郎『埼玉の伝説』所収「入間の地名」、新井清寿『飯能の伝説』所収「矢颪の地名のおこり」、市川栄一『小江戸の民話』所収「入間と呼ぶようになったわけ」、市川栄一『奥武蔵の民話』所収「矢颪と名づけられたわけ」による。

(2)斉藤ヒロコ「伝説の翼 #〇八 八咫烏」(『BIRDER』第二六巻第八号)による。

(3)伊藤清司『中国の神話・伝説』(東方書店、一九九六年)所収「羿の射日」「羿の怪物退治」「太陽の中の三本足の烏」による。

（４）ちなみに、筆者が確認したところでは『川越地方郷土研究 第一巻第四冊』所収の「しるたれ川」がこの話の最も古い採集事例で、ここでは「白鳥」となっている。

オーサキ

（１）いずれも神山弘『ものがたり奥武蔵』所収「尾先」による。
（２）『りょうかみ双書四 昔がたり』所収「キツネったかりとオオサキったかり」による。
（３）木村宗平『児玉風土記』所収「迷信伝説・オオサキドウカ」による。
（４）藤沢衛彦『日本伝説叢書 北武蔵の巻』所収「をさき狐」による。
（５）『りょうかみ双書四 昔がたり』所収「延命寺のオオサキ」による。
【補足】オーサキの話は山間部・丘陵部を中心に県内に広くみられる。ここで取り上げたのはそのごく一部にすぎない。

ネブッチョウ

（１）十方庵敬順『遊歴雑記 四編 巻之上』所収「秩父郡の三害お崎狐なまだこ」による。
（２）水木しげる『決定版 日本妖怪大全』五四七頁。

参考文献一覧

・単行本等については書名の五十音順とし、書名（副書名は原則として省略し、叢書名は括弧に入れて表示）、編・著者名、出版者、刊行年を示した。ただし、編・著者と出版者が同じものについては「編・発行」としてまとめた。
・巻数、号数等の表記は便宜上漢数字で統一した。
・雑誌記事については著者名の五十音順として、著者名、記事のタイトル、掲載誌名、刊行年、掲載頁を示した。

一　市町村史・報告書（県・市町村）

『上尾市史　第十巻　別編』上尾市教育委員会編、上尾市、二〇〇二年
『朝霞市史　民俗編』朝霞市教育委員会市史編纂室編、朝霞市、一九九五年
『伊奈町史　民俗編』伊奈町教育委員会編、伊奈町、二〇〇二年
『入間市史　民俗・文化財編』入間市編・発行、一九八一年
『岩槻市史　民俗史料編』岩槻市市史編さん室編、岩槻市役所、一九八四年
『浦和市史　民俗編』浦和市総務部市史編さん室編、浦和市、一九八〇年
『大井町史　民俗編』大井町史編さん委員会編、大井町、一九八五年
『大利根町史　民俗編』大利根町教育委員会編、大利根町、一九九八年
『大宮市史　第五巻　民俗・文化財編』大宮市編・発行、一九六九年
『小川町の歴史　別編　民俗編』小川町編・発行、二〇〇一年
『桶川市史　第六巻　民俗編』桶川市編・発行、一九八八年
『神川町誌』神川町編・発行、一九八九年
『上福岡市史　資料編第五巻　民俗』上福岡市史編纂委員会編、上福岡市、一九九七年
『川口市史　民俗編』川口市編・発行、一九八〇年
『川越市史　民俗編』川越市総務部市史編纂室編、川越市、一九六八年
『川島郷土誌（川島町史調査資料　第八集）』川島町編・発行、二〇〇一年（一九二六年刊行のものの編集復刻版）
『騎西町史　民俗編』騎西町史編さん室編、騎西町教育委員会、一九八五年
『北川辺町史　史料集九　民俗　北川辺の民俗』北川辺町史編さん委員会編・発行、一九八四年
『北本市史　第六巻　民俗編』北本市教育委員会市史編さん室編・発行、一九八九年
『久喜市史　民俗編』久喜市史編さん室編、久喜市、一九九一年
『熊谷市史　後篇』熊谷市史編纂委員会編、熊谷市、一九六四年
『熊谷市史　別編一　民俗編』熊谷市教育委員会編、熊谷市、

二〇一四年
『江南町史 資料編五 民俗』江南町史編さん委員会編、江南町、一九九六年
『鴻巣市史 民俗編』鴻巣市史編さん調査会編、鴻巣市、一九九五年
『児玉町史 民俗編』児玉町教育委員会編、児玉町、一九九五年
『埼玉県史民俗調査報告書（山地地帯民俗調査）』埼玉県県民部県史編さん室編・発行、一九八〇年
『埼玉の民俗』埼玉県教育委員会、一九六六年
『埼玉の民俗 写真集』埼玉県教育委員会、一九六七年
『坂戸市史 民俗史料編一』坂戸市教育委員会編、坂戸市、一九八五年
『幸手市史 民俗編』生涯学習課市史編さん室編、幸手市教育委員会、一九九七年
『狭山市史 民俗編』狭山市編・発行、一九八五年
『志木市史 民俗資料編一』志木市編・発行、一九八五年
『白岡町史 民俗編』白岡町史編さん委員会編、白岡町、一九九〇年
『新修蕨市史 民俗編』蕨市編・発行、一九九四年
『草加市史 民俗編』草加市史編さん委員会編、草加市、一九八七年
『高須の民俗（三郷市史調査報告書 第六集）』三郷市史編さん委員会編、三郷市企画財政部広聴広報課、一九九〇年
『都幾川村史 民俗編』都幾川村史編さん委員会編、都幾川村、一九九九年
『所沢市史 民俗』所沢市史編さん委員会編、所沢市、一九八九年
『戸田市史 民俗編』戸田市編・発行、一九八三年
『長瀞町史 民俗編一』長瀞町教育委員会編・発行、一九九九年
『滑川村史 民俗編』滑川村企画財政課編、滑川村、一九八四年
『新座市史 第四巻 民俗編』新座市教育委員会市史編さん室編、新座市、一九八六年
『新曽・上戸田の民俗（戸田市史調査報告書 第一二集）』戸田市史編さん室、戸田市、一九八七年
『半田の民俗（三郷市史調査報告書 第三集）』三郷市史編さん委員会編、三郷市企画財政部広聴広報課、一九八九年
『東松山市史 資料編第五巻 民俗』東松山市教育委員会編、東松山市、一九八三年
『日高町史 民俗編』日高町教育委員会編、日高町、一九八九年
『日野澤村誌 第一輯』新井武信ほか、名著出版、一九七四年
『三郷市史 第九巻 別編』三郷市史編さん委員会編、三郷市、一九九一年
『宮代町史 民俗編』宮代町教育委員会編、宮代町、二〇〇三年
『民俗II（庄和町史編さん資料 一二）』庄和町教育委員会編・発行、二〇〇五年
『八潮市史 民俗編』八潮市編・発行、一九八五年
『八潮の民俗資料二（八潮市史調査報告書 五）』八潮市役所、一九八二年

『横瀬町の文化財』横瀬町教育委員会編・発行、一九九二年
『吉川市史 民俗編』吉川市史編さん委員会編、吉川市、二〇一〇年
『与野市史 民俗編』与野市企画部市史編さん室編、与野市、一九八〇年
『嵐山町史』嵐山町史編さん委員会編、嵐山町、一九八三年
『和光市史 民俗編』和光市編、和光市、一九八三年

二 民話集等（埼玉県内のみを対象にしたもの）

『荒川村の民話と伝説』山田えいじ、荒川村教育委員会、一九九二年
『岩槻の伝説（いわつき郷土文庫 第二集）』岩槻市教育委員会編・発行、二〇〇二年
『内牧・幸松・豊野・武里地区の伝説（三訂版）』石倉慶子、春日部市郷土資料館、二〇一七年
『絵本戸田の伝説』中村徳吉（文）・池原昭治（絵）、戸田市役所秘書課、一九七九年
『絵本戸田の昔話』池原昭治（文・絵）、戸田市役所秘書課、一九八一年
『小鹿野の言い伝え・昔ばなし』小鹿野町教育委員会編・発行、一九七四年
『奥武蔵の民話』市川栄一（文）・池原昭治（絵）、さきたま出版会、二〇〇一年
『おごせの昔話と伝説（越生叢書 二）』越生町教育委員会・共立女子大学日本民話研究会編、越生町教育委員会、一九九二年
『粕壁・豊春地区の伝説（三訂版）』石倉慶子、春日部市郷土資料館、二〇一八年
『川越閑話（川越叢書 第一巻）』岸伝平、川越双書刊行会、一九五四年
『川越地方郷土研究 第一巻第四冊』埼玉県立川越高等女学校校友会郷土研究室編・発行、一九三八年
『川越のお化け』川越市伊勢原公民館「まじめに川越のお化けを調べて本にしちゃおう！」編集委員会編・発行、二〇〇七年
『川越の伝説』川越市教育委員会社会教育課編（池原昭治（文・絵））、川越市教育委員会、一九八一年
『続川越の伝説』川越市教育委員会社会教育課編（池原昭治（文・絵））、川越市教育委員会、一九八四年
『川越の伝説 第二輯』川越史料調査研究会編、川越市役所発行、一九四一年
『川島のむかし話』石島年男編、さきたま出版会、一九八九年
『北本のむかしばなし』北本市教育委員会編・発行、一九九一年
『行田史譚』森尾津一、行田市、一九五八年
『郷土研究資料 第二輯』埼玉県女子師範学校郷土研究会編、埼玉県女子師範学校、一九三二年

『熊谷の昔ばなし（市内の文化財をめぐる一六）』熊谷市立図書館美術・郷土係編、熊谷市立図書館、二〇〇一年
『幻想百物語埼玉 妖怪編』山口敏太郎監修・JTB関東編、埼玉県広聴広報課、二〇一二年
『高校生が聞いた秩父今昔ばなし』飯野頼治編著、私家版、一九八〇年
『巷談 大宮雑記帳7』秋山喜久夫、丸岡書店、一九七六年
『小江戸の民話』市川栄一（文）・池原昭治（絵）、さきたま出版会、一九九六年
『越谷市の史蹟と伝説』越谷市教育委員会・越谷市文化財調査委員会編・発行、一九六〇年
『児玉郡・本庄市のむかしばなし』児玉郡・本庄市小中学校社会科教育研究会編、坂本書店、一九八六年
『児玉郡・本庄市のむかしばなし 続』児玉郡・本庄市小中学校社会科教育研究会編、坂本書店、一九八八年
『児玉の民話と伝説 上』田島三郎、児玉町民話研究会、一九八四年
『児玉の民話と伝説 中』田島三郎、児玉町民話研究会、一九八六年
『児玉の民話と伝説 下』田島三郎、児玉町郷土研究会、一九九二年
『児玉風土記』木村宗平、児玉町文化協会、一九七〇年
『こどものための寄居町民話集』よりい民話研究会再話・発行、二〇一一年
『埼玉県伝説集成 上巻 自然編』韮塚一三郎編著、北辰図書出版、一九七三年
『埼玉県伝説集成 中巻 歴史編』韮塚一三郎編著、北辰図書出版、一九七三年
『埼玉県伝説集成 下巻 信仰編』韮塚一三郎編著、北辰図書出版、一九七四年
『埼玉県伝説集成 別巻』韮塚一三郎編著、北辰図書出版、一九七七年
『埼玉県の民話（ふるさとの民話 一七）』日本児童文学者協会編、偕成社、一九七九年
『埼玉県の民話と伝説 入間編』栗原仲道・小山誠三・神山健吉編、有峰書店、一九七七年
『埼玉県の民話と伝説 川越編』新井博編、有峰書店、一九七七年
『埼玉県の民話と伝説 北足立編』根津富夫編、有峰書店、一九七七年
『埼玉の神社 入間・北埼玉・秩父』埼玉県神社庁神社調査団編、埼玉県神社庁、一九八六年
『埼玉の神社 大里・北葛飾・比企』埼玉県神社庁神社調査団編、埼玉県神社庁、一九九二年
『埼玉の神社 北足立・児玉・南埼玉』埼玉県神社庁神社調査団編、埼玉県神社庁、一九九八年
『埼玉の伝説』韮塚一三郎、関東図書、一九五五年
『埼玉の伝説（日本の伝説 一八）』早船ちよ・諸田森二、角川

書店、一九七七年
『埼玉の伝説を歩く 志木・朝霞・新座・和光編』神山健吉、さきたま出版会、二〇一八年
『埼玉の民話（日本の民話 五七）』根津富夫編、未来社、一九七五年
『埼玉のむかし話』埼玉県国語教育研究会編著、日本標準、一九七三年
『埼玉夜話』まつやま書房編・発行、一九八〇年
『坂戸むかしばなし』田中一郎、日本電信電話株式会社坂戸電報電話局、一九八九年
『狭山の絵本（その二）』池原昭治（文・絵）、狭山市立博物館、一九九六年
『志木の伝説』志木市教育委員会編・発行、一九七三年
『庄和地区の伝説（三訂版）』石倉慶子、春日部市郷土資料館、二〇一七年
『史話と伝説 上』大利根町編・発行、一九七八年
『新岩槻史譚』田中午比古、私家版、一九五五年
『新編熊谷の昔ばなし』熊谷市立図書館美術・郷土係編、熊谷市立図書館、二〇一九年
『草加の伝承と昔ばなし』草加史談会編・発行、二〇〇八年
『増補ものがたり奥武蔵』神山弘・新井良輔、金曜堂出版部、一九八四年
『高階おはなしめぐり』高階公民館民話マップづくり編集委員会編、川越市高階公民館、一九八八年
『高階のむかし話』高階のむかし話編集委員会編、川越市高階公民館、一九九一年
『秩父路の民話』市川栄一（文）・池原昭治（絵）、さきたま出版会、一九九四年
『秩父路物語』堀口喜太郎、有峰書店、一九七八年
『秩父の伝説』秩父の伝説編集委員会編、秩父市教育委員会、二〇〇七年
『秩父の伝説と方言』秩父市教育委員会編・発行、一九六二年
『秩父の民話』市川栄一（文）・池原昭治（絵）、さきたま出版会、二〇〇七年
『秩父の民話と伝説 上』坂本時次、有峰書店、一九七六年
『秩父の民話と伝説 下』山田英二編、有峰書店、一九七六年
『伝説の秩父』高野邦雄、秩父図書館、一九五六年
『戸田のむかしばなし』中村徳吉（文）・池原昭治（絵）、戸田市、一九九三年
『中山道の民話』市川栄一（文）・池原昭治（絵）、さきたま出版会、一九九七年
『名細郷土誌』名細郷土誌編集委員会編、川越市自治会連合会名細支会郷土誌刊会実行委員会、一九九六年
『羽生昔がたり（一）～（二五・追補）』田村治子・堀越美恵子編・採話、羽生市秘書広報課、一九八四～二〇一〇年
『飯能の伝説』新井清寿編著、飯能郷土史研究会、一九七六年
『東松山市の伝説と夜話』田村宗順、東松山市松山公民館、一九七二年

『東松山市の伝説と夜話 上』田村宗順、武蔵野出版社、一九七五年
『東松山市の伝説と夜話 下』田村宗順、武蔵野出版社、一九七六年
『東松山市の文化財 大岡（含一部野田地区）編』東松山市教育委員会編・発行、一九九一年
『日高の民話と民俗（慕何双書一）』高萩読書会編・発行、一九七五年
『深谷の民話と伝説』奥田豊、私家版、一九九七年
『ふるさと埼玉県の民話と伝説（県別民話シリーズ 三）』韮塚一三郎、千秋社、一九八二年
『埼玉《ふるさと》の民話と伝説』武蔵野銀行業務部編、武蔵野銀行、一九七七年
『まぼろしの寺 大宮雑記帳2』秋山喜久夫、丸岡書店、一九七四年
『三沢の文化財と伝説（郷土資料シリーズ 一）』皆野町教育委員会編・発行、一九六四年
『みなのむかしむかし』山口槌男、みなのむかしむかし刊行会、一九七一年
『みなのむかしむかし 二』山口槌男、みなのむかしむかし刊行会、一九七五年
『見沼と竜神ものがたり』さいたま竜神まつり会編・発行、二〇〇八年
『民話と民俗』藤倉寛三・公民館調査部編、日高町高萩公民館、一九六一年
『武蔵むかし話』東京新聞浦和支局編、東京新聞出版局、一九八〇年
『ものがたり奥武蔵』神山弘、奥武蔵研究会、一九五一年
『毛呂山民俗誌第一号 特集・不思議なはなし』毛呂山町教育委員会編、毛呂山町教育委員会、一九九〇年
『八潮のむかしばなし』八潮市史編さん委員会編、八潮市史編さん委員会、一九九二年
『吉川むかしばなし 第二集』吉川市教育委員会編、吉川市、二〇二一年
『吉見の昔ばなし 総集編』吉見郷土史研究会編、吉見町立図書館、一九九九年
『りょうかみ双書四 昔がたり』両神村教育委員会社会教育係編、両神村教育委員会、一九九一年
『わらやねの下の昔ばなし（さやま市民文庫 一）』今坂柳二、さやま市民文庫刊行会、一九八四年

三 民話集（埼玉県外も対象にしているもの）

『いまに語りつぐ日本民話集 第二集一三 妖怪がいっぱい』野村純一・松谷みよ子監修、作品社、二〇〇二年
『日本神話と伝説』藤沢衛彦編著、大洋堂出版部、一九三四年
『日本伝説叢書 北武蔵の巻』藤沢衛彦、同書刊行会、一九一七年

『日本伝説大系 第五巻 南関東編』宮田登編、みずうみ書房、一九八六年
『日本の民話３００』池原昭治、木馬書館、一九九三年
『日本民族伝説全集 第二巻 関東篇』藤沢衛彦、河出書房、一九五五年

四 妖怪に関連した書籍

『江戸の化物 草双紙の人気者たち』アダム・カバット、岩波書店、二〇一四年
『江戸化物草紙』アダム・カバット、小学館、一九九九年
『おばけの正体』井上円了、丙午出版社、一九一四年
『怪談』今野圓輔、社会思想研究会出版部、一九五七年
『山島民譚集（日本文化名著選 第二輯 第一五）』柳田國男、創元社、一九四二年
『図説 日本の妖怪百科』宮本幸枝、学研プラス、二〇一七年
『図説日本民俗学全集 第三巻（民間信仰・妖怪・風俗・生活編）』藤沢衛彦、高橋書店、一九七一年
『知識ゼロからの妖怪入門』小松和彦、幻冬舎、二〇一五年
『桃山人夜話～絵本百物語～』竹原春泉、角川書店、二〇一六年
『鳥山石燕 画図百鬼夜行全画集』鳥山石燕、角川書店、二〇〇五年
『日本怪談集 妖怪篇』今野圓輔編著、社会思想社、一九八一年
『日本の昔話』柳田國男、三国書房、一九四一年
『日本の妖怪』小松和彦、ナツメ社、二〇〇九年
『日本の妖怪（別冊太陽 日本のこころ 57）』平凡社、一九八七年
『日本の妖怪の謎と不思議 増補改訂版』学研パブリッシング、二〇一〇年
『日本妖怪変化史』江馬務、中外出版、一九二三年
『一目小僧その他』柳田國男、小山書店、一九三四年
『水木しげる 妖怪大百科』水木しげる、小学館、二〇〇四年（『妖怪なんでも入門』（一九七四年）の改題）
『山の人生』柳田國男、郷土研究社、一九二六年
『妖怪』小松和彦、実業之日本社、二〇一五年
『妖怪学の基礎知識』小松和彦編著、角川学芸出版、二〇一一年
『妖怪談義』柳田國男、修道社、一九五六年
『妖怪の理 妖怪の檻』京極夏彦、角川書店、二〇〇七年
『妖怪の民俗学』宮田登、岩波書店、一九八五年
『妖怪文化入門』小松和彦、せりか書房、二〇〇六年
『47都道府県・妖怪伝承百科』小松和彦・常光徹監修 香川雅信・飯倉義之編、丸善出版、二〇一七年
『列伝体 妖怪学前史』伊藤慎吾・氷厘亭氷泉編、勉誠出版、二〇二一年

五　事典類

『絵でみる　江戸の妖怪図巻二』善養寺ススム・江戸人文研究会編、廣済堂出版、二〇一五年

『決定版　日本妖怪大全（講談社文庫）』水木しげる、講談社、二〇一四年

『全国妖怪事典』千葉幹夫編、小学館、一九九五年

『日本怪異妖怪大事典』小松和彦監修・小松和彦ほか編、東京堂出版、二〇一三年

『日本妖怪大事典』村上健司編著・水木しげる画、角川書店、二〇〇五年

『妖怪事典』村上健司編著、毎日新聞社、二〇〇〇年

『歴史人物怪異談辞典』朝里樹、幻冬舎、二〇一九年

六　雑誌記事

青木義脩「見沼と伝説―竜を中心に」『浦和市史研究』第九号、一九九四年、一―一六頁

飯塚槌良「オーサキもちの話」『秩父民俗』第六号、一九七一年、二一―二二頁

宇田哲雄「見沼の主の引越し」『浦和市史研究』第一一号、一九九六年、一二五―一三四頁

栗原仲道「寺泊御所と日蓮武蔵の伝承と伝説」『所沢市史研究』第七号、一九八三年、一七―二四頁

下村克彦「武州大宮宿の黒塚伝説について」『さいたま市博物館研究紀要』第五集、二〇〇六年、一〇六―一一三頁

関口兒玉之輔「秩父槻川村の口碑伝説」『埼玉史談』第一一巻第一号、一九三九年九月、三八―四六頁

大明敦「『埼玉妖怪名彙』の試み」『埼玉民俗』第四七号、二〇二二年三月、七二―九二頁

大明敦「柳田國男と埼玉の妖怪伝説」『さいたま文学館紀要』第二号、二〇二二年、三九―五七頁

高橋成「伝説に見る埼玉の天狗像」『埼玉民俗』第二九号、二〇〇四年、一〇三―一二三頁

松井真姫子「見沼における寺社を結ぶ竜神行列」『東アジア文化研究』第四号、二〇一九年、一三三―一四五頁

矢島正幸「オーサキとオオカミ―眷属信仰のうら・おもて―」『埼玉民俗』第四四号、二〇一九年、一―一八頁

山崎泰彦「児玉町で聞いた妖怪譚三話」『埼玉民俗』第七号、一九七七年、一〇四―一〇八頁

渡邊刀水「埼玉郷土資料（第二十九回）」『埼玉史談』第一一巻第六号、一九三九年七月、三七五―三七七頁

（編者不明）「特集　怪談」『月刊武州路』第一三二号、一九八四年八月、三〇―三七頁

おわりに

ようやく、『埼玉の妖怪』を書き上げることができました。妖怪は予想以上に幅広く多彩なテーマで、調べれば調べるほど事例が集まり、それをどうまとめていくかで試行錯誤が続き、さきたま出版会の星野和央会長と何度も検討を重ねた末、このような形になりました。紙数を考慮して割愛したことや、もう少し突っ込んでみたいところや調べきれていないところなども多々ありますが、これで一つの区切りといたします。

本書をまとめることで、長年考えてきた疑問の一つに自分の中で答えが出せた気がしています。その疑問とは、たいていの人が妖怪の存在を信じていないと言いながらも、これほど妖怪が好まれるのはなぜなのかということです。くわしくは本書第一部で述べましたが、おそらく私たちは無意識的に妖怪をフィクション——映画・アニメ・小説・漫画などといったコンテンツの中の存在と割り切って受容しているのではないかというのが、その答えです。私たちは幼い頃からメディアによって妖怪に接してきた結果、こうした妖怪観を持つようになったのではないかと思います。

私たちの祖先は、妖怪の話を実際にあったこと、あるいは自分の体験として伝えていました。その中には地名や社寺の由来など郷土に関する情報や、生活の知恵や教訓に通じるものもあります。現在、記録として知ることのできる妖怪の話は、おそらくほんの一部にすぎず、かつてはもっと多くの話が伝えられていたはずです。いつの間にか忘れ去られていった名もない妖怪の話も、たくさんあったはずです。こうした民俗学的な妖怪が果たしてきた役割を考え直してみることは、今のような時代だからこそ深い意味があるように思います。そこから、日本人の精神性や信仰の本質についてみえてくることもあるでしょう。妖怪は人間が生み出したものですが、逆に人間が「魑魅魍魎のごとき〇〇」といったように妖怪にたとえられるのも、面白いことではないでしょうか。

筆者は、特に妖怪を専門に研究してきたわけではないため、本書の執筆にはほかに適任者がいたかもしれません。しかし、意外と埼玉の妖怪に関するまとまった研究はみられないため、及ばずながらも一度まとめておくことには意味があるのではないかと考え、本書の執筆を進めました。割愛した話もたくさんありますし、未見の文献も少なからず存在するでしょう。筆者としては、今後この分野を専門とする若い人たちによって、さらに充実した埼玉の妖怪に関する本が刊行されることを期待します。

最後になりましたが、本書の執筆に当たっては、これまでの多くの研究成果を参考にさせていただきました。各市町村史や民話集の編さん・刊行に携わられた方々に、心より敬意を表します。また、さきたま出版会の星野和央会長をはじめ、執筆を勧めてくださった埼玉民俗の会の飯塚好氏、『埼玉の神社』の写真を提供いただいた埼玉県神社庁の髙橋寛司氏、編集・校閲の労を執ってくださった河口由紀子氏と五郎誠司氏に深く感謝申し上げます。そして、尊敬する池原昭治先生に装画を描いていただいたことは、望外の喜びです。

令和五年三月

大明　敦

大明 敦（だいみょう・あつし）

1959年生まれ。埼玉県立博物館（現埼玉県立歴史と民俗の博物館）、埼玉県立民俗文化センターを経て、さいたま文学館に学芸員として勤務。現在、さいたま文学館主任専門員。専門分野は日本近代文学、口承文学。

口承文学・民俗学の分野での著書に『埼玉の神社（全３巻）』『江南町史 史料編５ 民俗』『小川町の歴史 別編 民俗編』『民俗Ⅱ（庄和町史編さん資料12）』『埼玉の祭りは今』（いずれも共著）など、手がけた企画展に「相撲」（埼玉県立博物館）、「絵で語る埼玉の民話―池原昭治・童絵の世界―」「屋根裏部屋の博物館」（以上、埼玉県立歴史と民俗の博物館）、『埼玉妖怪見聞録』（さいたま文学館）などがある。

埼《さい》玉《たま》の妖《よう》怪《かい》

二〇二三年六月一日　初版第一刷発行

著　者　大明 敦
発行者　星野 和央
発行所　株式会社 さきたま出版会
〒336‐0022
さいたま市南区白幡3‐6‐10
電話048‐711‐8041
振替00150‐9‐40787
印刷・製本　関東図書株式会社

ISBN978-4-87891-488-1 C0039